U0959091

谨以此书

纪念刘东生先生一百周年诞辰

科学人生百年

科学文化系列

国家科学思想库

科学与人生

中国科学院院士传记

刘东生传

潘云唐／著

科学出版社

北京

图书在版编目（CIP）数据

刘东生传／潘云唐著．—北京：科学出版社，2017.3
（科学与人生：中国科学院院士传记）
ISBN 978-7-03-051810-1

Ⅰ．①刘…　Ⅱ．①潘…　Ⅲ．①刘东生－传记　Ⅳ．① K826.14

中国版本图书馆 CIP 数据核字（2017）第 030520 号

丛书策划：胡升华　侯俊琳
责任编辑：张　莉　宋　丽　／　责任校对：邹慧卿
责任印制：吴兆东　／　封面设计：黄华斌　陈　敬

科学出版社 出版
北京东黄城根北街 16 号
邮政编码：100717
http://www.sciencep.com
北京厚诚则铭印刷科技有限公司印刷
科学出版社发行　各地新华书店经销
*
2017 年 3 月第　一　版　开本：720 × 1000　1/16
2025 年 2 月第六次印刷　印张：16　插页：6
字数：300 000
定价：78.00 元
（如有印装质量问题，我社负责调换）

刘东生院士（1917—2008）

刘东生，我国杰出的地质学家、第四纪科学家、黄土科学家、环境科学家、科学探险家、地质教育家。中国科学院院士。

1917年11月22日出生于辽宁省沈阳市。1937年毕业于天津南开大学。1938～1942年就读于西南联合大学地质地理气象学系地质专业。1946～1949年在经济部中央地质调查所工作。1953年到中国科学院地质研究所工作。1968年调至中国科学院贵阳地球化学研究所从事环境地质地球化学研究。1979年调回北京中国科学院地质研究所继续研究第四纪及黄土科学。1980年当选为中国科学院学部委员（院士）。1982年兼任中国科学技术协会书记处书记。1982年、1987年连选连任国际第四纪研究联合会（INQUA）第11届和第12届副主席，1991年当选为INQUA第13届主席，并当选为第三世界科学院院士。1996年当选为欧亚科学院院士。2002年获美国泰勒环境成就奖，2004年获2003年度国家最高科学技术奖，2007年获欧洲地球科学联合会洪堡奖章。2011年，INQUA设置“刘东生奖章”为该国际科学组织终身成就奖。

刘东生为我国第四纪科学与黄土科学事业奋斗了大半个世纪，取得多项重大成就。第一，他率科研团队在黄土高原上完成了10条大剖面的考察，确立了从粉尘的搬运、沉积过程到后生演化的一套完整的新风成理论。第二，他发现黄土代表寒冷干旱气候，古土壤代表暖湿气候，在剖面上二者交替成层，反映了第四纪环境变化的多旋回特点，从而建立了第四纪古环境的“多旋回理论”。第三，他从事的对整个黄土剖面的系统研究，使之成为迄今全球唯一完整的陆地沉积记录，并与深海沉积物岩芯、极地冰芯的记录可以很好地对比，建立了全球变化的国际对比标准。第四，他作为高山科学探险考察的组织者和领导者，提出了“青藏高原的隆起对自然环境及人类活动的影响”的研究方向，将青藏高原与黄土高原的研究结合起来，形成了中国人对地球第三极的科学观——青藏高原地球系统科学观。

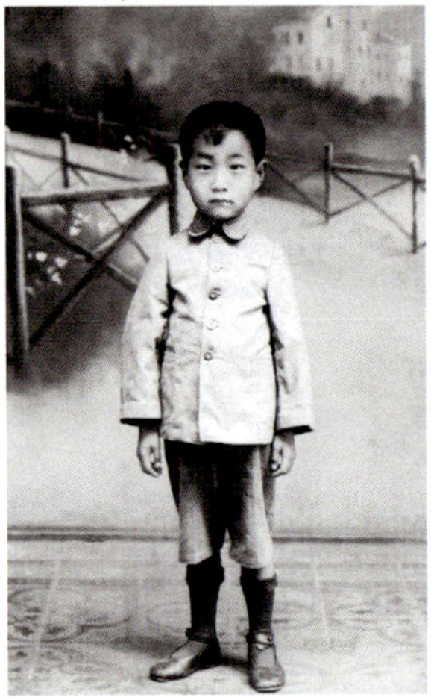

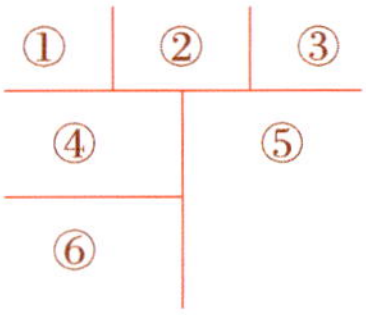

① 小学时代的刘东生
② 刘东生的南开中学毕业照
③ 刘东生远征求学
④ 刘东生的父亲和母亲
⑤ 刘东生与胡长康的结婚照
⑥ 在美国洛杉矶合影。左起：儿子刘强、夫人胡长康、刘东生、女儿刘丽

①	④
②	⑤
③	⑥

① 刘东生如愿考入中央地质调查所
② 1991年，74岁的刘东生在南极考察
③ 1997年，80岁的刘东生在夏威夷考察
④ 1997年，80岁的刘东生在海南考察红土
⑤ 1998年，81岁的刘东生在长白山考察
⑥ 1999年，82岁的刘东生在“试验3号”科学考察船上

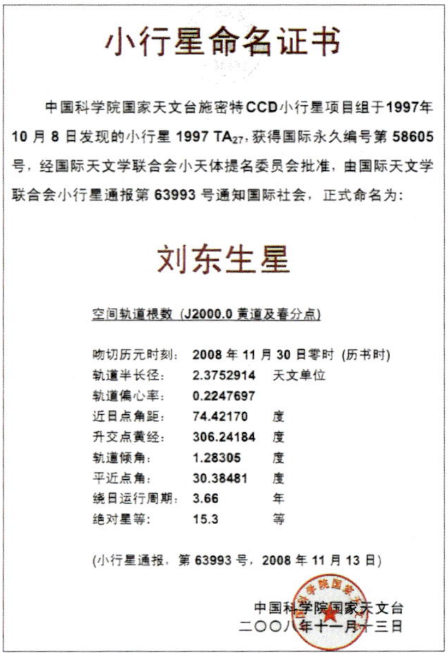

小行星命名证书

中国科学院国家天文台施密特CCD小行星项目组于1997年10月8日发现的小行星1997 TA_{27}，获得国际永久编号第58605号，经国际天文学联合会小天体提名委员会批准，由国际天文学联合会小行星通报第63993号通知国际社会，正式命名为：

刘东生星

空间轨道根数（J2000.0 黄道及春分点）

吻切历元时刻：	2008 年 11 月 30 日零时（历书时）	
轨道半长径：	2.3752914	天文单位
轨道偏心率：	0.2247697	
近日点角距：	74.42170	度
升交点黄经：	306.24184	度
轨道倾角：	1.28305	度
平近点角：	30.38481	度
绕日运行周期：	3.66	年
绝对星等：	15.3	等

（小行星通报，第 63993 号，2008 年 11 月 13 日）

中国科学院国家天文台
二〇〇八年十一月十三日

① 2001年，84岁的刘东生在新疆考察水资源
② 2003年，86岁的刘东生在和政考察期间参观古动物博物馆
③ 2004年，87岁的刘东生在罗布泊考察
④ 2006年，89岁的刘东生在沙拉乌苏考察
⑤ 刘东生星命名证书

①	④
②	⑤
③	

①	⑤
②	⑥
③	⑦
④	

① 与著名登山科考专家甘塞尔在西藏

② 2001年，84岁的刘东生第七次踏上去青藏高原的征程

③ 作为中国科学家代表团成员在美国参观

④ 刘东生创办的《第四纪研究》继续高水平出版

⑤ 刘东生赠书

⑥ 刘东生（左二）在洪堡奖章颁奖仪式上

⑦ 在阿根廷参加PAGES科学指导委员会会议时留影

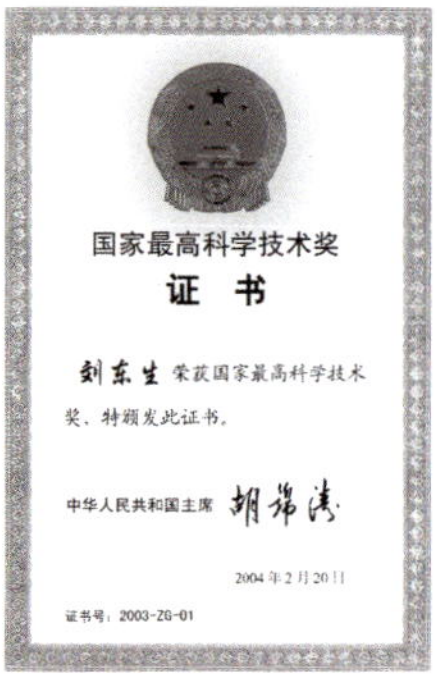

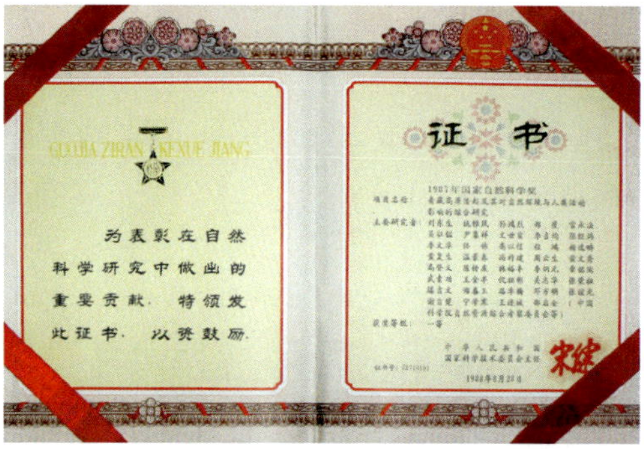

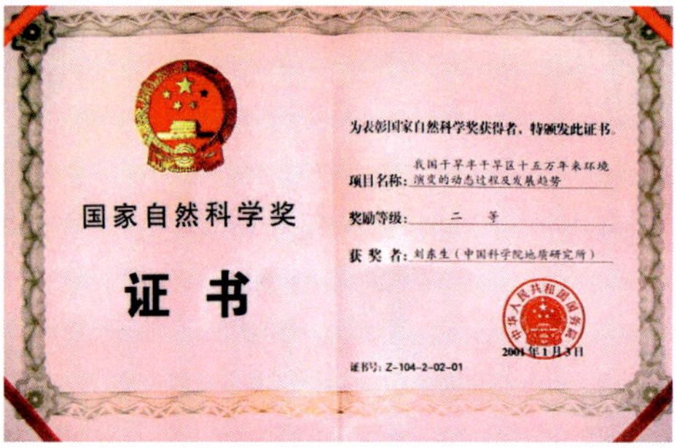

①	④
②	⑤
③	⑥

① 刘东生荣获国家最高科学技术奖证书
② 刘东生荣获中国科学院科学技术进步奖特等奖证书
③ 刘东生荣获国家自然科学奖二等奖证书
④ 刘东生荣获国家自然科学奖证书
⑤ 刘东生手迹
⑥ 刘东生手迹

①	④
②	⑤
③	⑥

① 1980年，刘东生当选为中国科学院学部委员（院士）

② 刘东生在洪堡奖章颁奖大会上作报告

③ 2002年4月12日，刘东生在美国洛杉矶接受泰勒环境成就奖

④ 1989年，刘东生在陈嘉庚奖颁奖典礼上

⑤ 2005年，刘东生与几代学生在“米寿”庆典上

⑥ 1987年，刘东生荣获澳大利亚国立大学名誉科学博士学位

The European Geosciences Union

presents the

Alexander von Humboldt Medal

to

Liu Tungsheng

for his exceptional contributions to Earth and Environmental Sciences, particularly in advancing our understanding of paleoclimatic change using Chinese loess-paleosoil sequence.

Signed April 2007

John Ludden
President of the European Geosciences Union

①

② | ③

① 2007年，刘东生荣获洪堡奖证书
② 1995年，刘东生荣获何梁何利科学与技术进步奖证书
③ 1989年，刘东生荣获1989年度陈嘉庚地球科学奖证书

总序

中国科学院学部科普和出版工作委员会决定组织出版《科学与人生：中国科学院院士传记》丛书，这是一件很有意义的文化工程。首批入传的22位院士都是由各学部常委会认真遴选推荐的。他们中有学科领域的奠基者和开拓者，有做出过重大科学成就的著名科学家，也有毕生在专门学科领域默默耕耘的一流学者。每一部传记，既是中国科学家探索科学真理、勇攀科学高峰的真实情景再现，又是他们追求科学强国、科教兴国的一部生动的爱国主义教材。丛书注重思想性、科学性与可读性相统一，以翔实、准确的史料为依据，多侧面、多角度、客观真实地再现院士的科学人生。相信广大读者一定能够从这套丛书中汲取宝贵的精神营养，获得有益的感悟、借鉴和启迪。

中国科学院学部成立于1955年，经过50多年的发展，共选举院士千余人，荟萃了几代科学精英。他们中有中国近代科学的奠基人，新中国的主要学科领域的开拓者，也有今天我国科技领域的领军人物，他们在中国的各个历史时期为科学技术的发展做出了历史性的贡献。“五四”新文化运动以来，一批中国知识精英走上了科学救国的道路，他们在政治动荡、战乱连绵的艰难岁月里，在中国播下了科学的火种，推动中国科技开始了建制化发展的历程。新中国成立后，大批优秀科学家毅然选择留在大陆，一批海外学子纷纷回到祖国，在中国共产党的领导下，开创了中国科学技术发展的新篇章。广大院士团结我国科技工作者，发扬爱国奉献、顽强拼搏、团结合作、开拓创新的精神，勇攀世界科技高峰，创造了举世瞩目的科技成就，为增强我国综合国力、提升自主创新能力做出了重要贡献，为国家赢得了荣誉。他们的奋斗历程，是中国科学技术发展的历史缩影；他们的科学人生，是中华民族追求现代化的集中写照。

当今世界，科学技术已成为支撑、引领经济社会发展的主要动力和人类文明进步的主要基石。广大院士不仅是科学技术发展的开拓者，同时也是先进文化的传播者，在承担科技研究工作重任的同时，还承担着向全社会传播科学知识、科学方法、科学思想、科学精神的社会责任。希望这套丛书的出版能够使我国公众走近科学、了解科学、支持科学，为全民族科学素养的提高和良好社会风尚的形成做出应有的贡献。

科学技术本质是创新，科技事业需要后继有人。广大院士作为优秀的科技工作者，建设并领导了一个个优秀的科技创新团队；作为教育工作者，诲人不倦，桃李满天下。他们甘当人梯、提携后学的精神已成为我国科技界的光荣传统。希望这套丛书能够为广大青年提供有益的人生教材，帮助他们吸取院士们追求真理、严谨治学的科学精神与方法，领悟爱国奉献、造福人民的科技价值观和人生观，激励更多的有志青年献身科学。

记述院士投身我国科学技术事业的历程和做出的贡献，不仅可为研究我国近现代科学发展史提供生动翔实的新史料，而且对发掘几代献身科学的中国知识分子的精神文化财富具有重要意义。希望《科学与人生：中国科学院院士传记》丛书能够成为广大读者喜爱的高品位文化读物，并以此为我国先进文化的发展做出一份特有的贡献。

是为序。

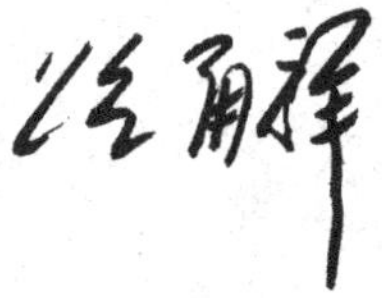

2010 年 3 月

序

2017年11月22日，是我国杰出的第四纪地质学家刘东生先生一百周年诞辰纪念日。为缅怀刘先生对我国第四纪地质学，尤其是在黄土研究上的创始之功，启迪后辈学人，他生前工作过的单位、他曾经的亲密同事以及他亲自培养的学生，早就开始准备各种纪念活动，这包括在中国科学院大学怀柔校区设立刘先生铜像，在 *Quaternary Science Reviews* 和《第四纪研究》出版纪念专刊，以及召开刘东生学术思想研讨会，等等。我认为，这些活动都非常有意义，它们充分表达了学术共同体成员对一位为我国科技事业发展奉献了一生的前辈学者的尊崇之情。在国家实施创新驱动发展战略的当下，这样的尊崇之情正是我们需要的。

在各种纪念活动中，我特别要推荐的是《刘东生传》的再版。《刘东生传》由中国科学院大学地球科学学院的潘云唐教授写作完成，潘老师本身是地质学专家，对刘先生的研究工作颇为了解。而刘先生从20世纪80年代早期开始，一直到他去世之前，基本上每年都在中国科学院大学（当时叫中国科学院研究生院）讲授第四纪地质学、古环境学和古气候学等课程，在此期间同潘老师有很多接触，并成为忘年交。在刘先生的晚年，潘老师对他做过几次深入的面对面访谈，刘先生本人也趁工作与治病之隙，对自己的工作生活经历有过详细的回忆，并把自己的回忆录了音，这些都成为潘老师写作的宝贵素材，并在2008年出版了本书的第一版，当时的书名叫《揭开黄土的奥秘：刘东生》。

《揭开黄土的奥秘：刘东生》出版后，受到相当范围内的读者的欢迎，但由于出书匆忙，仍有不少遗珠之憾。为此，潘老师扩大了资料收集渠道，并对刘先生的生前好友与学生做了较多采访，得到不少生动而鲜活的新素材，从而完成《刘东生传》第二版的写作，并将于刘先生百年诞辰纪念日之前奉献给读者。鉴于我跟随刘先生工作多年，同时又是中国科学院大学地球科学学院毕业的学生，潘老师便嘱我写个序言。

读完再版的《刘东生传》，我个人的感觉是本书值得许多年轻的朋友一读。刘东生先生以及生活经历与他相似的老一辈学人，都有过非常特殊的人生经历。他们都在积贫积弱的旧中国长大成人，并完成教育，在那个时期，内忧外患的社会环境并不能向他们提供从事科学研究的必要条件，但即便如此，他们从未忘记科技报国的初心，不断地充实自己，提高自己的学术水平。因此，在社会安定下来之后，他们中的大多数都迅速成为本领域学术研究的领军人物，我们今天回过头来，完全可以这样说：新中国的完整的科学体系主要由这一代学人所奠基。我个人认为，曾获得我国最高科学技术奖的刘东生院士是这一代人在地质学界的杰出代表，当我们体悟刘先生走过的漫长的九十一年的人生历程以及他的丰富而单纯的心路历程时，我们会不由自主地说：共和国应该永远铭记这一代前辈科学家的功绩！

是为序。

丁仲礼

2017 年 2 月

目　录

第三章　赤胆忠心报效人民

第四章　黄土研究的弹指一挥间

第五章　京外十一年

第六章　世界第四纪科学的巨匠

第七章　探索未有穷期

第一章

家世与早期成长

一、铁路人之子　爱国小学生

1917年11月22日，刘东生出生于辽宁沈阳一个铁路职工家庭，后在天津安家落户。刘东生的祖父母生有两儿两女，他的父亲刘福瑞（1894—1974），字辑五，排行最小。母亲赵博直（1897—1983）。刘东生的父亲五岁丧母，由姐姐（刘东生的姑母）抚养，从小失学，幼年曾随刘东生的祖父在小药店里打工，年长以后，就闯关东，先到大连，再到沈阳皇姑屯，在京奉铁路上找到一份工作。京奉铁路是由英国人管理的，车站站长、段长、财务负责人、工程师大多是英国人。因此在那里做事，会讲英语的中国人工作便利很多。刘东生的父亲边学铁路业务，边学英语，到刘东生上小学时，父亲已是皇姑屯车站的副站长了。

刘东生的父亲刘辑五和母亲赵博直

刘东生一岁半时留影

刘东生的家境虽不富裕，但他的父亲非常重视子女的教育，从学前就开始抓起。到该上小学的年龄时，父亲千方百计让他上了当时很有名的奉天省立第二小学。

这所小学的校长姓郭，他不但重视智育，也很重视德育，尤其重视培养学生的爱国主义精神。因而，刘东生在小学受到了很好的教育，自己也刻苦努力，成绩非常优异。该校隔壁是一所由日本人办的"寻常小学"，设备精良，还有室内运动馆等。郭校长力图把学校办得好上加好，与日本的"寻常小学"竞争。他也常常用爱国主义思想教导学生为祖国的富强而学习。

刘东生的班主任姓林，教过语文、地理等很多课程。他常常给学生讲

小学时代的刘东生

故事，对学生进行爱国主义教育，学生的爱国热情也随之高涨。林老师还用宣纸写成班训，如“勤学、笃行”“勤能补拙，俭以养廉”“学如逆水行舟，不进则退”等，贴在黑板上方和周围墙壁上，还特别写了岳飞的警句：“文臣不爱钱，武将不惜死，天下太平矣。”这句话使学生们时刻意识到当国家面临危难时，如果人人都像岳飞所说的那样，那么国家就有希望。

刘东生的班上有一位朝鲜同学，年纪比他们大一些。有的同学冲着他喊“亡国奴”，朝鲜同学难过地痛哭流涕。刘东生心里却在想：“别叫人家亡国奴了，我们要不发愤图强，自己也要成亡国奴了。”

刘东生的家位于沈阳郊区，周围是大片农田，有一条小河流过，夏天时他很爱下河捡贝壳、捉虫子……他后来喜好大自然，献身地质科学事业，这也可算是一个渊源。

有一次，刘东生随父亲到沈阳城里办事，看了一场露天电影，讲的是一个人到四川西部藏族地区探险的故事，虽是黑白、无声电影，但这毕竟是刘东生第一次看电影，也是他有生以来第一次看到雪域高原、崇山峻岭，看到住帐篷、骑牦牛的少数民族同胞。这激起了他对自己乡土以外的未知世界的好奇心。

二、亲历“皇姑屯事件” 深种民族恨

1928 年 6 月 4 日凌晨，日军经过精心策划，在皇姑屯车站附近将他

们一手扶持起来的奉系军阀首领——张作霖炸死，制造了震惊世界的“皇姑屯事件”。

当时不满 11 岁的刘东生正在上小学五年级，对这件事可谓记忆犹新。

炸车地点在皇姑屯车站通向沈阳城的老道口。这里是英国人控制的京奉铁路（今沈山铁路）与日本人控制的南满铁路（今哈大铁路）的交叉路口，南满铁路与下面的京奉铁路立体交叉，平常南满铁路桥上就有日军巡逻，不让老百姓上去，出事前几天戒备更加森严，巡逻更加频繁。

“皇姑屯事件”发生的那天晚上，作为副站长的刘辑五在站上值夜班，以往列车（客车和货车）班次并不太多，可是事发之前，车次突然增多，一列一列频繁通过，刘辑五心中纳闷，觉得很反常。而刘东生的母亲则一直没有睡，在车站的异常喧闹声中照顾着三个儿子、一个女儿，还有一个侄女，让他们好好安睡。

刘东生兄妹五人，从左至右依次为：堂姐志贤、刘东生、二弟东来、妹妹桂荣、三弟东星

睡梦中，刘东生和他的弟弟、妹妹、堂姐都被爆炸声惊醒，紧接着，又听到一阵密集的枪声，第二天一早听说路被炸断，无法去城里上学了。

炸毁的列车被拉到皇姑屯车站的大修厂。刘东生和小朋友们常常去大修厂路轨底下捉蟋蟀，也亲眼目睹了被炸列车的残骸。被炸的那节车厢并未严重损坏，只是在张作霖包厢的车顶，炸开了一个巨大的口子。

“皇姑屯事件”虽然反映了日本帝国主义与奉系军阀之间的矛盾和斗

争，但也暴露了日本侵略者的野心，激起了中国人民的抗日高潮。后来张学良将军为报国仇家恨，将投靠日本帝国主义的杨宇霆、常荫槐处死，进而宣布东北“易帜”，归顺南京国民政府。刘东生所在的小学换上了青天白日旗。刘东生和学校师生们也因为“皇姑屯事件”更加仇恨日本帝国主义，发誓要努力学习，早日把日本帝国主义赶出中国去。

三、跨进南开门　景仰张伯苓

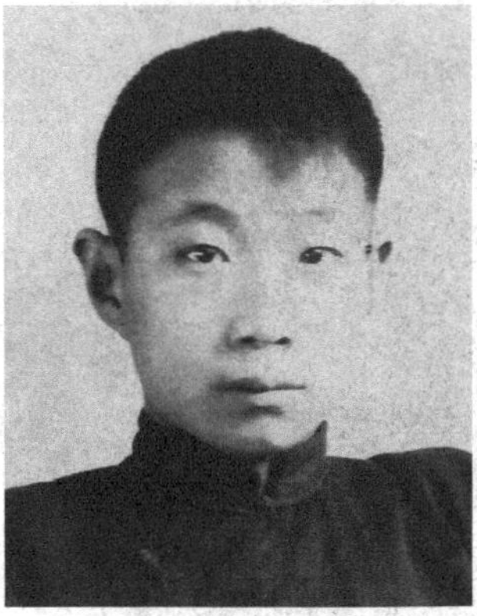
刘东生的小学毕业照

1929年，刘东生从奉天省立第二小学毕业后，父亲特地送他到皇姑屯一位私塾教师李彬清的学馆去学了半年古文。这位李老师是新、旧学兼通的，不但教古典文学（经史子集、诸子百家），而且数学也教得很好。像刘东生这样小学已毕业、有些基础的学生，不需要从启蒙读物《三字经》《百家姓》及“四书”“五经”教起了。刘东生学的第一篇古文是《滕王阁序》，里面有不少人生哲理，如“老当益壮，宁移白首之心？穷且益坚，不坠青云之志”。

刘东生在李彬清门下学习了半年时间，对中国传统文化有了进一步的了解。他白天在李彬清的学馆补习，晚上还要提着马灯到离家不远处去上两个小时的英语课。

刘东生与同班毕业的同学也讨论过就业问题，大家觉得学医有前途。有一位姓马的同学，其父亲从日本留学回来，开了一家医院。沈阳有日本人办的南满医科大学，很有名，还有附属的南满中学，毕业后可升入南满医科大学，一些人为了学医，就先考南满中学。刘东生本来想学医，继承祖父、伯父的事业，但因为对日本侵略者极端厌恶，坚决不上日本学校。在升学问题上，刘东生的父亲也有自己的想法。父亲的一位同事金先生，是天津南开中学第一期毕业生，与后来的清华大学校长梅贻琦是同班同学。在金先生的大力宣传和介绍下，父亲决定让刘东生去考南开中学。

1930年秋，刘东生顺利考入南开中学。初到南开中学，刘东生被它的庄严、富丽、宏伟和一流的硬件设施所倾倒。教学楼外有很大的运动场地，仅足球场就不止一个。教学楼内有当时很先进的、设备齐全的物理实验室、化学实验室、生物实验室，等等。

刘东生刚入校时，条件还是非常艰苦的。由于宿舍不够住，他们初中一年级新生就二三十人住在一间大屋里。

1933 年秋，刘东生去南京参加第六届全国运动会，回天津以后就患了伤寒，因发高烧住进了医院，很长时间后才痊愈，后来才知道是南京饮用水水源污染造成的。因为这次重病，刘东生耽误了学业，重读了一次高中一年级，总共在南开中学学习了七年整。

南开中学的创办人是严修，字范孙，天津人，是清朝翰林，在贵州做过督学，主张新学。

刘东生的南开中学毕业照

张伯苓原名寿春，1876 年 4 月 5 日出生于天津一个书香之家。他家学渊源，教养有素，聪颖过人，13 岁考入天津北洋水师学堂，受教于严复等留英学者，18 岁以全班第一名的成绩毕业。当时正值北洋水师在甲午战争中全军覆没，威海卫军港被日军占领。张伯苓在“通济”舰上服役时，亲历该舰被派去从日本人手中收复威海卫军港，而第二天又转租给了英国，对国耻的悲楚和愤怒使他决心走上教育救国之路。

1899 年，张伯苓应严修的聘请，去其所办的家馆教书，刚到那里时，仅有学生五人。1904 年，他与严修同去日本考察教育。不久，他们把家馆改成了南开中学。在他41岁时，这所学校已有1000多名学生。43岁时，张伯苓创办了南开大学，本着“文以治国、理以强国、商以富国”的理念而办了文、理、商三个学院，以后又建了矿学院、经济研究所、化工研究所等，并陆续增设了南开女中、南开小学。1932 年，包括上述机构在内的南开学校已拥有学生 3000 多名，成为国内著名的教育机构。

刘东生上南开中学时，张伯苓已经五六十岁，被同学们亲切地称为“老校长”。老校长有卓越的公关才能，他利用一切场合游说募捐，宣传办学的重要性和教育事业的光明前途。老校长每星期都在大礼堂给学生讲话。他说，最好理短发，看起来有精神，干起事来也干净利落，不会给人一种萎靡、颓废的印象。他还说，冬天很冷，如果依恋热被窝不敢出来，那么，越怕冷反而越冷，不如毅然决然掀开被子，跳到地上，很快穿上衣服，该干什么就快些去干。他虽然用的是一些通俗的话语，却能使大家从中悟出深奥的道理。刘东生感悟到，要给自己树立一个崇高的目标，然后排除万难，一往无前，为实现目标而努力奋斗。

张伯苓治理下的南开中学，不仅教学质量一流，规章制度也十分严格，管理井然有序。不管是在教室、礼堂、食堂，还是在学校的任何偏僻之处，都有人负责管理。你如不小心打碎一块玻璃，马上就有人出来找你写条子，办理赔偿手续；学生外出要请假，晚上外出必须按时回来。有一次，从美国回来的华侨学生关氏兄弟俩，晚上到离校很远的英租界去比赛冰球，结果回来太晚，校门关了进不来，他们就偷偷地从围墙较矮处翻越进来，被负责学生生活的老师发现，将其二人开除，足见校纪之严。

四、投入救国热潮　刻苦锻炼身体

1931 年秋，刘东生上初中二年级不久，“九一八”事变爆发，日军占领了沈阳。由于蒋介石命令东北军不抵抗，日军很快占领了东北三省。南开中学和全国各地一样，掀起了抗日救国的热潮。刘东生在天津与沈阳的家人联系不上，不知家中亲人安危，十分惦念，但他也积极参加抗日救国的学生运动。

天津当时有日本的租界和兵营，日本在天津“驻屯军”的兵营“海光寺”，就位于南开大学、南开中学和南开女中之间。日军常在学校附近演习野战、夜战等，火光和枪声都看得见、听得清。不少日本浪人、军人组成的便衣队从租界、兵营里跑出来，打、砸、抢后又逃回租界、兵营。刘东生和同学们感到，他们是在日本侵略者的直接威胁下读书，心中激起深深的民族仇恨。

1932 年，日寇在上海发动“一·二八”事变，以蒋光鼐、蔡廷锴为首的 19 路军英勇抗击日寇，令全国人民极为振奋。1933 年，日寇又侵占热河，进攻长城一线，冯玉祥的西北军宋哲元部、张学良的东北军何柱国部等在喜峰口、古北口和石河等地英勇抗击日寇，也极大地鼓舞了全国人民的斗志。1934 年夏天，在天津新建的体育场举行了华北运动会，南开中学学生所坐的看台正对着主席台。他们事先练了组字，每个学生拿着一面旗子，旗子一面白一面黑，坐在不同位置上的学生，当听到指挥者的哨音时，分别亮出白面或黑面，就组成了“勿忘国耻”“收复国土”等口号。当时日本驻天津总领事也坐在主席台上，见了抗日口号，竟无耻地提出抗议，并退出会场。但老校长张伯苓则始终支持学生的抗日救国活动。

1935 年夏，刘东生上高中一年级时，河北省规定所有高中一年级的学生都要到保定军校旧址集中军训三个月，每天以操练为主，也上室内课。当军训进行了一个多月时，有一天，全体学生集中在大操场上，总教官黄杰（曾参加过古北口战役的国民革命军第 17 军第二师师长）在主席台上对大家说：“日本人提出抗议，勒令我们停止军训，我们只好解散，各回各校……”台上台下的教官和学员几千人顿时哭成一片。我们中国人在自己的国土上搞军训，竟然被日本人勒令禁止，这更加激发了大家高昂的抗日激情。

1936 年冬刘东生上高中三年级时，听说了西安“双十二”事变的消息，他和广大同学都拥护“停止内战，一致抗日”的主张。

就这样，刘东生的整个中学时期几乎都是在国难当头的形势下和抗日救亡的浪潮中度过的。南开中学对爱国主义教育始终抓得很紧。5 月 9 日是国耻纪念日，老师给同学们讲 1915 年 5 月 9 日袁世凯与日本签订卖国求荣的“二十一条”，讲 1928 年 5 月 3 日发生的“济南惨案”，讲日本首相田中义一给天皇的奏折：“若要征服中国必先征服满蒙，若要征服世界必先征服中国。”刘东生和同学们听了都义愤填膺，立志要学好本领，驱逐日寇，振兴中华。

南开中学没有游泳池。附近郊区有烧砖挖泥形成的大坑，积水之后就成了同学们的天然游泳池。在与刘东生年龄差不多的同学中，有几个人游泳游得很好，其中董景纯在全国运动会上得过第二名，还有从大连来的白永兴及司徒愈旺、朱之杰和杨锡诚等，游得也很不错。刘东生参加了董景纯组建的“海鸥游泳队”。当时没有教练教，他们就自学了蛙泳、自由泳和仰泳。

他们还特别留心报上登载的游泳比赛照片，把第一名的特写镜头拿来仔细研究，看他用的是什么姿势、胳膊抬起多高、换气方法怎样等，当然也少不了要看日本的《朝日新闻》画报。日本运动员在洛杉矶奥运会上夺取了几项冠军，刘东生等人还专门搜罗游泳运动员的照片来分析，从中吸取对自己有用的东西。

身为“海鸥游泳队”队员的刘东生

刘东生的水上英姿

从南开中学通往天津城西南角的路上，有一家卖旧报纸的小店，这里有大捆大捆的报纸，是美国货船运货到天津港时用来压舱的，货轮多发自美国加利福尼亚州，压舱报纸多半是《洛杉矶日报》。小店把这些成捆的美国报纸论斤卖给小商小贩，用来包装小商品，如花生米等。偏偏遇到刘东生等有心人，他们在成堆的美国报纸里翻，果然发现了有关20世纪30年代洛杉矶奥运会的不少报道。图片相当多，他们都剪下来，贴在自己的剪报本上，反复端详、琢磨，不断学习，不断提高自己的游泳成绩。他们不仅钻进这些报纸堆里寻找有用的信息，对当时的报纸新闻更是不肯放过。他们必看《大公报》的体育新闻，而且做笔记和剪报，还随时关心国内各大城市，如上海和广州等地的游泳新纪录，并把搜集到的新闻报道、图片都进行分类，便于以后查询。

1946年，刘东生去北碚中央地质调查所工作，在参观古生物研究室主任尹赞勋的办公室时，看见很多文献资料卡片，一排一排摆放得整整齐齐、井井有条，查阅非常方便。他突然想起10多年前在南开中学为钻研游泳技术而搜集信息的情景，感悟到凡是搞研究工作，都要“虎子穷搜千百穴”地占有尽可能多的第一手资料，且要时刻留心动态，摸准前沿所在，才能有计划、有步骤地去赶超。

五、“七七事变”起　滞留沦陷区

1937年7月7日，日本侵略者发动“七七事变”(又称“卢沟桥事变”)，这一天也在刘东生的生活里，留下难忘的印象。

这一年，刘东生正好高中毕业。他的家已迁至北平石驸马大街（今新文化街）。刘东生7月7日早上从天津坐上去北平的火车，应该是中午到达北平。大约11点，火车快到丰台时突然停下了，因没到站，又不能下车，因而不知道发生了什么事。后来听说卢沟桥那边打起来了，日本军队向我方进攻。刘东生和旅客们从车窗往外看，果然看见日军猫着腰从火车左边跑过去。一直等到夜里12点火车才开。刘东生在前门火车站下车，提着两个沉重的箱子回到家中已是后半夜了。

整个7月，刘东生和家人都在提心吊胆地过着日子。到7月底，他们听说29军副军长佟麟阁在南苑抗战中壮烈殉国，29军132师师长赵登禹也在南苑抵抗日军进攻的激战中阵亡。紧接着，29军军长宋哲元率部撤离北平，北平为日军占领。人们都惶惶然。刘东生与母亲、妹妹、两个弟弟及堂姐只好一起乘难民列车到了天津，在英租界附近租了间房子暂且住下。

一天，刘东生在街上碰见在南开中学曾住同一间宿舍的同班同学童遐龄，互相问起近况。刘东生说："我正准备去南方，听说上海也打起来了，我父亲在上海，还不知道消息。"童遐龄说："到我家来吧！我家现在有地方住。"童遐龄的家在法租界，父母是江西人，为江西同乡办了一所江西小学。妹妹童芷龄后来成为著名的京剧演员。他的一个弟弟童寿龄也唱京戏，另一个弟弟童祥龄，当时还很小（长大以后也成为京剧演员，在"智取威虎山"一戏中扮演过杨子荣）。他们一家原是票友，后来"下海"演戏了。当时"童家班"正好在南方演戏，南方也打起了仗，火车不通，回不来。现在家里只有一个老祖母、一个堂兄和一个堂妹，家中有空屋，所以邀刘东生去住。他还说，江西小学属江西同乡会，他们二人都可以去教书。

于是，刘东生搬到了童遐龄家。快到9月时，他们贴出江西小学的招生广告。由于进租界的难民多，孩子也多，很快就有几十人报名。刘东生和童遐龄各在一间教室，每人同时教两个年级的学生。后来又来了一名南开中学的老同学，负责教体育和音乐。他们教得很认真，一个学期下来，家长都很满意，来报名学习的学生更多了。刘东生在江西小学教了一年的书。

在江西小学教书的第一学期，刘东生曾接到南开中学老同学黄振威从湖南长沙寄来的信。信上说，"七七事变"后，北京大学、清华大学、南开大学迁到长沙，合组为国立临时大学，自己就在该校读书。他在给刘东生的信上劝刘东生赶快去南方，最好就去该校学习。刘东生曾做好一切准备，并买好了车票，可惜被租界巡捕阻止而未能成行。他也只好暂时安心在江西小学继续任教。此后不久，他又接到黄振威的信，得知学校还要继续西迁至昆明。

六、奔赴后方春城　求学西南联大

刘东生住在童遐龄家，闲时与老同学聊天，认为自己虽未上前线参加抗日战争，但在租界里办教育，培养下一代，宣传抗日，同样是为国家做贡献。

与此同时，刘东生又不断接到昆明老同学的来信，其中包括以前在长沙来过信的黄振威在内。他们在信上都说秋季将要开始新学年，8 月份要入学考试，希望刘东生尽快去昆明。

1938 年 7 月，刘东生终于踏上了去大后方的征程，他买了怡和公司去香港的轮船船票，只有母亲一人为他送行。上船以后，刘东生站在甲板上，望着越来越远的天津港，频频招手，内心祝愿母亲和所有亲人、朋友们一切平安。

到了香港，刘东生见到在那里工作的父亲。父亲告诉他，自己认识的一位朋友愿意资助他去美国留学，并已为他办好了去美国的护照，可以从香港直接去美国。然而，刘东生却表示了不同的看法："那么多同学，有的在前方抗战，有的在大后方读书，也为抗战出力，我为什么要到外国去逃避祖国的抗战呢？而且，我先在国内学有专长，事业有基础了再去国外进一步深造不是更好吗……"无论父亲怎样劝说，他就是不同意出国，这让父亲感到非常失望和伤心。刘东生在香港停留了一两个星期，就买了船票离开香港，经过两昼夜的海上漂泊，到了越南南方港口西贡，然后乘法国人修的窄轨铁路火车，经越南河内、老街，入中国境，再经云南的河口、蒙自等地，到达了久已向往的春城——昆明。

刘东生到达昆明以后，在国立西南联合大学（以下简称西南联大）遇见很多南开中学 1937 年毕业的老同学，很多同学已读完一年级。这些同学告诉他，因为西南联大是由北京大学、清华大学和南开大学三校组成的，凡是南开中学的高中毕业生，可以免考进入西南联大，刘东生因此入学了。

刘东生远征求学

进了西南联大，刘东生仿佛进入一片新天地。南开大学的严谨、苦干，加上北京大学、清华大学的开放、自由，使该校有着浓厚的学术气氛。他刚去时，与南开中学老同学住在一起，似乎又回到了南开中学一起住宿舍的日子。他们四人一间屋，没有床，每人发 20 个装汽油桶的木板箱子，在地上拼凑起来，可以当床睡觉，也可以拼起来当桌子写字，还可以当书柜装书。学生的学习全凭自觉，纪律较宽松。同学们晚上也可以出去玩，欣赏有名的滇剧等。南开中学 1937 届（与刘东生同班毕业的）在西南联大共有四五十人，分布在文、理、法、工和商学院，但他们的凝聚力很强。

西南联大的学生在一年级就开始分系和专业。刘东生取道香港时，父亲就一再叮嘱他学机械，这与父亲所从事的职业有关，父亲长期在铁路上服务，也在机场工作过，成天与火车、飞机打交道，自然觉得机械先进、万能。因此，刘东生一开始就报了机械系，可他听说原南开中学来的同学大都转学地质专业了，其中就有黄振威。黄振威给刘东生讲什么是地质，给他讲美丽的矿物、结晶体、对称轴等概念，刘东生听得似懂非懂，却也觉得饶有兴趣、引人入胜。

经过长途跋涉，刘东生终于抵达昆明

于是刘东生决定转系，并写信说服了父亲。他找到管理一年级新生事务的陈福田教授（原在清华大学教英语）。可陈福田教授却说，开矿也很麻烦，不一定行，而眼前修公路有很多筑路机械，公路修好后又有很多汽车跑运输，学机械马上就能用上，最后不同意刘东生转系。后来，刘东生听说北京大学的叶公超教授也兼管一年级新生事务，就找到叶公超教授的宿舍，叶公超教授一听刘东生说要转系，伸出手说了一句“把单子拿来”，马上就签了字，此事就算办成了。

刘东生如愿以偿成为西南联大地质地理气象系地质专业1938级（1942届）的学生，全班共有32人，人数之多在该系是空前绝后的，毕业之后绝大多数人都从事了地质工作，而且都取得了重大成就。这些同学中，多人后来当选为两院院士，其中，刘东生、马杏垣、郝诒纯、陈梦熊、谷德振、顾知微及穆恩之七人是中国科学院院士；韩德馨是中国工程院院士。还有一些人在地方上任职，一些人出国留学。

北京大学校庆时地质系校友合影，后排右二、右四、右七分别是刘东生、陈梦熊、韩德馨（摄于1998年）

进入西南联大以后，刘东生对这所传奇式大学的历史和现状有了更多的了解。1937年7月29日，北平沦陷。30日，天津沦陷。当时全国42所大学中名列前茅的北京大学、清华大学、南开大学的领导人蒋梦麟、梅贻琦、张伯苓于8月19日与南京国民政府教育部协商南迁事宜。9月10日，教育部下令，三校迁往长沙岳麓山下，联合组成国立临时大学，10月26日在长沙举行了开学典礼，11月1日开始上课（以后就把11月1日作为西南联大的校庆日）。同年12月13日，南京沦陷，日寇进攻武汉。国立临时大学于1938年春西迁昆明，更名为国立西南联合大学。

刚迁到昆明时，因原来城里的学校疏散到乡下，他们便租借空出来的校舍上课。1938 年 7 月（就在刘东生入学前不久），学校以昆明西北角城外 124 亩荒地为校址，修建新校舍。担任设计任务的是著名建筑大师、中国营造学社法式部主任梁思成教授及其夫人林徽因教授，两人呕心沥血一个月，做出了一个现代化大学的设计方案，但苦于学校经费不足，他们不得不一再修改方案。最后到 1939 年 4 月校舍落成时，竟有 95 栋平房，其中学生宿舍 36 栋，全是土墙茅草顶结构；教室、办公室、实验室 56 栋，为土墙铁皮顶结构；食堂两栋，图书馆一栋，为砖木结构。同时，西南联大有着相当强大的师资阵容，170 多名教授、副教授绝大多数是 20 世纪二三十年代留学归来的硕士、博士，而且许多人学贯中西，文理兼通，有的教授还精研两三门学科，几乎所有教授都是科学、文化、专业学术等素养很高的权威、泰斗，如从事自然科学的有周培源、华罗庚、杨武之、陈省身等，搞社会科学的有闻一多、钱钟书等；青年讲师、助教也多半是北京大学、清华大学、南开大学的优秀毕业生。他们是学校的脊梁，从根本上决定了学校的教学和科研质量。正如校领导人梅贻琦所说："所谓大学者，非谓有大楼之谓也，有大师之谓也。"

如此优秀的教师，成了学校的灵魂，他们首先以自己的人格魅力为广大青年学生树立了光辉的榜样。日寇侵占平津之后，曾要求教授们继续教学，许诺保证照样拿丰厚的年金。然而，这批教授宁愿放弃舒适的生活，毅然来到祖国的大后方，为祖国培养新一代优秀人才。后来，教育部曾规定大学里凡兼任行政工作的教授每人发给一笔"特别办公费"，西南联大 25 个系的系主任上书谢绝："盖同人等献身教育，原以研究学术、启迪后进为天职，于教课之外兼负一部分行政责任，亦视为当然之义务，并不希冀任何权利……"也就是说，他们在形势艰危、人民啼饥号寒的条件下，宁可"同尝甘苦，共体艰危"，也不愿"失平均之谊"。教育部当局为缓和西南联大师生对他们的反抗情绪，又声称要给教授发"救济粮"，教授们联合签名拒绝接受，充分体现了不吃"嗟来之食"的硬骨头精神。

来自北京大学、清华大学、南开大学三所名校的教授们有着极高的道德准则。他们以大局为重，团结如一人，和衷共济，亲密无间，而且都有着勤勉奋斗的敬业精神。

西南联大还继承了北京大学、清华大学、南开大学三所名校"学术自由、民主办学"的传统，各学派都兼容并包，自由探讨；实行选课制，充分调动学生的兴趣，并发挥其特长，有利于扩大学生的知识面，使其文理兼通；使教师自由竞争，擂台较量，接受学生的检验。课堂还向社会开放，校外青年自由来校听课，有限的教育资源得以充分发挥最大的社会效益。

西南联大完全体现了“五四”时期民主与科学的精神，就是反对独裁、反对专制、发扬主人翁精神，以及探索真知、追求真理的科学精神。正如国立西南联合大学纪念碑碑文所写：“内树学术自由之规模，外获民主堡垒之称号，违千夫之诺诺，作一士之谔谔。”该校确实具备了学术发展和人杰培养的良好环境。

该校中文系教授罗庸为校歌作词（调寄“满江红”）曰：“万里长征，辞却了，五朝宫阙。暂驻足，衡山湘水，又成离别。绝徼移栽桢干质，九州遍洒黎元血。尽笳吹弦诵在山城，情弥切。千秋耻，终当雪，中兴业，须人杰。便一城三户，壮怀难折。多难殷忧新国运，动心忍性希前哲。待驱除倭虏复神京，还燕碣。”这真是中国教育史上的绝唱。该词后来由张清常教授谱曲，就成为西南联大的校歌，唱彻春城。西南联大的校训是“刚毅坚卓”，师生们以实际行动诠释了它的含义，即刚强勇毅、坚苦卓绝。

刘东生回忆起在西南联大的生活时深情地说，物质生活是艰苦的，精神生活是丰富的。虽然他们的伙食质量较差，还经常要躲避日本侵略者的空袭，但是，学生们却刻苦学习，而且贯彻文理兼通、自然科学与人文社会科学相结合的原则。地质地理气象系地质专业一年级上的基础课很全面，有数学、英语、历史、国文，等等。有的课很有特色，如国文课由每位知名教授讲两星期，闻一多讲《诗经》，罗常培讲“典论论文”，朱自清讲“宋诗”等。此外，全校还经常举办各种学术报告、讲座，内容涉及数、理、化、天、地、生、文艺、法律、经济、政治（如讨论抗战问题），等等。

作为地质专业的学生，他们首先接触的基础课是“普通地质学”，刘东生选择了自己所崇敬的老教授谭锡畴所讲的课。谭锡畴教授回忆自己民国初年学习地质学的情景，当时还不为社会上所理解，当他假期回到老家时，他父亲的一位朋友问他在京城学什么，他说学地质，父亲的朋友听后说道：“袁世凯都倒了，你还学帝制干什么？”逗得大家都笑起来。接着，谭教授还给他们讲了很多从事地质工作的宝贵经历。他说他曾去川西北草地进行地质考察，就是当年红军长征经过的草地，那是一片沼泽，非常危险，掉进去就出不来了。对于沼泽，学生们有了进一步的认识。

刘东生最喜欢跟随老师到野外从事地质实习，最喜欢跟老教授袁复礼跑野外，听袁教授讲地质知识及从事地质工作的故事。袁教授讲起他于1927～1932年参加由中、瑞（典）合作组成的中国西北科学考察团去绥远、宁夏、甘肃和新疆等地工作的经历，他们拉着骆驼在荒无人烟的戈壁滩上步行几千里，一步一步地从包头走到新疆；为当地老百姓找水，被奉为神明；外国人找不到的化石他们能找到……这些对于刘东生等地质专业的新生来说，简直是一部传奇小说。同学们听袁教授讲西北之行，觉得大自然更可爱了，对地质工作更感兴趣了，从事地质工作的理想更坚定了。

七、一年级暑假欢度　二年级实习丰收

1939 年夏天，刘东生面临进入西南联大后的第一个暑假。他与同学们乘滇越铁路小火车到昆明东南的一个大县——宜良，在可保村车站下车，那里有丰富的能源矿产和旅游资源。著名的下石炭统“可保村煤系”的煤层已在开采。村边有温泉。附近有个阳宗海，是很深的断陷湖，当地民谚曰：“滇池无边，阳宗无底。”湖水清净，是游泳的绝好去处。刘东生和同学们住在温泉旁的旅店里，买了粮食、油、蔬菜、肉和鱼，自己做饭。他们上午看书，下午去阳宗海游泳，回来再洗个温泉浴，生活很有规律，十分惬意。

1939 年夏，刘东生（左一）与同学们在云南宜良阳宗海游泳后合影

刘东生每天上午阅读英文版《地质学教科书》（*Textbook of Geology*）的影印本，抱着英汉字典，遇到不认识的单词就查字典，有时也请教同学，

一点不马虎、不苟且，速度虽然慢一点，但等到暑假结束时，就能看得很快了，查字典的次数也少了，再读地质学的英文教科书、参考书、科研文献等，拿起来就可以不太费力地看下去了。刘东生的确从这种细嚼慢咽式的、蚂蚁啃骨头式的精读、苦读中尝到了甜头。以后，他上冯景兰教授讲的“地貌学”和“矿床学”课程时，也对约翰逊（D. W. Johnson）和林格伦（W. Lindgren）的经典著作下了同样的工夫，都取得了很好的效果。

多年以后，刘东生仍对在宜良可保村温泉之畔、阳宗海之滨度假时掌握的这种学习方法记忆深刻。

1940 年夏，刘东生上大学二年级，地质地理气象系系主任孙云铸教授带他们班的同学去昆明以北不远的二村进行野外实习，比他们高两届的毕业班同学徐煜坚和米泰恒也在那里收集毕业论文资料，测量与填绘地质图。他们与刘东生等接触很多。徐煜坚是广东珠海人，1937 年以前就读于清华大学地学系，“七七事变”后，一度滞留北平，在实业部地质调查所北平分所新生代研究室工作了较短时间。他向刘东生谈到，美籍地质学家葛利普（A. W. Grabau）因腿疾走不了，留在北平，还把北京大学、清华大学学生请到他家中上过几次课。葛利普还到协和医院保护过在那里的原实业部地质调查所北平分所新生代研究室的人员和财产。徐煜坚买了一本《居里夫人传》，看完后就赠予了刘东生。

后来，徐煜坚又介绍刘东生看了翻译成中文的关于探险的书，是瑞典探险家斯文·赫定（Sven Hedin）在我国新疆塔克拉玛干沙漠探险的故事。他在缺水、面临生命危险的情况下，找到了一处泉水，用皮靴装水救活了当时一起探险和担当向导的人。徐煜竖对刘东生说，我们从事地质工作，是一种探险事业，有困难完全可以克服，不是什么可怕的危险，相反倒是一种乐趣，我们能去别人没去过的地方，能发现别人没发现的东西。他们谈起在新疆与斯文·赫定一起工作过的袁复礼教授，都以有这样优秀的老师而感到自豪。

不久，徐煜坚毕业后随叙昆铁路沿线地质矿产调查处的王超翔一起从事地质矿产调查及填绘地质图。他们因工作到宜良可保村与在那里度暑假的刘东生及朱之杰（本系同学，与刘东生为南开中学同学）相遇，刘东生、朱之杰二人提出要和他们一起跑野外，得到领队王超翔的同意，徐煜坚更是欢迎他们的加入。有一天，他们登上了宜良地区最高的山——梁王山，那时正值雨季，他们在山顶上遇到一场雷阵雨，那是光秃秃的古老夷平面，没有地方躲雨，大家相偎相依，待雨过天晴了再把衣服脱下来晒干。他们极目远眺，一边是浩瀚的阳宗海，水色湛蓝湛蓝的，少有渔船；另一边是碧绿的宜良坝子，宜良县城不大，城周是丰饶的田畴。他们沉醉在祖国锦绣河山的雄伟壮丽之中，再面对元代梁王屯兵的旧迹，发出思古之幽情，顿觉心旷神怡，深深感到祖国的伟大和从事地质工作的乐趣。

就在那种情景下，徐煜坚又给刘东生讲了一个故事。作为中国地质事业创始人之一的丁文江先生，在1919年任农商部地质调查所所长兼编译股长时，在他亲手创办的第一份学术刊物——《地质汇报》(*Bulletin of Geological Survey of China*) 第一卷第一期（创刊号）的第一页（第一篇文章前面）引用了德国地质学家李希霍芬（F. von Richthofen）的一段话。李希霍芬于1868～1872年在中国从事调查，走遍了大江南北、长城内外。回德国后，他写了五大本专著《中国》(*China*)，外加一本附图。在其中第一部（1877年出版）的"序言"里有一段话："中国的知识分子是迟钝的，对快速发展的社会是持续的阻碍，他们不能在民间传统的成见中使自身的行为得到解脱。""步行在他们的眼里是低贱的，地质学家的工作更是放弃了所有人类的尊严。"徐煜坚说，丁文江先生引用这段话的目的，是以此向中国知识分子提出挑战。作为一个地质工作者，应该热爱大自然，乐于出野外，勇于出野外，去从事实地考察。中国最早的一批地质学家，包括袁复礼教授等已经用实际行动回答了李希霍芬的挑战。

可以说，刘东生在以后几十年的地质工作中受徐煜竖的影响和帮助很大。他在60多年的地质科学实践中，跑遍了全中国各省（市、区），而且考察过世界许多地方，包括南极、北极。新中国成立后，他与徐煜竖又在中国科学院地质研究所长期共事。刘东生不仅很佩服徐煜坚后来在研究新构造运动、地震地质等方面的开拓性贡献，也从另一些小事里见到徐煜坚的为人处世之道。例如有一次，他们几个人一起出去开会，会后又一起乘公共汽车回家，下班高峰，等车人很多，都是回家心切，车下一片拥挤、混乱。他们同行中有一位是北京大学地质地理系的李孝芳教授（以前与他们也是西南联大的同学）被挤了下来。徐煜坚努力帮助李孝芳挤上车，自己却没上去。

八、日寇飞贼肆虐　美国空军援华

刘东生在西南联大读书期间，正是中国抗日民族解放战争处在最艰苦的年代。他们虽然生活在大后方昆明，也常面临日本飞机轰炸的威胁。

1938年9月，刘东生刚到西南联大，听说西山有个华亭寺，风景很好，可俯瞰滇池，那里空房很多，可以免费和僧人一起吃住。于是他约集了黄振威、莫松森、王应先等几位同学，带了简易行李，搬到华亭寺去住。该寺山顶上有气象站，西南联大地质地理气象系气象专业的同学常去那里观测、实习。刘东生和几个同学在那里享受了几天幽静、舒适、心旷神怡的生活。

9月28日，城里忽然响起了警报声。华亭寺在边远郊区，危险性自然不太大。他们都跑到寺庙外路边山坡上往东望着昆明市区，虽然看不见他们所住的昆华师范学校，但大致的位置可以估计出来。不一会儿，只见日本侵略者的飞机从北往南飞过来。三架为一小队，前一后二，呈人字形；三个人字形共9架，是一个中队；九个人字形共27架，是一个大队。中国空军起飞迎战，从后方向日机发起攻击，日军飞机薄弱部分遭到攻击，慌忙投弹。炸弹爆炸，浓烟四起，正是小西门昆华师范学校一带被炸得最厉害。刘东生他们看了心里非常焦急。

日寇飞机离去，警报解除以后，刘东生等急忙收拾东西，赶回昆华师范学校，只见他们的宿舍已成一片废墟。有一位来自天津的同学，头一天刚到昆明，人生地不熟，警报声响起时，不知往哪里疏散，就地躲在屋檐下，瓦从房顶溜下来，砸到他头上，当场死亡，真是惨不忍睹。日军飞机还投下了杀伤弹，一个大炸弹里迸出很多碎片，弹片向各方飞散，房屋周围被炸成密密麻麻的小孔。一位就读物理系的南开中学同学，被弹片穿过头顶，伤及大脑，落下终身残疾。无论睡觉、上课，他往往突然大叫“好！好！好！好！”因为影响他人学习、生活，学校只得安排他一人住一间小屋子。他本是西南联大理学院院长兼物理系系主任吴有训教授很欣赏的高材生。后来，校方将他转到四川成都华西协合大学，那里不但有物理系，而且医科院系力量很强。他去那里一边读书，一边治病。还有两位同学，在听到紧急警报时，慌忙从楼上跳下，将腿摔断，做了截肢手术。敌人的凶狠、战争的残酷，深深教育了刘东生和广大同学，激起大家的爱国义愤，他们发誓一定要把抗日民族解放战争进行到底，向侵略者讨还血债。

原来的宿舍被炸掉了，西南联大只好安排一些学生在暂借的昆华女子中学宿舍住下，同时在昆明大西门一块空地上建起简易校舍，墙壁为竹片编成，抹上泥巴，涂上灰浆，屋顶盖着茅草、铁皮，极为简陋。直到1938年年底，新校舍盖好，学生才迁回来。

由于中国空军和防空部队势单力薄，完全丧失了制空权，以致日军飞贼肆无忌惮地在中国国土上横行霸道。1939～1940年，刘东生他们几乎天天跑警报。日军飞机从当时已侵占的武汉、广州等基地早上起飞，上午或中午就能到昆明。所以，他们一般是中午跑警报，下午回来。那时一些教授知道上完课就要跑警报，于是带着大背包，把上课用的书本和生活必需品都带上，课后就扶老携幼躲到后山上去。有时为了应付警报，不得不改为晚上上课。

1941 年，陈纳德（Claire Lee Chennault）的“飞虎队”进驻昆明，对日军的空袭开始有了一定的遏制。陈纳德在第一次世界大战时曾加入美国陆军空翼部队，官至空军上尉。1937 年退伍后，应宋美龄之邀来华，任国民党政府航空委员会顾问，专门训练中国空军。1940 年年初他又恢复了现役。1941 年 8 月，陈纳德在昆明组织美国志愿航空队，该队的飞机前方画有一个大鲨鱼头，又称“飞虎队”，在昆明打击来犯的日机。他们住在当时昆明房子最好的昆华工学院，旁边有一个大操场。西南联大、云南大学外文系的师生有的被征调去那里给他们当翻译，他们也和西南联大的学生举行友谊球赛，特别是比赛棒球或垒球。同年 12 月 8 日，太平洋战争爆发。1942 年，陈纳德的“飞虎队”正式被纳入美国空军建制，改编为第 14 航空队，陈纳德任少将队长。他后来又任中国空军参谋长、美国驻中国空军司令。

刘东生 1942 年从西南联大毕业后，住在昆明节孝巷养病。有一天，日军的庞大机群再次进犯昆明，除很多轰炸机外，还有不少战斗机护航，陈纳德第 14 航空队飞机起飞迎击，每两架一队，直插敌机群，飞机在空中格斗时，马达之声震天动地。刘东生和很多人都走到外面来观看空战。有 10 多架日军战斗机被击落，只有极少几架侥幸逃回，日机损失惨重。从那以后，日军飞机就再没有进犯昆明，也就基本上没有什么空袭警报了。昆明后来成了美国空军的一个大基地。

九、毕业前后多周折　深谢名医王苏宇

1941 年，刘东生上大学三年级时，就开始准备毕业论文了。他与同班同学罗明远、司徒愈旺[①]三人为一组。他们选择做毕业论文的地区在昆明西北边的武定与禄劝两县范围内，那里的古生代地层发育得很好，出露好，化石也多，以往还很少有人去那里工作过。刘东生的同班同学莫松森

① 刘东生的南开中学同学，到西南联大后又一同转入地质地理气象系。

的哥哥莫少柳在禄劝当县长，也能为他们的地质调查工作带来一些方便。刘东生等人于当年暑假期间就到该地去从事地质调查，填绘大比例尺地质图，还采集到大量泥盆纪鱼类化石。他们系里的教授王恒升、助教王鸿祯去那里检查过工作。

1941 年夏，刘东生在云南禄劝进行地质调查，为毕业论文搜集资料

遗憾的是，1942 年临近毕业时，刘东生患了严重的胃病，这在当时是很可怕的病了。那时不但缺医少药，也根本没听说过手术治疗。地学、生物学等领域从事野外工作的学者往往易患这种职业病。中央大学教授、著名地质学家朱森和西南联大教授、著名植物学家吴蕴珍都因这种病身亡。刘东生恰恰是在写毕业论文的关键时刻得了胃病，而且抗战大后方生活极端艰苦，他每天都要去看病、吃药、打针，还要静心修养，眼看着毕业论文无法完成，心里十分着急。不巧，当时罗明远也因父亲去世回家奔丧，陪伴母亲耽误较多时间，最后只剩下司徒愈旺一人也就孤掌难鸣，最后他们这个三人小组的毕业论文也就无疾而终了。不过，因他们三人平时学习勤奋，成绩优异，规定的必修课都读完了，规定的学分也修满了，还有超出，因此，1942 年夏天，他们三人还是被准予如期毕业。

刘东生回首在西南联大难忘的四年中可亲可敬的老师们（包括年长的教授和年轻的讲师、助教）和他们所教的课，心中永远充满感激和钦佩。

系主任孙云铸教授教“古生物学”和“标准化石”；王烈教授教“矿物学”和“光性矿物学”；谭锡畴教授教“普通地质学”和“构造地质学”；袁复礼教授教的课程最多，有“构造地质学”“地质制图学”“矿床学”

和“地貌学”等；冯景兰教授教“地貌学”和“矿床学”；王恒升教授教“岩石学”“岩石发生史”和“野外地质学”；张席提教授教“地史学”和“脊椎古生物学”；张寿常教授教“构造地质学”中的小构造和矿田构造；张印堂教授教“自然地理”“边疆地理”和“种族地理”；鲍觉民教授教“经济地理”和“欧洲地理”；李宪之教授、赵九章教授教“气象学”；陈永龄教授教“测量学”。

1991 年，在北京京西宾馆举行的中国科学院增选学部委员（院士）会议上，刘东生（右）与他在西南联大的老师——90 岁高龄的王恒升合影

还有一位德国教授米士（Peter Misch），是德国大地构造学权威施蒂勒（Wilhelm Hans Stille）的门生。朱家骅曾请施蒂勒来华讲学，施蒂勒推荐了米士。米士因此来到中山大学任教授。抗日战争期间，米士随中山大学迁到云南昆明东南边的澄江县，后来中山大学迁至广东乐昌县坪石镇，他就留在昆明，在西南联大任教授。米士主要教“构造地质学”及“区域变质学”，他对该系的张炳熹、马杏垣、高之杕、王凤孅等精英的培养付出了很多精力。

从上述可见，西南联大地质地理气象系地质专业的教授阵容极为强大，通用课较多，极窄的专业课较少，学生毕业后找工作比较灵活。当然，也有一些课是个别教授的强项，是新开的课，如“岩石发生史”和“区域变质学”，也体现了一定的特色。

除教授以外，很多年轻的讲师、助教干劲十足，也给学生们提供了很多帮助。他们中主要有王嘉荫、苏良赫、卢衍豪、郭文魁、宋叔和、王鸿桢、张炳熹、池际尚，等等。此外，还有当时的研究生董申保、黄元中、罗开富等，有时也兼任助教。

上述这10多位教授和10多位讲师、助教后来都终生从事地质工作，很多当选为中国科学院学部委员（院士）。

刘东生从西南联大毕业后，因身患较严重的胃病，无法找工作，只好先治病、养病。当时昆明患胃病的人很多，主要是因为抗战大后方生活艰苦，本来伙食、营养条件就差，再加上工作、学习劳累，往往饮食不规律、不卫生。在病人多又缺医少药的情势下，一些私人医生就抬高市价，一般穷人是看不起病的。刘东生的同学朱之杰也患了胃病，到处求医。他听说有一位名医王苏宇，早期留学日本多年，以后又留学德国，回国后在南京行医，抗日战争期间来到昆明，但诊所未正式开业。传言此人医术高明，但是性格有些古怪，遇到合得来的人不仅看病不要钱，而且还送药。朱之杰去昆明翠湖东路王苏宇家看病，不知怎么搞的，两句话不投机，把王苏宇惹火了，冲着朱之杰说："你以后别来找我了，你再来我也不给你看病……"刘东生一听朱之杰碰了钉子，去看病时就格外谨慎小心。

刘东生有点提心吊胆地来到王苏宇诊所，见他住在楼上，地方很宽敞。王苏宇留着一撇小胡子，不苟言笑，令人望而生畏。刘东生和他打了招呼，就坐下来小心翼翼地把病情陈述了一遍。王苏宇却和他攀谈起来：

"家在哪里？"

"家在北平。"

"是流亡学生吧？有钱吗？"

"没钱，与家中联系不上，经济来源断绝了。"

"你患了这病，这样子怎么行呢？你得听我的！"

"那是当然！那是当然！一切听王大夫的！"

"首先要躺三个月。四条腿的、没有腿的都不能吃，只能吃素菜，煮烂成流质吃下去……"

刘东生住在他父亲的一位朋友常季高家，按王苏宇的吩咐，整整躺了三个月，每天打豆浆，灌在暖壶里，两三个小时喝一次豆浆，有时连蔬菜也不敢吃，导致后来产生副作用，缺乏维生素C，牙齿坏了几颗。

静养三个月之后，刘东生觉得病还未好，王苏宇建议他接着打针。这次用的两种针药是进口的，每天各打一针，一个多月为一疗程。药很贵，买不起，正好遇到沈阳的小学同学唐文键，其弟唐文达做西药生意，支援了刘东生一个疗程的这种针药。刘东生每天早早地就到王苏宇家，坐在他家书房等候时，见书房里有很多影印的德文医学书，可见王苏宇很好学。一个疗程后，似乎病痛尚未完全解除，又继续下一个疗程。后来药不够了，王苏宇就贴自己的药继续给刘东生打，而且不收诊费、注射费。王苏宇之所以如此慷慨，是与刘东生尊重医生、尊敬长辈的自身涵养分不开的。

王苏宇有位挚友胡小石，曾任北京女子高等师范学校、武昌高等师范学校、金陵大学、中央大学等校教授。他 1939 年任云南大学文学院院长，是著名的文学家、书法家。1943 年正逢云南省财政厅厅长缪云台五十大寿，要请胡小石教授写祝寿颂词。胡小石来到王苏宇家时碰到刘东生，谈起他要写祝寿颂词之事，问是否有办法在所用的宣纸上打出格子来。刘东生学过工程画，就说可以用鸭嘴笔来画线。于是他找西南联大工学院一位同学，共同用鸭嘴笔小心谨慎地把八张宣纸条幅都按胡小石先生的要求打好方格。胡小石就在王苏宇家慢慢地写，刘东生在一旁代他把关，防止写漏字等，一天写几十个字，一连几天才把祝寿颂词写完。刘东生的谦逊、质朴，使他与胡小石、王苏宇两人的关系更加密切，胡小石亲笔书写了一个条幅送给了他。

在王苏宇医生和胡小石教授等的关怀下，再加上他安心静养，刘东生的胃病终于逐渐痊愈了。

1944年，刘东生离开昆明去成都，临行前特地去看望自己的恩人——医术高明、医德高尚的王苏宇医生。王医生赠送他大量各种各样的药，叮嘱他好好服用，巩固疗效。两位忘年之交紧握着双手，刘东生热泪盈眶，凝视着王医生，真是千言万语也难以表达自己的衷心谢忱和崇高敬意啊！

十、盟国空军招待所　考古学家吴金鼎

刘东生离开昆明之前，听说他的老师王恒升教授要去迪化[①]建立新疆地质调查所，还带了他们在西南联大的助教、新毕业生十多人一起去，其中有司徒愈旺、张维亚、杨起等。他就向王恒升老师表示自己也想去新疆。胡小石教授听说这事，还写了一首诗赠给刘东生。刘东生到成都后，收到王恒升老师来信，大意是说，新疆地处西北边陲，工作条件、生活条件都很艰苦，在地质上是研究程度很差的空白区，工作上难度也大，只有

① 今乌鲁木齐。

身体比较结实、业务也比较成熟的地质人员才能担此重任，所以劝刘东生最好现在不要去。

刘东生刚到成都时，对自己原来患过胃病一直放心不下，又去华西协合大学附属医院就诊，那时并没有胃镜等检查手段，只靠医生用手摸，最后还是没查出什么。

刘东生在成都一开始找工作较难，便住在南开中学时的老同学家中。南开中学老同学吴讷孙的父亲吴蔼宸当时任外交部驻川康特派员，他在名片背后写上简单的介绍信把刘东生介绍给战地服务团总干事黄仁霖，请求给刘东生安排适当的工作。黄仁霖把这件事交给成都空军招待所的战地服务团办事处副主任潘小萼办理。潘小萼原是金陵大学教授、微生物学家。办事处还有很多人，其中有一位原在燕京大学教体育的赵教授。那里的人英语都很好，大部分都去国外留过学。要接待美国空军就必须具备熟练的英语能力。潘小萼派刘东生去四川广汉美军机场筹建一个招待所，刘东生觉得不可行，又回到成都。

刘东生后来被派到成都近郊凤凰山机场第二空军招待所实习，见到该所招待股股长吴金鼎。他问刘东生在哪里读书，学的专业是什么，一说起来，西南联大地质专业的袁复礼教授、杨钟健教授，他都很熟。原来他是一位考古学家，不久前在中央研究院历史语言研究所研究考古学，在成都发掘研究西郊的王建墓①。吴金鼎主持发掘此墓后，他的一个同乡明天秋，在盟国空军招待所当主任，请他来做招待股的股长，就没再回原单位。吴金鼎给刘东生介绍了那里的一些年轻人：一位是刘东生在西南联大的校友梁德本，另一位是在山东参加过抗日游击队的戚道顺，还有一位是征调来做翻译官的大学生。

刘东生本打算在那里工作一两个月，到暑假另找个教书的差事，不打算在那里长期干下去。后来，随着他与吴金鼎朝夕相处，彼此了解得更多了。吴金鼎，字禹铭，山东安丘人，早年肄业于齐鲁大学，1926 年考入清华学校国学研究院，随李济先生专攻人类学。1928 年他参加山东历城城子崖遗址考古发掘，首次发现龙山文化（黑陶文化）遗存；1930 年年初到中央研究院历史语言研究所考古组工作；1933 年赴英国伦敦大学留学，1937 年获博士学位；回国后又在中央研究院历史语言研究所工作，最近来四川发掘以后才留在成都。吴金鼎对刘东生推心置腹地谈了自己的上述经历，并把他所写的在英国出版的关于龙山文化的厚厚一本考古

① 史称“永陵”，王建是“五代十国”中十国之一的前蜀国的皇帝。

学专著借给刘东生阅读，又给他介绍了一本《考古学入门》。可是刘东生在成都华西协合大学、四川大学图书馆都借不到这本书。他写信给在重庆经济部中央地质调查所工作的同学罗明远求助，罗明远果然为他借到此书并寄给了他。刘东生将这本篇幅不长的书抄了一遍，有时间就慢慢细读。吴金鼎还对刘东生谈起在清华学校向李济先生学考古，在英国留学时与夏鼐先生一起做研究的事情，又谈起殷墟发掘与甲骨文研究的权威董作宾先生等，历历如数家珍。刘东生在吴金鼎耳濡目染之下，对考古学产生了很大兴趣。到暑假时，刘东生流露出想离开空军招待所的意思，吴金鼎又执意挽留，并劝告他说："日本侵略者不赶走，啥也干不了，打败日本侵略者以后，一切都大有可为。"在这位学术前辈、良师益友的开导和影响下，刘东生决定留下，他在那里的生活、工作都相对安定、舒适，工作较繁忙，接触面广，身体慢慢也康复得较好，吃东西也不像以前那样受限制了。

当年夏天，刘东生在空军招待所分管库房、洗衣房，从事烦琐的登记工作，偶尔也接触美国人。有一位留美的中国空军军官钟某，在美国人与中国人接触时担当联络官。凤凰山机场有美国空军一个战斗机中队，有20多架飞机，空军人员很多，驾驶员就住在他们那里，所以他们对美国空军情况也有了一定的了解。美军有一套严格的制度，他们尽量不和中国人接触，特别对会英语的人，他们更小心，主要是提防间谍。他们每次飞出去与日军作战，行动都很秘密，轰炸机当时被称为"空中堡垒"，战斗归来时，往往携带着在战斗中阵亡战友的遗体，在机场附近一个专门墓地临时就地埋葬。他们每次飞行用的地图，回到机场时，立即点火烧掉。刘东生知道美军对情报的敏感性，自己也注意回避，除自己本职后勤工作上必要的往来外，尽量少和他们打交道。

1945年初夏，刘东生和吴金鼎被调到成都南边彭家场的军用机场招待所。那时德国即将投降，大量美军飞机从欧洲战场被调过来，准备对日寇进行大反攻。中国的很多机场都扩充了。不久，刘东生被调往西安的盟国空军招待所，离开了自己敬仰的吴金鼎先生。到8月初，他得知美国在日本扔了两颗原子弹，杀伤力很大。驻在西安西门外机场的美国空军及中国空军仍不放松反攻的态势，飞机仍频繁起落。

1945年8月15日，刘东生在西安西郊听到鞭炮声。日本投降了！艰苦抗战终于取得了完全的胜利。

第二章

中央地质调查所：天堂与摇篮

一、归来归来兮！献身地质事业

当刘东生与全国人民一样，沉浸在庆祝中国抗日战争和全世界反法西斯战争胜利的狂喜热潮中的时候，那唱了十多年的《流亡三部曲》更强烈地在他耳边回响，特别是《松花江上》中的那几句：

哪年，哪月，
才能够回到我那可爱的故乡？
哪年，哪月，
才能够收回那无尽的宝藏？
爹娘啊，爹娘啊，
什么时候，才能欢聚在一堂？！

中国人民盼望已久的这一天终于来到了。被敌人蹂躏了14年的故乡——东北三省能够回去了，也可以和父母亲人欢聚一堂了。

然而，刘东生的内心却在回顾以往和展望未来中奔腾激荡。他想起1944年年初到战地服务团的成都凤凰山盟国空军招待所时，他所尊敬的良师益友吴金鼎常常语重心长地说："我们不需要唱什么'抗日救国'的高调，就在这不为世人所知的凤凰山默默无闻地为抗日战争、为反法西斯战争做出贡献吧！"吴金鼎用自己的经历很好地做出了回答。他早年发现了黑陶龙山文化，后来留学英国，在考古学研究方面进一步深造，水平大大提高。他在成都发掘了前蜀皇帝王建的墓，发掘工作结束后，他就从考古学界销声匿迹，服从抗日民族解放战争和世界反法西斯战争大局的需要，到偏僻的凤凰山，在盟国空军招待所里当上一名小小的招待股股长。所谓凤凰山，只不过是招待所后面两个高大的土包。人们发现土包上有带花纹的古砖，吴金鼎就在紧张的工作之余，用他渊博的考古学知识对那些古砖加以鉴定，他根据古砖上花纹的风格和特点，推断那是汉砖，因而想到那些大土包很有可能是汉墓。

吴金鼎对刘东生更大的影响还是"清清白白地做人，勤勤恳恳地工作"，他们真正是志同道合的忘年之交。在招待所工作的人来自五湖四海，怀着不同的目的。有的人贪污公款，营私舞弊；有的人倒卖美军物资，大发横财。刘东生和吴金鼎一样，对这些丑陋的行径嗤之以鼻。他们始终恪尽职守，辛勤劳动，永远问心无愧，且取信于广大群众。

抗日战争胜利以后，大批美军飞机从西安飞往上海，不少美军已回国。西安的盟国空军招待所空空荡荡，无形中走向解散。原陕南汉中美军招待所所长陈先生说："抗日战争总算胜利了，回想这几年的经历就像做了一场梦。这场梦结束了，又回到现实中来，大家再从头做起吧！"

如何从头做起呢？刘东生想到了经过刻苦钻研掌握的地质学知识，由于阴差阳错而一直没有用上。大学毕业那年，他本想考经济部中央地质调查所，可惜身体不争气，偏偏患了严重的胃病而未考成。他的一些同学，如陈梦熊、罗明远、顾知微、穆恩之等都先后进入该所，这些同学也不时地在同仁中间提起刘东生，都对他因病而未考入该所感到有些遗憾。后来该所盐类矿床专家李悦言去云南昆明出差，所领导还托李悦言带去一份考卷，说如果刘东生病好了，可以允许他考。可惜那次李悦言见到刘东生时，他依然胃病未愈，所以仍未考成。后来由于抗日战争的需要，他参加了战地服务团的工作，而今抗日战争已胜利，为盟军服务的工作基本结束了，应当考虑回归地质事业本行。于是，刘东生写信给在经济部中央地质调查所的同班同学顾知微和罗明远，表达了他想考入该所的愿望。

两位老同学的回信意见不尽一致。顾知微似乎较进步，多几分政治热情，他回信的大意是说，抗日战争刚刚结束，也许还有一些善后工作要做，不妨继续多做贡献……罗明远的回信则说得非常干脆："你快来吧！你的大名这里上上下下几乎是尽人皆知了，特别是西南联大同学一大帮，都怀念着旧日的情谊……"不过罗明远还说，所长李春昱于抗日战争刚结束就飞往南京、北平、沈阳等地，忙于接收日伪地质机构，要等李所长返所后，才能具体运作考入该所之事。

刘东生通过他在西南联大的同学司徒愈旺认识了他的哥哥——西安青年会干事司徒桐旺。在等待重庆北碚经济部中央地质调查所的有关消息时，刘东生就暂住在西安青年会。

1946 年 1 月，重庆方面来信告诉他，李春昱所长已回北碚，他可以去应考了。

多年来，刘东生一直和父母有书信联系。当时父母住在陕西凤县黄牛铺，那里是中秦岭与西秦岭交界处的垭口，地势相对较低，正是当时的川陕公路和后来的宝成铁路所通过的地方，也是他这次重庆北碚之旅的必经之地。于是，他给父母去了信，并于 1 月底收拾好行装，告别司徒桐旺等友人，乘火车到宝鸡，再换乘汽车，经大散关而进入秦岭。1946 年 2 月 1 日，大年三十那天，他到达黄牛铺与父母团聚。父母都已 50 岁上下，见到阔别八年的长子，真是悲喜交集。他们互相倾诉了多年抗日战争中颠沛流离的详细经过和亲人间无限思念的衷情。

将近而立之年的刘东生，向父母禀报了学业上的进展和工作中的成绩，父母听了自然十分开心。刘东生深深地感激父母多年的抚育、教养之恩，然而为了抗日战争胜利后国家的建设和民族的复兴，他必须踏上事业的征程，不能常常侍奉在父母身边、尽到人子之孝。父母都十分通情达理，不仅谅解他，而且热情地鼓励他。

还等不到过完元宵佳节，刘东生就拜别双亲，继续踏上去重庆北碚的旅程。他乘汽车经陕西汉中市和四川广元、绵阳、潼南等县去重庆。到重庆时，天色已经很晚，不好投宿旅社，他就在浴室里和衣而睡，凑合到天亮，然后赶往嘉陵江边，乘轮船到达北碚，上岸之后就直奔经济部中央地质调查所。

到了中央地质调查所，刘东生首先与西南联大的同班同学陈梦熊等欢聚。陈梦熊此时正在做一个大的项目，就是在该所地质主任黄汲清领导下编绘一百万分之一国际分幅的中国地质图。陈梦熊除具体负责天水幅外，还与朱夏共同负责福州幅。当时只有黄汲清和这个编图组的人员因为任务紧而全部留在所内，除陈梦熊外，还有秦鼐、姚瑞开、楚旭春、王超翔、曾鼎乾、宫景光、谌义睿等，这当中有的刘东生已经认识，或彼此已有神交，见面之后大家都很高兴。而刘东生早已闻名和景仰的地质学家，如杨钟健、程裕淇等，因当时已出国考察，未能见到。

中国科学院地学部学部委员大会期间，刘东生（右三）与黄汲清（右四）、郝诒纯（右一）、叶连俊（右二）、李春昱（右五）、顾功叙（右六）、卢衍豪（右七）合影

中央地质调查所规定，新来者必先经过考试，合格之后才能被正式录用。首先对刘东生进行面试的是刚从野外出差回所的古生物地层研究室主任尹赞勋，他只问了问刘东生在西南联大学了些什么功课、毕业论文题目是什么、做了多少地质工作。刘东生一一作答。然后，他又向刘东生谈了中央地质调查所的有关情况，以及对新入所者的希望，面试就算结束。

紧接着，黄汲清又对刘东生进行了更加详细的面试，就在他自己的办公室里，他们几乎畅谈了一下午。黄汲清主要询问刘东生野外实际工作。

“你在哪个地区做毕业论文？”

“在云南武定与禄劝两县范围内。”

“云南最高海拔是多少？”

“是云南德钦县西边的梅里雪山，海拔6740米。”

“云南省会昆明大部地区海拔大概是多少？”

“1800多米至1900米之间。”

“你工作的地区最高的山有多高？”

“叫狮子山，海拔约4200米。”

“狮子山顶上是什么情况？”

“和云南的很多高山一样，狮子山顶上也很平，代表了较早地文期的一个夷平面。山顶上有很多古迹，还有明朝建文帝朱允炆的庙在那里。”

“那里主要是什么时代的地层？”

“那里主要是志留纪和泥盆纪的地层，也有二叠纪的峨眉山玄武岩。”

“那里河流侵蚀作用如何？”

“河流侵蚀作用很强烈，而且还有明显的河流袭夺现象。十五六年前谭锡畴、李春昱二位先生去过那里，早就指出来过。我还特别注意到被袭夺的河谷下游因为无水，废弃了，河谷变得很狭小，而被袭夺河谷上游与袭夺的河之河床间有高差，就形成瀑布。”

“不错，你观察得还算仔细。”

……

刘东生如愿考入中央地质调查所

最后，刘东生的整个面试都通过了。黄汲清送他一本打字油印本的英文版《中国主要地质构造单位》一书作为见面礼。刘东生正式报到，成为该所工作人员，住在单身宿舍里。该所在北碚的工作条件仍然比较艰苦，当时有个不成文的规定，除了资历较深、地位较高的地质学家有固定的办公室外，一般青年地质工作者在出差外地较长时间的情况下，必须把自己的东西收拾起来，把办公桌腾出来，让给别人使用，自己出差回来以后再另找桌子，也就是接着用那时出差的人留下的桌子。刘东生被安排的桌子抽屉里有一些遗弃的纸张，仔细一看，上面有“彭琪瑞”三个字，证明桌子是彭琪瑞留下来的。彭琪瑞早年就读于清华大学地学系，1938 年从西南联大毕业后进入经济部中央地质调查所。那时彭琪瑞去广西调查放射性元素矿床，刘东生就继用了他的办公桌。

刘东生初到中央地质调查所时，还没被安排固定工作，他有时去图书馆借些书来看看，有时也去各处走走熟悉一下情况。当时，抗日战争胜利了，要积极准备复员，迁回南京。副所长周赞衡已回到南京珠江路原所址，筹备在那里恢复建设。另外，高振西等去了北平，接收原实业部地质调查所北平分所，该分所在日寇占领时期被改为伪“华北地质研究所”，现接收后仍恢复成经济部中央地质调查所北平分所。毕庆昌、徐铁良、何春荪等人被派往中国台湾，接收日伪的台湾地质调查所。在搬迁之前，大家仍兢兢业业地工作，最典型的自然是上述黄汲清领导的编绘一百万分之一国际分幅的中国地质图的课题组。

刘东生从陈梦熊等处了解到这一重要课题的大致情况，从而对久仰的地质学大师黄汲清也有了进一步的认识。他更确切地知道，地质图是所有地质工作的最后总结，是地质工作成果的结晶和集中表现，它不仅是找矿和开矿的基础，也是衡量一个国家地质科学水平的标志。不同比例尺地质图的精度要求不同，图所覆盖的面积大小不同，其工作量可以相差很远。像全国范围的一百万分之一国际分幅地质图的编制，工作量浩大，需要周密的组织规划才能有效地实施。现在常用“工程”这个名词来表示工作量大的、需要精心设计的工作，它实际上是科学技术在国民经济等应用领域的具体实施。早在 1936 年 9 ～ 10 月，南京实业部地质调查所就组织成立了中国地质图编纂委员会，翁文灏为主任，黄汲清为副主任，李四光、谢家荣、尹赞勋、田奇㻪、孙健初、王曰伦、潘钟祥为委员。当时，黄汲清结合正在进行的地质调查工作，为编制几个重要区域的一百万分之一地质图做搜集材料的准备。经过抗日战争的变迁，到了 1946 年，黄汲清再来启动这项大工程时，10 年前成立的那个委员会似乎对它已起不了实质性的推动作用。这项工作既没有专门机构，也没有专项经费和专门编制，它完全是以中央地质调查所的研究人员为骨干在进行的。因此，可以认为它是一个没有“立项”的“地质工程”，但是这个工作在黄汲清“工作与学习相结合”思想的指导下，取得了很好的成绩，运作得很有特色。

刚到中央地质调查所一个多月的时间里，刘东生常去陈梦熊所在的编图工作室，以便熟悉他们的工作情况。那是二楼的一个大房间，每人有一个绘图台、一幅进口的橡皮图纸和按经纬度投影画好的空白底图，每天要一点一点地从各种报告或手稿中把地质资料按比例缩小绘上去。黄汲清每天都要来几次，检查一下进度。他指导陈梦熊等首先充分利用中央地质调查所收藏的丰富图件，以及各种已出版和未出版的珍贵的地质调查报告及手稿，甚至像大学生论文中的地质图也包括在内。有时还利用口头资料，如听说某位先生去过什么过去没有材料的地方，而这位先生刚好到北碚来，也要向他当面请教一番。因此，当时他们所完成的地质图可以说是把全国地质工作人员（包括部分外国人）的辛勤劳动成果都收了进去。

以往许多矿产报告和地质图，对于生产部门来说，在矿产资源已经被开采或开采完毕之后，其指导作用也许就发挥完了，也就归档保存了，而今这些资料却可以对编大区域小比例尺的国际分幅地质图很好地派上用场，并在此基础上为开展进一步的理论研究提供依据。

刘东生在和陈梦熊等好友接触中，也能体会到他们在紧张工作之余的另一面表现。在艰苦抗战终于高奏凯歌之时，不少人“却看妻子愁何在，漫卷诗书喜欲狂”，沉浸在“白日放歌须纵酒，青春作伴好还乡”的激情之中，甚至有人积极地准备着“挈妇将雏”，踏上“即从巴峡穿巫峡，便下襄阳向洛阳”的征程。编图组的人有时也难免要“一张一弛，文武之道”，轻松地聊聊自己的打算和听到的情况。但每当听到楼板上传来“嗒嗒”的脚步声时，大家立刻都紧张起来，有时还得“拉警报”式地提醒一下没有注意的人说：“T.K. 来了！ T.K. 来了！”有人不免就要做好“挨轰炸”的准备。

黄汲清谱名德淦，上学和工作后，都以“汲清”这个号名通行于世。但是，他在发表学术著作（一般多为英文）时，又常署名为谱名的威妥玛式拼音——Teh Kan Huang，缩写为 T.K.Huang，以后 T.K.Huang 就震撼着中外地质学坛。新中国成立后，国家统一规定发表文章要用现名的汉语拼音，黄汲清就只得用括号注明他早年流行的名字，他在外文学术文章上的署名为：Huang Jiqing（T.K.Huang）。总之，早年人们常用黄汲清谱名德淦英文的缩写——T.K. 来作为对他亲切的简称。

黄汲清一进入编图室，首先检查每个人的工作进度，然后解决一些拼图上的问题或其他困难，弄不清楚的时候还要去查资料、翻老账、反复核对，哪怕是一条线、一个符号都不能任意改动。如果你不小心哪些地方与原资料不符而又说不出理由来，那就肯定要被“轰炸”一番。这个“轰炸”是用来形容严肃认真的批评的。黄汲清有时见到谁画的草图或其他中间成果图不合格，也就毫不客气地在旁边打上“×”，让这人返工，推倒重来。但是，他做的这一切完全是从工作出发，绝不往心里去，绝不影响上下级之间、师生之间的亲密关系。年轻人对他既敬畏又心服口服。刘东生在编图室里闲坐时，也多次见到这种情况，觉得黄汲清的到来真像在课堂上学生听说老师马上要来检查作业时的情况。

半个多世纪以后，刘东生在纪念黄汲清的文章中深情地写道：

> 我们这些曾于20世纪40年代在地质调查所工作过的人是多么熟悉T.K.这个名字啊！这个名字意味着对你工作不够的地方的不客气的指正，有时使你难堪。这个名字也意味着解决了你早就该想到的问题，让你从心眼里佩服。这个名字意味着充满豪情、引人入胜的高谈阔论，也意味着他那诲人不倦的、亲切的、使人难忘的感情。他是一位名副其实的好导师。

二、时刻铭记汲清训　终生难忘北碚情

受到名师黄汲清亲自教导培养的好运，很快就降临到了刘东生的头上。刘东生刚到北碚时了解了一些当地的风土人情，知道与长江“三峡”（瞿塘峡、巫峡、西陵峡）相对应，长江支流嘉陵江也有“小三峡”（沥鼻峡、温塘峡、观音峡），北碚正处在后二峡之间。在白庙子对岸，观音峡东边，有着民族资本家卢作孚等开办的天府煤矿（因四川古称“天府之国”）。当时天府煤矿公司请求中央地质调查所为该矿的开发勘探（扩大矿区远景）提出指导意见，也就是说，要做详细的矿区地质工作。黄汲清亲自挂帅，召集了新入所不久的青年地质人员周慕林、王朝钧、李耀曾、靳毓贵、夏西蒙、刘东生、关佐蜀，共同组成八人煤田地质科研分队，一方面，为矿山生产建设提供依据，找到新的矿产资源，提交更多储量，促进煤炭采掘量大幅度提高；另一方面，也让入所不久的年轻地质工作者在实践中得到锻炼，更快进步。

1946年3月11日，黄汲清带领着刘东生等七位年轻的地质工作者，先去天府煤矿参观，看完地面地质情况后，又深入矿井，参观井下工程，让大家首先有一些感性认识。然后，他们与矿上地质人员讨论有关鉴定岩芯、测绘详细地质图及地质剖面图等工作。历时五天的准备工作，收获很大，大家都跃跃欲试，一心要为矿上当好参谋，为他们找出新的煤矿资源，满足他们扩大再生产的需要。紧接着他们开始了详细的大比例尺的矿

区地质详测详查工作，如踏勘路线、划分对比地层、寻找化石、寻找标志层和测制地层剖面。有时一天要走几十里路，大家都不知疲倦地工作。黄汲清和他们一起跑野外，给他们详细地讲解，晚上到了宿营地，晚餐后还要仔细地检查每个人的野外记录本，并召集大家讨论发现的问题，也介绍了很多地质工作的方法、经验。他们一起去检查矿上小口径钻孔的岩芯（直径两三厘米），再与地面地质相对照。

矿方深知这些来自全国最大的地质科学机构——经济部中央地质调查所的人是真正的专家，他们掌握着打开地下宝藏的钥匙，他们的工作成果将使矿山兴旺发达。因此，矿方不但给他们安排了较好的招待所，而且专门派了一位科长负责接待，让厨房给他们做海鲜，如海参、鱿鱼等。哪知黄汲清却对那位科长说："你们花了钱，费了力，效果不见得好。我们一天到晚迈开双腿，爬高山，越大岭，怎么能吃这些东西？这些海味营养再好也难补我们消耗的能量。干我们这行的就得吃肉，不吃肉怎么能爬山？"那位科长按黄汲清的意见，把吃海味改成吃肉，经常做红烧肉，还常常做黄汲清最爱吃的红烧蹄髈，大家都吃得很开心，工作也做得很好。

黄汲清不但抓紧时间和大家一起努力工作，对大家悉心教导，而且工作之余也争分夺秒地做些有益的事情，绝不虚度光阴。他当时兼《中国地质学会志（英文版）》的主编，从审稿、修改、编排到校对，全由他一个人承担。抗日战争期间在重庆不但排字水平低，机器性能也差，所以每期的稿子都要校对七八次。有一期稿子他已校对了六次，又把校样带到了天府煤矿野外工作驻地，校样是用粗糙的土纸打印的，字体不正，印得也不清楚，看起来确实很费力。他利用跑完野外的晚上或下雨天不能去野外的时候抓紧时间认真地看校样。刘东生在黄汲清忙着校对时主动从旁协助，打打下手。凭着敏锐的观察力，刘东生也能发现一些英文字母排错，大小写、正斜体排错，或者帮忙指出一些排列不太整齐的地方。这样，他不仅得到了学习和锻炼的机会，而且确实能为黄汲清帮上一些忙，杜绝一些错误，有利于提高这一重要学术刊物的质量，得到了黄汲清的认可。

刘东生发现黄汲清出野外时总是带着书。他那次去天府煤矿带的是荷兰地质学家范·贝梅伦（van Bemmelen）新近出版的一本大作。他把那本书装在地质包里，有空就拿出来翻一翻，也许在他看来，读书既是学习也是休息。刘东生深深体会到黄汲清对科学事业执着追求的精神。

由于要准备复员回南京，以及该所其他事务繁忙，他们在天府煤矿的工作时间只有一个多月，到 1946 年 4 月下旬就收队回到北碚，从事内业整理，也就是根据在野外收集的丰富的第一手资料，编写调查报告、绘制各种图件（剖面图、地质图等）。刘东生主动承担了很多工作任务，在透明纸上画了很多图，然后晒成蓝图。由于刚刚回到地质工作岗位，他的画图技术还不够娴熟，手还有点抖，画出的线不免有些小小的弯曲，却也受到了很好的基本功训练。他们的工作成果为“四川北碚天府公司嘉陵江边煤田钻探计划”（1946 年）提供了依据，没有辜负矿上对他们的殷切期望。

刘东生在黄汲清领导下工作了一个多月，时间并不长，但这位诲人不倦的良师益友给他留下的印象实在是太深刻了，以至于他在半个多世纪后写的纪念黄汲清的文章里这样语重心长地写道：

……他自觉地为了培养年轻人做好工作，无论是在室内或是野外他都尽自己的一切可能，把自己的最好的本领教给和他一起工作的年轻人。……在前地质调查所那个时代，培养人的制度还不健全，也没有实行学位制。黄先生当时把初出校门的大学生集中加以直接的培训，也是一个没有学位的培养研究生的好形式。

陈梦熊 1942 年刚毕业即考入中央地质调查所，在黄汲清身边工作了三年多。他给刘东生介绍了该所的历史和现状，包括所领导人、地质科学大师们的种种轶闻趣事。陈梦熊说，该所的老所长丁文江、翁文灏早年带领黄汲清工作时，十分欣赏他的卓越才干，翁文灏推荐他出国留学。他在瑞士浓霞台大学获博士学位，又游学欧美，载誉归来，先担任地质系主任，后为代所长、所长。当时正值抗战军兴，他临危受命，领导了该所从南京到长沙、又从长沙到北碚的两次大搬迁，功不可没。当时已任经济部部长的翁文灏任人唯贤，大胆提拔中青年精锐，翁文灏的两位副手——该部政务次长秦汾和常务次长潘宜之对黄汲清自然亦十分钦佩和看重。然而，黄汲清却一心做大事，不想做大官，当该所规模甫定、工作正常开展之时，就功成身退，辞去所长职务，潜心于野外调查和科学研究……刘东生听后对黄汲清更是由衷地敬佩。

陈梦熊后来长期从事水文地质、工程地质研究，成为该领域的权威。他先后在地质部、地质矿产部、国土资源部工作了半个多世纪，1991 年当选为中国科学院学部委员（院士），2005 年荣获德国地质学会颁发的利奥波德·冯·布赫奖。

刘东生和七位地质学家虽相处仅一个多月，却结下了深厚的友谊。在以后工作中，他们也常见面，或有书信往来，大家互相勉励，都为中国地质科学事业做出了重大贡献。

刘东生从天府煤矿野外回到北碚，已是4月下旬，按阴历论，正是“暮春三月，江南草长，杂花生树，群莺乱飞”的美好时节。他在那里又停留了将近两个月，一方面，从事天府煤矿地质调查的室内研究和资料整理；另一方面，又要跟全所同仁一起，做复员回南京的准备。

秀丽的自然风光和深厚的人文积淀，使北碚成为闻名遐迩的重镇。刘东生回归地质科学事业的最初四个多月在这里度过。刘东生在闲暇之时也去打打球，到附近音乐学院听听音乐会，并且也去逛逛北碚街市，对这个美丽的江边集镇十分欣赏。他不仅在如画的风景里感到心旷神怡，更从与导师、友人的和睦相处中得到启迪，要以他们为榜样，终生执着于地质科学事业。

三、湖南旅途和事佬　地调所内乐陶陶

刘东生和大家一起积极准备复员回南京时，中央地质调查所领导通知他，说他本应去南京报到，所以他不能像其他老同事一样享有复员费，他必须自筹去南京的旅费。刘东生表示严格按制度办事。对他来说钱不成问题。他单身一人，工作了几年，勤俭节约，还有一些积蓄；以往在盟国空军招待所工作时，该所发给他的一些东西，如那时十分名贵的多种维生素丸等，他没用光都积攒起来了；美国友人临回国前也赠送过他一些衣物等。他在重庆很容易就变卖了这些东西，充作旅费是绰绰有余了。

那时，中央地质调查所有位年长的同事叫黄懿，1937年从中央大学地质系毕业后进入该所。他是湖南湘乡人，想趁复员回南京的机会顺便带夫人及两个小孩去老家探视。他对刘东生说，现在复员回南京的人很多，顺流而下去南京的船票很不好买，不妨跟他一道，坐汽车去湖南，经洞庭湖转到武汉，再换乘船去南京，而且告诉他，从重庆到武汉还可以买联运票，一切非常方便。刘东生听从了黄懿的建议，去重庆买了到武汉的联运票，与黄懿结伴而行。6月底，他们乘川湘公路的汽车，经四川的綦江、彭水、黔江、酉阳、秀山等县，以及湖南的花垣、沅陵、桃源等县去了洞庭湖边的常德。他们一路上白天行车，晚上住宿。车上的旅伴大多数是抗日战争胜利后离开四川回到长江中下游老家去的，其中有一位年轻的军官（好像是刚从军校毕业的）带着两个年轻女孩。车到桃源时，大家一起下车吃饭，遇到很多伤兵，大部分是重伤残疾的，缺胳膊断腿，吊着绷带，

拄着拐杖。这些伤兵中，有的人倚伤卖伤，自认对抗战有功，横行霸道，无法无天，谁也管不了。他们中有的人见到两个年轻女孩，就以轻佻放荡的语言和动作加以调戏。那位年轻军官出来制止，与伤兵发生口角，伤兵们大吵大闹：“你敢欺侮我们伤兵？”一下聚集了几十人，把那位年轻军官和女孩团团围住。

刘东生一见事情越闹越大，赶快挤进去劝架说：“都是自己人，实在是误会，不要再吵了。”他穿的是在招待所工作时发下的美国军官制服，伤兵们一见，认为这人是军官，来头不小，顿时收敛了些，再经多方解释，怒气全消。那位年轻军官赶紧带着两个女孩逃出了包围圈，一场大祸也就化险为夷。他们三人约刘东生去一家饭馆吃了饭，对他很是感激，最后大家互留姓名地址。刘东生到南京约两个月后，那位年轻军官也到了南京，还到中央地质调查所陈列馆去看望刘东生，再度向他表示感谢。

到湖南常德后，刘东生与黄懿一家四口道别，黄懿一家继续乘汽车回湖南湘乡老家。刘东生则乘船经武汉去南京，到南京那天正是1946年7月7日，天下着小雨，缓解了盛夏的炎热。他回想九年前，炎热的天气里他被困在从天津开往北平的火车里，亲见日军的嚣张气焰，而今见南京街头有不少放下武器的日军俘虏列队走向下关码头，上船回国。刘东生深深感到艰苦的抗日战争终于胜利了，中国人真正是扬眉吐气了。

刘东生来到珠江路700号经济部中央地质调查所大院，首先是熟悉整个的环境。正对着大门的是主楼，楼上第二、第三层是陈列室，下面一层是研究室和五间较小的办公室。所长李春昱的办公室、副所长周赞衡的办公室、财会室、打字室各占一间，还有一间是人事、总务室（包括行政、后勤、照相等）。主楼西边的一幢楼是土壤研究室、岩石矿物研究室、化验室。主楼后面南边的一幢楼是实验工厂、地球物理研究室、地震研究室，还有章元龙[①]的差热分析仪也在里面。旁边一幢小楼里住着所长

1948年，刘东生（右）与陈梦熊在南京珠江路经济部中央地质调查所合影

① 我国近现代地质科学事业创始人章鸿钊之子。

李春昱全家。主楼东边是一个操场。操场东边是图书馆，有很大的书库和宽敞的阅览室，有很多开架的杂志供大家阅览，号称“东亚第一地质图书馆”。图书馆后面是单身宿舍，环境很幽静，设施也齐全。楼上还有公用的盥洗室和厕所。刘东生与比他早到的陈梦熊住在楼上一个小间里。刘东生在西南联大住的是茅草棚，在北碚鱼塘湾中央地质调查所住的虽然也是楼房，但走路时楼板都“嘎吱”作响，来到这里，环境条件算是大大地改善了，他觉得非常满意。

想到自己终于成为向往已久的中央地质调查所的一员，刘东生感到非常荣幸。辛亥革命以后，1912年孙中山先生在南京建立的“中华民国临时政府”里的实业部矿政司下设有地质科，这是在我国政府机关中最早设立的关于地质的行政单位，从此，“地质”一词就在国人中广为传扬。留学日本东京帝国大学理学部地质学系并取得学士学位归来的年轻地质学家章鸿钊任科长。章鸿钊发表了《中华地质调查私议》一文，提出“专设地质调查所，以为经营之基”。后来政府迁往北京，1913年工商部（不久即改为农商部）矿政司又任命留学英国格拉斯哥大学地质系获双学士学位的丁文江任地质科科长，后地质科改为地质调查所，同时又设了地质研究所，两所所长均为丁文江。1914年年初，留学比利时鲁凡大学地质系获博士学位的翁文灏回国亦在地质研究所任讲师。丁文江在1913年年底即与王锡宾和德国地质学家梭尔格一同去调查正太铁路沿线地质，把地质研究所所长之职交给章鸿钊担任。章鸿钊与翁文灏等主要负责培养学员，丁文江则在1914～1915年年初远赴云南、四川、贵州等省调查地质。1916年，地质研究所在学员毕业后即停办。章鸿钊、翁文灏及取得毕业文凭的18名学员都进入农商部地质调查所，该所的工作就大张旗鼓地在全国各地进行了。丁文江任该所所长兼编译股长，章鸿钊为地质股股长，翁文灏为矿产股股长。以往不少人认为，1913年中央地质调查所仅有一光杆所长，1916年才初具规模，因

2006年6月，在中国科学院第13次院士大会上，四位曾在南京原经济部中央地质调查所工作过的老同事合影，从左到右依次为刘东生、陈梦熊、叶连俊、李星学

此该所应当算是1916年成立的。1996年在北京隆重举行了该所成立80周年纪念大会，还出了书。最近，据地质学史专家进一步考证，认为中央地质调查所在1913年已有正式建制，而且所长丁文江连续一年多从事地质调查，取得了丰硕成果，所以还是主张将该所成立的时间定在1913年。这个意见目前在地质学史界得到若干人的赞同。

农商部地质调查所真正的、大规模的工作，确实是在1916年才开始的，最初只有章鸿钊、丁文江、翁文灏，加上由地质研究所毕业刚进入该所的18人。但是，就是这20多人，就面向全国广袤的土地开展了地质矿产的调查和研究工作，并且在短时间内取得卓著成绩。该所从1919年起就有很多系列出版物问世，包括《地质汇报》（1919～1945年共出版36号）、《地质专报》（1920～1947年出版甲种21号，1919～1936年出版乙种10号，1921～1945年出版丙种7号）、《中国古生物志》（1919～1947年出版甲种3号7册、乙种16号44册、新乙种1号1册、丙种14号40册、新丙种12号12册、丁种7号7册、新丁种10号10册）、《燃料研究专刊》（1930～1936年共出版22号）、《土壤季刊》（1940～1946年出版5卷13册）、《土壤专报》（1930～1945年共出版24号）和《土壤特刊》（1936～1944年出版甲种5号、乙种4号）。上述出版物集中体现了中央地质调查所的科研成果，不少是当时国际先进的，乃至是国际领先的。

该所在出成果的同时，也培养了不少人才。在该所工作过的科研人员中，有48人后来成为中国科学院学部委员（院士）。

中央地质调查所的光辉业绩，在国内外赢得了极大的赞誉。著名实业家卢作孚1930年参观实业部地质调查所后对丁文江说："南北走了一圈，难得看出极有成绩的事业，地质调查所总算有成绩了。"中华教育文化基金会董事会的年报中也称："地质调查所在我国科学团体中，发展最快，专家萃集，成绩斐然。"美国科学家皮卡说："地质调查所在国际学术界有其应有的地位。它的学者是知名的，它的杂志被人们广泛阅读，它的研究对发展地球的博物史知识做出了真正的贡献。西方人士把中央地质调查所称为民国时期最出色的科学研究机构。"刘东生深信在中央地质调查所工作和从事科学研究一定可以很好地施展才能，因此感到万分欣慰。

然而，令刘东生感到非常骄傲的还有另一方面，他发现这里确实是中国地质科学，乃至整个地球科学若干分支领域的摇篮、发祥地，是地学工作者的天堂。具体来说，除了传统的地质科学（结晶学、矿物学、岩石学、古生物学、地层学、地史学、构造地质学等）以外，以下各学科在这里都有蓬勃的发展。

一是地震学。1930年，翁文灏、李善邦在北京鹫峰建成中国第一个地震台，抗日战争时期迁往重庆，抗日战争胜利后迁回南京，李善邦、秦馨菱、谢毓寿等又开始运作。他们每天晚上去测震仪小屋放上一张熏黑的纸，若有地震，仪器就在那张纸上画出波状线痕来。可以说，中国人自己的地震学研究是起源于实业部地质调查所的。

二是地图学。中国以往出版的地图上，山脉是用毛毛虫来表示的，看不出地势的高低，而且还有封建时代的“龙脉”观念，认为中国山脉起源于西部，逐渐向东发展。20世纪30年代初，实业部地质调查所在丁文江、翁文灏领导下，由曾世英具体运作，得到上海申报馆资助，在庆祝《申报》创刊60周年时，出版了《中华民国新地图》，后又有缩编本《中国分省新图》，这两幅地图用等高线分层设色法表示出了地势高低，大大优越于以往的地图。此图于1933年、1934年、1936年、1939年年先后出了第一、第二、第三、第四版。人们通称为“申报地图”，外国人则称为“V.K.Ting's Atlas”①。抗日战争胜利后，曾世英、方俊都从美国考察归来，编辑新版的“申报地图”②。实业部及经济部的地质调查所对我国地图学事业的贡献也是尽人皆知的。

三是土壤学。1930年，翁文灏在实业部地质调查所设土壤研究室，聘请了美国土壤学家梭颇（JamesThorp）具体指导，早期参加工作的有谢家荣、常隆庆、周昌芸等人，后有李连捷、马溶之、李庆逵、熊毅、侯学煜等。中国现代化土壤调查也是从实业部地质调查所开始的。梭颇写的《中国之土壤》也是最早讲全中国土壤分布的图书。该室于抗日战争胜利迁回南京后，尚有马溶之、李连捷、宋达泉、熊毅、黄希素、侯连之（赴台湾接收日占时的土壤机构）、朱显谟、余皓、席承藩、于天仁等人，在大力恢复全国土壤调查研究。

四是地球物理探矿。地球物理探矿是从地震工作衍生出来的，早期李善邦使用“扭秤”在湖南水口山探矿。后来秦馨菱赴美国考察归来，做了石油地球物理探矿的工作。那时，美国在日本投下两颗原子弹不久，在世界上引起很大震动，秦馨菱又做了放射性强度测定。这些工作也是从经济部地质调查所开始的。

五是能源研究。1930年，翁文灏在实业部地质调查所内成立了沁园燃料研究室，由金开英负责。抗日战争初期地质调查所的孙健初等在甘肃

---

① 《丁文江地图》，因为作者排序为“丁文江、翁文灏、曾世英编”。

② 后来在1948年出了《中国分省新图》的订正第五版，署名为“丁文江、翁文灏、曾世英合编，曾世英、方俊增订”。

玉门发现了工业油田，金开英的一套人马去那里设立了炼油厂，所以中国的炼油事业也开始于实业部地质调查所。抗日战争胜利后，金开英等率领玉门油矿的一批人，到中国台湾发展了石油工业。

综上所述，刘东生看到除了传统地质科学而外，地震学、地图学、土壤学、地球物理探矿和能源研究等都起源于中央地质调查所的前身。后来章元龙自己设计的差热分析仪及其他分析仪器的制造，以及岩矿与古生物薄片的磨制等也都出自该所。到这个有着优秀传统的研究单位来工作，刘东生觉得是无上光荣之事。

刚到新址时，每个人上班没有什么特殊规定和具体任务。有一天，所长李春昱告诉刘东生，该所后面的屋子里还有很多空军部队堆放的仪器，是从日军处缴获来的，要他去与空军交涉，请他们尽快将屋子腾出来，归还本所。刘东生找到空军部队，正好见到本所的章元龙在库房里寻找破旧零件，废物利用，装配自己的仪器。那里为首的一位军官很客气，答应尽快腾还房屋。刘东生和章元龙一起，与那位军官攀谈起来。他们从地上随便拣起一件东西，如罗盘、导航仪等，就像拣个土豆似地递给那位军官。他们发现，那位军官接受与持握物件的方式与众不同。他把手掌伸开，用手心贴近仪器，然后收拢五指（从拇指到食指、中指、无名指、小指依次弯曲），这样一来，既牢固又柔软地把仪器紧紧地握住。刘东生对他这个动作很感兴趣，觉得如果拍电影拍成慢动作将会非常受看。他后来和本所研究地球物理的秦馨菱一起工作时，也发现类似情况，拿东西的动作非常规范。显然这些终日与仪器打交道的人经过严格训练，就是不一样。俗语说："世事洞明皆学问，人情练达即文章。"只要处处留心，无论哪里都有学不完的知识啊！

除了去交涉房子事宜以外，刘东生也协助侯德封为该所出版的《中国地质学会志》和《地质论评》等刊物做些校对工作。他觉得，无论是行政事务工作还是科研业务辅助工作，都是对自己很好的锻炼，所以他从不轻视这些打杂的事，一律做好。

四、三峡工程为先驱　喜见奇人萨凡奇

1946 年 10 月初，李春昱所长通知刘东生，要他随该所技正侯德封去

湖北宜昌，勘察长江三峡拟议中的大坝坝址地质，同行的还有年轻地质学家陈梦熊和姜达权。他们四人开了碰头会，除陈梦熊外，侯德封是1923年毕业于北京大学地质系的资深地质学家，早年长期在实业部地质调查所等单位工作，以编撰《中国矿业纪要》第三、第四、第五次而闻名，抗日战争时期一直在四川省地质调查所。1942年，该所所长李春昱调任中央地质调查所所长后，侯德封接任该所所长。姜达权1943年从中央大学地质系毕业，进入四川省地质调查所。1946年，侯德封、姜达权复员回南京，来到中央地质调查所。他们欢聚一堂，共商工作大计，然后分头去做准备。在以后的几十年里，他们都有很多工作联系，建立了深厚的友谊。关于三峡工程，刘东生很早就听说了。早在青年时代，他就会背诵诗仙李白的著名绝句："朝辞白帝彩云间，千里江陵一日还。两岸猿声啼不住，轻舟已过万重山。"孙中山先生在其《建国方略之二：实业计划》里提出了在三峡建水闸、抬高水位，用以改善川江航道和进行水力发电的宏伟设想。而今，这一宏伟理想逐渐付诸实践了。正如美国密西西比河的大支流田纳西河流域水利工程计划叫"TVA"（Tennessee Valley Authority）一样，扬子江三峡水利工程也称为"YVA"（Yangtze Valley Authority）。1946年，刘东生在北碚时见到该所同事李孝芳拿着一本美国《国家地理杂志》（*National Geographic Magazine*），刊中以漂亮的假想图，描绘了扬子江三峡水库远景。而今他自己居然有幸投身于这一宏伟计划的工作了，心情不免十分激动。

刘东生与侯德封等一行四人，由南京乘轮船去武汉。在武汉短暂停留期间，侯德封率他们三人去看望了老测量学家方俊，在20世纪30～40年代初，方俊长期在中央地质调查所工作。当时他正在与曾世英一起修编"申报地图"。

辞别方俊后，刘东生等乘坐小轮船，离开武汉，到了宜昌，扛着行李，一路打听，终于找到了大公路上的扬子江三峡水电勘测处。该处主任张昌龄、总工程师黄育贤、副总工程师张光斗[①]等为他们接风洗尘。大家谈古论今，沉浸在对三峡工程的无限憧憬之中。他们被安排在扬子江三峡水电勘测处在宜昌峡口南津关的几间空房内住下，请了一个工人做饭。一同住在那里的还有勘测处请来的美国"仙童"（Fair Child）航空摄影测量公司的人员，其中一位工程师袁汉勋，是刘东生在南开中学的同班同学。袁汉勋告诉他，该公司在此为三峡区开发用的航空摄影测量图做地面控制

① 后为清华大学水利系系主任、副校长、两院院士。

（ground control）测量，他帮美国人做三角测量，定一下位置，和地面工程联系起来统一作图。

四人在三峡进行了艰苦的野外地质调查。他们的主要工作地区就是南津关一带长江左、右岸（北、南岸），因为那里是早先拟定建坝地点。他们乘舟登岸，攀附悬梯，爬上陡崖，走过若干羊肠小径，不少是千百年来一代又一代纤夫们走出来的，结束工作时又要踩着悬梯下来，悬梯有时晃晃悠悠，每攀登一次或下降一次都不免让人心惊肉跳。石灰岩区的陡崖往往既坚硬又光滑，每次遇到陡壁，他们嫌脚下的登山鞋太滑，就脱下来挂在脖子上，或装进地质包里，光着脚板似乎摩擦力要大一些、稳当一些。有一天，他们紧贴陡崖，像壁虎一样在岩壁上观察地层，一阵江风袭来，把侯德封的帽子吹落到江中，但这位长者却拍着光光的脑袋，连说："不碍，不碍。"三位年轻人都极为感动。

艰苦的野外工作

除了险峻的地形外，他们还遇到其他的困难。南津关峡谷地带是抗日战争时中日双方军队对峙的无人区，人烟稀少，土地荒芜，蒿草丛生，特别有一种长着刺的野草，真是害人不浅。有一次，他们休息时，往地上一坐，侯德封突然尖声惊呼："哎哟，我的屁股！"原来正是那种草针扎进了臀部，在大家帮助下拔出草针，而疼痛感依然煎熬着他。他们回到住地进行室内整理时，不经意间发现屋角有一个个的小纸包，他们打开一看，竟是以前住在此房的人留下的，就包着那种长长的草针，多的一包竟有二三十个，上面还写着某月某日从身上拔下多少这种"王八针"。可见人们对这种针刺小草痛恨的程度。他们几个人都深受这种"王八针"之害，行进时，"王八针"会扎进腿、手臂里，坐下休息时，不经意间就会遭遇到侯德封那样的痛苦尴尬局面。尽管如此，他们还是坚持工作，不过久而久之，也逐步摸清"王八针"的分布规律，想方设法地避免，以求减少危害。

刘东生等人的工作始终有条不紊地进行着，四个人时分时合，有时四人同行，有时两两一组，有时上午出去，弄清了基本地质情况后，侯德封就坐镇指挥，另三人分头工作或一人专门考察某一地质现象，解决某一问题。他们不仅详尽调查了地层、构造，而且还调查了溶洞和矿产。溶洞如果太多太发育，会影响坝基的渗漏，而调查矿产是为了权衡水库淹没的得与失。南津关附近有名的溶洞是“三游洞”，因为唐代大诗人白居易与弟弟、友人曾来游，宋代大文学家苏轼（东坡）也与弟弟、友人来游过，因此分别叫“前三游”“后三游”，“三游洞”因此闻名古今。他们勘察“三游洞”及其他溶洞时，往往打着强光手电或提着马灯，边走边高声讨论着，这可惊动了性喜黑暗和寂静的洞中主人——蝙蝠群，它们“呼啦啦”地往外飞蹿，并集体投下“粪弹”，对这些惊扰它们的“不速之客”狂轰滥炸。他们考察完毕，出得洞来，为了纪念与蝙蝠群不期而至的遭遇战，就在洞口刻上自己的名字。几十年过去了，几代地质工作者来到那些洞口，仍能清晰辨认出这些考察先驱者们留下的字迹。

在工作中，他们也能更深刻地体察国情民情。他们平常早上吃点面条果腹，带着野外套餐就去工作地点，野外套餐有罐头、干粮（面包或点心）、巧克力、香烟，配成一盒，非常方便。有一天，他们中午走到当地老乡家中休息并吃便餐，见老乡正吃野菜，刘东生便把自己的罐头送给老乡，试着吃他们的野菜，感到很粗糙，嚼不动，味道苦涩，实在难以下咽，深深体会到中国老百姓太穷太苦了。

他们在野外工作了近两个月，抓晴天，抢阴天，也不放过雨雪天。在陈梦熊的书斋里，至今保存着当年三峡地质调查的野外记录本，虽然已经泛黄发脆，然而字迹清晰可辨。在他的笔记本上做一个统计，他们1946年10月28日抵达宜昌，12月26日离开宜昌返回南京，近60天的野外工作期间，在阴雨天甚至雪天出野外的时间竟达16天之多，周末也不休息。在工作中他们制出了南津关穿过长江左右岸的大地质剖面，左岸（北岸）是拟议中的施工地点，因而做了详细的大比例尺地质图，还有若干附图。侯德封等还画了地质素描。

回到南京以后，侯德封领导大家很快写好了报告，绘制好了图件，上交了完整的研究成果，还根据他们工作的资料写成了一篇论文——《宜昌峡区地质几个小问题》，在《地质论评》上发表。

1947年春的一天，侯德封找到刘东生，说美国著名水利专家萨凡奇博士来到南京，现正在长江水利委员会，该委员会请他们去汇报三峡地质勘测情况，而他自己身体不好，并征得了李春昱所长的同意，请刘东生去汇报。

刘东生来到长江水利委员会，首先迎接他的正是扬子江三峡水电勘测处主任张昌龄，他们在三峡时已是老朋友了。张昌龄又给刘东生介绍了其他专家和美国贵宾，首先是美国内务部垦务局设计总工程师、68岁高龄的水利工程权威萨凡奇博士，美国地质调查局（United States Geological Survey, USGS）的工程地质专家琼斯（Jones）博士，还有美国派驻长江水利委员会的顾问等。像所有在三峡工作的人一样，刘东生对萨凡奇、“萨凡奇方案”、“萨凡奇计划”早已耳熟能详了。第二次世界大战前，他就提出在美国西北部华盛顿州哥伦比亚河上建造当时世界最大的大古力水电站，装机容量197万千瓦，预算耗资3亿美元，虽然遭到许多人反对，但独具慧眼的美国总统富兰克林·罗斯福却力排众议，积极支持他的方案，后来该水电站以美国历史上前所未有的规模和速度建成。此水电站在第二次世界大战期间，不仅为美国战时生产提供了极其宝贵的电力供应，而且大大繁荣了美国西北部的经济。因此，萨凡奇在美国工程界树立了不可动摇的权威。

更为难得的是，萨凡奇作为中国人民的老朋友，对中国水利工程，特别是三峡工程极为关注。1944年春，萨凡奇准备前往印度审议几座水电站的设计规划时，中国政府经济部部长、经济部资源委员会主任翁文灏和副主任钱昌照向他发出邀请，希望他在赴印途中假道中国，协助勘察中国西南地区的水力资源。萨凡奇欣然应允，并于当年5月飞抵重庆。他先在川西都江堰、大渡河及重庆附近的龙溪河狮子滩等地勘察水利水电工程。随后，萨凡奇率资源委员会技术人员乘轮船前往三峡。他们的船一直驶到距日寇占领的宜昌仅10千米的平善坝才弃舟登岸，一路翻山越岭，经石牌步行到三斗坪，详细考察沿路地形。回来后，他即写出了“扬子江三峡计划初步报告”（世称“萨凡奇方案”或“萨凡奇计划”）。他在写给翁文灏部长的信上说：“扬子江三峡计划初步报告，实为愚从事工程40年以来之一大快事……为中国计，为全球计，建筑扬子江三峡计划工程实属必要之图也。”

1946年3月，萨凡奇再度来华，更加详细地复勘三峡各段水力，兴奋地说：“开发三峡的计划，非仅关系中国繁荣，为中国当局所重视，实则乃国际性之伟大工程。”这次是萨凡奇第三次来中国了，刘东生能有幸见到他，心中十分高兴。汇报开始时，刘东生向他们讲了南津关两岸及附近地区的地质情况，那里的地层主要是奥陶纪的石灰岩。岩层较厚，又向上游倾斜（也就是岩层倾向基本上向西），有利于作坝址。但灰岩中有些溶洞，包括有名的古迹“三游洞”在内，溶洞发育程度究竟如何，对造坝的影响究竟有多大，还需进一步探查。美国顾问提了几个问题，其中有一个问题是，南津关下面有一套绿色砂砾岩，是否可以作为坝基。刘东生回答说，那是第三纪的地层，虽然没有溶洞渗漏的缺点，但地质年代较近，成岩作用时间短，较为松软，硬度、强度不够，还需要全面综合研究，权衡利弊，才能作出最后的结论。这就是后来葛洲坝水电站的坝址。

琼斯博士虽未提更多问题，但他也很认真地拿着量尺在刘东生带去的1∶25 000地质图上度量，对距离、倾角、倾向、走向等数据仔细审视。美国专家对刘东生带去的调查报告和图件的大致内容有了全面的了解，并表示很满意。萨凡奇这位慈祥、和善的资深水利专家，令刘东生肃然起敬。他把预先准备好的小本子呈上去，请萨凡奇签名题词，萨凡奇欣然应允，挥笔留下了永恒的纪念。刘东生也就满载而归了。

五、辛勤整理老标本　潜心钻研古脊椎

1946年，侯德封在返回南京珠江路中央地质调查所之初，就主持了该所地质陈列馆的恢复和重建工作。有几百箱标本由重庆运回南京，到1946年年底才运完，可惜有一船标本不慎丢失了。运到南京后，所领导就派专人分类整理。刘东生也参与了陈列馆的标本整理工作。

日军占领期间，陈列馆的标本未加保护，胡乱地堆放在二楼的角落里，化石标本上蒙罩着八九年的厚厚灰尘。刘东生等首先将标本一件件搬出来，全面打扫卫生，用毛刷将标本上厚厚的尘土刷掉，一天工作下来，回到宿舍洗脸洗头时，洗出来的水和墨汁一样黑。经过多天艰辛劳动，刘东生等把刷干净的化石标本整理好，排列在新做的标本柜里，重新登记。

刘东生等人清理的化石标本，除上述原先未运走的以外，有从重庆北碚辗转运回来的，有由周口店采集来且已研究过、定了名、出了《中国古生物志》的模式标本（这里面包括裴文中研究过的周口店食肉类化石），有早年瑞典地质学家安特生（Johann Gunnar Andersson）采的山西保德三趾马动物群化石，还有许多犀牛化石。带牙齿的犀牛头化石很重，一个人还难以搬动。刘东生清理好这些化石标本后，又对照这些学者们所写的《中国古生物志》等著作去学习，慢慢就熟悉和掌握了。

刘东生等人还意外地发现这些标本中有些是现代海生贝类动物的。后来听人说，日本天皇裕仁是一位宫廷贝类学家，对海生贝壳很感兴趣，日军走到哪里就搜集到哪里，大部分送回日本东京了，一部分也送到南京留了下来。但他们采集得并不规范，有的无标签，未注明产地等有关信息。

在他们清理化石标本的同时，中央地质调查所的穆恩之、李毓英随国民党海军去了西沙群岛、南沙群岛，也采回来很多现代海生生物标本。他们也一并进行了整理和登记。

刘东生深深感到，整理标本的工作虽然烦琐、劳累，却也很有意义，从中可以学到很多东西，尤其是为从事古生物学研究打下了深厚的基础。

在大家的努力下，经过一年多艰苦、细致的整理和布展工作，逐渐恢复了普通地质、古生物、地层、矿物、岩石、土壤等陈列室。杨钟健于抗日战争期间在云南研究的禄丰龙化石——中国人发现的第一具完整的恐龙化石，也由胡承志精巧地做成模型，由王存义协助装好复原骨架，在二楼入口大厅专门开辟了展览室，真是别开生面。虽然限于当时条件，到新中国成立前夕陈列面积只及抗日战争前的 80%，但陈列品的内容及水平却远远超过从前。

1948 年夏，刘东生到甘肃、青海出差，从事古生物学、考古学调查和采集。回南京后，所内同事告诉他，他出差时正值在中央地质调查所陈列馆展览运回南京的国宝文物，该陈列馆在南京确实已闻名遐迩了。

当刘东生从宜昌回到南京，且三峡地质调查工作也告一段落后，李春昱所长找刘东生谈话，建议他从事工程地质研究。

刘东生当时想，如果从事工程地质研究，还不如在大学就学工科，直接学水利工程更好，既然学了理科的地质学，还是要从事理科的地质研究。他见自己在西南联大的同班同学穆恩之在研究笔石化石，顾知微在研究双壳类化石，再看该所岩石、矿物、矿床等专业都有人在从事研究，唯独古脊椎动物尚无年轻人在专门研究。古脊椎动物学权威杨钟健抗日战争时期在云南研究了禄丰龙化石，并且在报上发表了很多宣传抗日救亡的文章，激发了人们的爱国主义情怀。刘东生的老师袁复礼也经常在课堂内外说："杨钟健的科研工作，世界各国都知道，都很称赞，外国人读过他的文章，都想到中国来看看他的标本，证实他的工作！"因此，杨钟健在西南联大师生中成了一位传奇式的人物，也是刘东生早年崇拜的对象。李春昱是一位具有雄才大略的地质学家、地质科技管理专家，在全所上下享有崇高的威望。他不但作风民主，事事与全所上下商量着办，而且平易近人、和蔼可亲、关怀青年、扶掖后进，所以年轻人对这位长者都能够像对待知心朋友一样跟他畅叙衷肠。刘东生就大胆地讲出他想跟杨钟健学习古脊椎动物学的愿望。李春昱刚一听还有点犹豫，沉思片刻后也就干脆地答复道："这样也好！具体的你去和古生物研究室主任尹赞勋先生谈谈吧！"

刘东生到古生物研究室见到了尹赞勋，也见到杨钟健。杨钟健说：

“你愿意跟我一起研究古脊椎动物化石，这很好。我刚从国外归来不久，带回了很多在国外买的书，你可先把这些书看一看。我还带回了很多国外学者送我的标本，你也不妨帮忙整理整理。”

杨钟健领刘东生到楼下他的办公室，房间较大，书架上摆满了书，柜子里放着很多他本人著作的单行本。他挑了一些单行本赠给刘东生，又向刘东生介绍他在国外买的书，这些书可分为三大类。一类是普通教科书，如罗默（A.S.Romer）写的《古脊椎动物学》，还有其他关于生物学、脊椎动物学一类的教科书；第二类是人物传记，主要是美国著名古脊椎动物学家马什（O.C.Marsh）、寇普（E.D.Cope）的传记，还有一些其他人的传记；第三类是侦探小说，特别是梅森（Mason）所著的，和通俗的章回小说差不多。杨钟健说，研究古生物就有点像侦探破案，古生物学家就是要善于寻找线索去解决问题，他们往往根据一颗牙、一段骨片就可以去推断某种动物的全貌是什么样子、个体有多大。刘东生觉得很新奇，回想起在西南联大听老师讲过，提出“器官相关定律”的法国古生物学家居维叶（G.Cuvier）就有这个本事。

之后，刘东生就在杨钟健指导下，努力学习古脊椎动物学。他白天上班时整理标本，晚上抓紧时间到陈列馆二楼的实验室里读书。他认为，阅读这些著名古生物学家们的传世名著，就仿佛在和科学巨人居维叶、达尔文、欧文、寇普、马什等交谈一样。他沉醉在他们从事科学道路上的苦与乐之中，沿着他们的足迹在寻找自我、发现自我。若干年后，他一直深情地怀念着珠江路中央地质调查所，因为那里曾有过他许多的梦。

师从著名科学家杨钟健学习
古脊椎动物学

在一个寒冷的星期天夜晚，刘东生像往常一样，在阅读著名德国地质学家、古生物学家齐特尔（Karl Alfred von Zittel）的经典著作《古生物学基础》，这是一部难啃的教科书。忽然响起脚步声，原来是杨钟健先生来到了他的办公室。见刘东生在读齐特尔的书，不无感慨地对他说：“你可真像裴文中啊！”原来当年裴文中在周口店发掘时，就是在一天劳累之后利用晚上的时间在煤油灯下苦读齐特尔的《古生物学基础》的。刘东生从椅子上站起来，聆听老师的教诲。杨钟健坐到刘东生的椅子上，把书翻了翻说："这本书像本字典，难读，但很有用处。"接着就开始给刘东生讲起书来，刘东生搬了一张小凳，坐在一旁恭听。

从那以后，有时在下午，有时在晚上，杨钟健用了一段时间把齐特尔的《古生物学基础》扼要地讲完了。这样特殊的个别辅导，真是连研究生也很难享受到啊！刘东生从杨钟健老师的讲解中感到，齐特尔的书不仅是要让人去思索和理解，而且还需背诵和记忆。多少年后，他都还记得那本书中的一些插图在什么位置，看到与书上描述的相应的化石时，还能叫出它的学名来。

刘东生回忆起杨钟健辅导他读书的每一个良辰，心中总是充满温暖，兴奋不已。这样的师生之缘，像一个美好的梦，令人永远不能忘怀。他很欣赏这样一句话："人类幸福与否，取决于他对先辈、同行和后代能否心心相印。"从那时起，直到 1979 年杨钟健逝世，在这 30 多年时间里，无论是在古生物学、第四纪地质学的探讨还是在日常生活与工作中，刘东生都深深感受到老师对他有超越一般的感情，这种感情是师生之间的心心相印和相互理解。刘东生把这看作是他科学生涯中的最大幸福。

六、旁听中大生物系　爱国运动勇参与

刘东生在杨钟健指导下学习和研究古脊椎动物学之初，提出要去中央大学生物系旁听，进修现代生物学知识，立即得到所领导的支持。因为那里有很多著名生物学家，并且还有研究过古脊椎动物化石的教授，如秉志、戈定邦等都在那里讲课，师资力量很强。打好现代生物学基础，无疑对研究古生物学是十分必要的。刘东生带上中央地质调查所的介绍信找到中央大学生物系系主任欧阳翥。欧阳翥是从德国留学归来的，攻研神经解剖学。他和刘东生热情地攀谈起来。

"你以前在哪所大学读书？"

"我 1942 年毕业于西南联大地质地理气象系，我学的是地质学专业。"

"你在西南联大学过些什么课？"

"除了学地质学、矿物学、岩石学、古生物学等课程外，我也学生物

学课程，因为这是攻研古生物学必须具备的基础。那时我曾听过生物系陈祯教授讲的普通生物学课。”

“啊！陈席山先生，他也是我的老师。我们还是陈席山先生门下的先后同学啊！欢迎你来旁听，没问题。”

“我主要跟杨钟健先生学习和研究古脊椎动物学，不知有什么比较适合我马上听的课。”

“根据你的情况，现在就跟二年级学生一起上比较解剖学课吧！”

……

于是，刘东生就按照学校排定的时间，跟学生一起听比较解剖学课，做实验、绘图等，下课就回中央地质调查所。遇到学校没有课的时候，他照常工作，整理标本或从事其他业务活动。

1946年年底发生了震惊中外的“沈崇事件”。北京大学预科女生沈崇在东单广场被美国兵强奸。同时，全国各地美军暴行事件也屡有发生，激起全国人民极大的愤慨。反对美军暴行的青年学生爱国运动很快波及全国。南京中央大学学生也组织了游行示威。刘东生作为中央大学旁听生，也参加了游行，他还带了照相机，拍下了很多有意义的镜头。他们从中央大学出发，经过大行宫、新街口、鼓楼，来到美国驻华大使司徒雷登的官邸，递上一份抗议信，然后高呼口号。学生游行队伍组织得很好，有纠察队维持秩序，不让外人混入。他们喊口号和递抗议信也是很文明的，没有什么过激的行为。刘东生参加这些活动，也受到了爱国主义教育。

刘东生以后又升到三年级和学生一起学了组织学、胚胎学和神经解剖学等，主要还学了脊椎动物分类学中的现代鱼类分类学。教授讲得十分详细，使刘东生体会到鱼类分类与无脊椎动物分类不同。他结合比较解剖学、胚胎学等课程的学习，一方面了解了现代生物分类学的体系和结构；另一方面也了解了现代生物与化石生物分类的联系与区别，以及如何更好地将二者结合起来，这对他以后研究鱼类化石有很大的帮助。另外，对他研究古生物学大有帮助的是秉志先生讲授的进化论讲座。由于秉先生很忙，有时就在晚上上课。但刘东生一堂课也不落下，每次必到。

1947年年初至1949年年初，刘东生断断续续利用工作的空隙时间，在中央大学生物系旁听了两年多课程。

在这两年多时间里，他学习了很多生物学课程，特别是动物学课程学得更全面。这使他对古脊椎动物学有了更进一步的理解，对他当时正从事的脊椎动物化石研究大有裨益。

七、初出茅庐显身手　复活学会立新功

刘东生一边在中央大学生物系旁听、进修，一边在中央地质调查所开展古脊椎动物学研究。研究工作刚开始时，他主要帮助杨钟健整理从重庆运回来的化石标本。他与王存义合作，按古脊椎动物化石的号码重新登记。王存义又用石膏对破损的标本加以修补，恢复原状。好的拿出去陈列；不好的、无特殊价值的则送回标本库收藏。

当时杨钟健正在研究中国石油公司甘青分公司地质勘测处的苗祥庆在青海民和工作时采来的鳄鱼头骨化石，刘东生在一旁观察，见那化石有很多骨片，坑坑洼洼的，又长出盔甲似的甲片，很有特点，易与其他骨片分开。他突然想到在他们整理的标本库中，“无价值”的那部分骨片里有几个是由四川采来的，于是他逐一挑出来，交给杨钟健看，又在杨钟健指导下，去所图书馆找来了相应的参考文献。杨钟健经仔细研究，并写成文章发表。刘东生庆幸过去对那些原以为“无价值”的所谓“碎骨”“骨片”没有随意丢弃。在以后整理“废标本堆”时，就特别留意那些不常见的、有特点的标本。

有一次，杨钟健拿出一件很小的化石标本给胡承志、王存义、刘东生等观看，这件小骨头化石标本只有几厘米长，弯弯的，有点像海米，呈黄色。大家都认不出来这是什么东西。杨钟健告诉大家，他前次去美国自然历史博物馆访问，住了很长时间。那里集中了很多古脊椎动物学权威，化石修理工阵营也很强大，以往美国中亚科学考察团采回去的标本都是在那里修理和研究的。而杨钟键研究卞氏兽（*Bienotherium*）的头骨化石标本也是带到那里去修的，那里的修理工技术很高，标本采集时是上下颚合在一起的，该馆修理工把上下颚分开来，口腔内的细节就得以充分展现了。回想杨钟健早年研究禄丰龙头骨化石时，上下颚也是连在一起的，王存义不敢往下修，怕弄坏了、散了，粘不起来。因此，杨钟健 1941 年发表的《中国古生物志》新丙种第七号“许氏禄丰龙”中，就没有口腔内部的描述。抗日战争胜利后，胡承志从中央地质调查所北平分所来到南京。从 1930 年 13 岁起，胡承志就跟着协和医学院解剖系系主任兼实业部地质调查所新生代研究室主任、在周口店发现的“北京猿人”的命名者——加拿大人步达生（Davidson Black）一起工作，后来杨钟健、裴文中及很多外国科学家在实业部地质调查所新生代研究室都对胡承志教诲有加。胡承志一来，硬是把原许氏禄丰龙头骨化石上下颚分开了，上面的围岩也修掉

了，刘东生等都佩服胡承志技高一筹。后来杨钟健根据胡承志修好的头骨化石标本，重新做了详细描述，于 1947 年又发表了《中国古生物志》新丙种第十二号“巨型禄丰龙（新种）及许氏禄丰龙之新加材料”。胡承志做的北京猿人头骨模型和牙齿模型非常好，还送给了刘东生一些，刘东生又转送给杨钟健，杨钟健很珍视，妥为收藏。可是当杨钟健向美国自然历史博物馆上上下下的专家、工人出示那件海米似的小化石标本时，却无一人认得出。杨钟健后来去了英国的大英博物馆，也去了德国的博物馆，访问了很多名家都不认识那是什么东西。

刘东生等对着这小东西也无可奈何。以往大家研究的古脊椎动物都是“大骨头”化石，动辄几十斤重，一个人搬都搬不动，往往要两三个人抬。大东西容易引起人们注意，小东西容易被人们忽视，一开始都没有往整体动物方面去想，以为它只不过是一个“零件”。正好当时土壤研究室的宋达泉送来了一件从江苏镇江采来的脊椎动物化石，有点像鹿角化石。刘东生拿去向该研究室的席承藩请教，席承藩建议用稀酸浸泡，把钙质溶掉。刘东生觉得这主意可行，于是向他们要了一点草酸及很稀的氢氧化钠溶液。他把宋达泉送来的那件标本和杨钟健交给他的海米似的小化石标本一起泡，泡一会儿又用柔软的小毛刷轻轻刷洗一下，多洗两次，突然有个新发现，原来那海米似的小化石标本是一个完整的脊椎骨，一个个小小的脊椎节都能看得很清楚，可以肯定，这是个比较完整的小动物化石。他立即将处理过的标本交给杨钟健。杨钟健研究后，不久就发表了一篇文章。

刘东生沉浸在发现与认识事物的快乐之中，这远比在文章中署名要快乐得多。更重要的是，他知道了酸碱浸泡法的好处，以后在研究黄土时用此法也很成功。

刘东生努力读书，勤奋工作，能力大有提高。杨钟健介绍他到中央研究院历史语言研究所考古组去为考古专家李济等鉴定河南安阳殷墟古遗址采出的哺乳动物骨头化石，多半是猪、羊的。开始时，判别骨骼具体属于哪个部位，十分困难。一次刘东生上街购物，无意中看到卖猪肉、羊肉的屠宰工人肢解猪骨、羊骨，难题就解决了。后来他也收集一些动物骨头，来钻研骨骼学。

刘东生在阅读中央地质调查所的藏书时，见到很多珍贵的藏品，其中有“D.B.”的字样，人们告诉他，是“Davidson Black”的缩写，也就是戴维森·布莱克，中文名字是步达生，就是前述著名的加拿大籍人类学家。他 1934 年突发心脏病逝世。翁文灏以低价（半卖半赠）从步达生的夫人手里把他的全部藏书购到实业部地质调查所来，他的藏书多半是人类学、解剖学的，也有骨骼学的。刘东生虽未研究古人类学，但也看一点人类学的书刊。令他感兴趣的还有从美国自然历史博物馆与美国地质调查局交换来的书刊，不少是古生物学出版物，有精美的图版，更有历史悠久的奇书，包括几十年前李希霍芬的原著（五大部精装的《中国》），以及100多年前居维叶的原著。虽然爬行类、哺乳类化石的书他也看，但重点还是攻鱼类化石，如美国卡内基博物馆关于格林河（Green River）地区第三纪鱼类化石的名著。尽管当时他重点研究泥盆纪鱼化石，然而对那本名著也仔细翻了一遍。多看书，多读图，也等于多看标本，这些基本功到哪儿都是有用的。

有一天，刘东生的老友顾知微交给他一件化石，告诉他，在西南联大时，有一次袁复礼老师带他们到云南华宁盘溪泥盆纪地层分布区去从事地质实习，面对着软硬相间的泥质岩层，软的被风化剥蚀，凹了进去；硬的抗风化力强，凸在外边。袁老师告诉他们，这种台阶式、书架式的露头，较好找化石，说着，伸出手指往凹处一抠，就抠出了这块化石。顾知微拿去找尹赞勋主任看，他也认不出来。刘东生反复琢磨，突然想起他最近整理杨钟健从国外带回来的、英国学者送给他的一件石炭纪的棘鱼纲（Acanthodii）化石标本与此相似。他当时正读的英国古脊椎动物学家写的关于棘鱼类化石的专著所描述者，也与此差不多。因此，他断定这是棘鱼类化石，并写了关于古脊椎动物学的处女作，经杨钟健修改以后发表。

刘东生在整理脊椎动物化石时，发现一些完整的头骨、腿骨、象牙等化石没有标签，找不到主。然而，经验丰富的杨钟健，从骨头石化的程度等特征，推断可能是山西榆社的。他说，安特生回瑞典后，不少人还在山西保德、榆社等地替他采化石标本，偷偷地装箱运出。美国自然历史博物馆也一样，他们在各地考察，也教会了和他们一起干的中国人一些采化石的技术，这些人后来也偷偷采一些化石标本，给他们寄出去。以往海关有时不检查，这些标本就流失到国外去了。有时海关查获了一些标本，扣下以后交到地质调查所，抗日战争期间辗转运往重庆，而今又运回南京。

杨钟健把认为是山西榆社地区的脊椎动物化石标本交给刘东生进一步整理、研究。正好中央研究院地质研究所的俞建章来找杨钟健，说李四光老师当年（1948年）59岁，按中国人的习惯是“做九不做十”，59岁就可以庆祝60岁华诞，打算出版纪念文集。杨钟健就让刘东生把榆社的化石成果写成文章，为李四光祝寿。刘东生写好后，经杨钟健修改、加工、润色，最后他们联名在李四光六旬寿辰纪念文集上发表。此文是用英文写的，刘东生署英文名时，按原来的威妥玛氏拼音缩写是“T.S.Liu”。中央研究院地质研究所有位刘之远，字清香，刘清香的威妥玛氏拼音缩写也是"T.S.Liu"。于是，俞建章为刘东生起了个号叫"伯和"，刘东生的英文缩写就成了"P.T.Liu"。这种写法是名与字号的复合，意思是"Peiho Tongsheng Liu"（伯和·东生·刘），正如李四光的英文署名"J.S.Lee"（Jongkui Siguang Lee，仲揆·四光·李）一样。

刘东生奉杨钟健委派去中央研究院考古研究所整理殷墟兽骨化石，其中有很多原始记述和统计数字，回来后，他很快写了一篇文章，最后和杨钟健联名发表。

1948年，中央研究院地质研究所赵金科到广西出差，主要采集、研究三叠纪菊石化石，也附带采集了其他门类化石，其中有鱼类化石，大都保存不太好，但有一件鱼化石保存了头部，能看出一些特征。刚好刘东生在图书馆里见到一本新到的意大利三叠纪鱼类化石专著，书中讲到有一类鱼化石前鳃盖骨如果是直的，就是中三叠世（T_2）的，若为斜穿而过的，就是早三叠世（T_1）的，而赵金科采的这件鱼化石头骨上的前鳃盖骨很明显是直的，因而推断那件鱼化石所在地层是中三叠世（T_2）的。后来，赵金科整理研究完他所采的菊石化石，发现与那件鱼化石共生的菊石化石果然正是中三叠世（T_2）的，与刘东生的结论不谋而合。赵金科很高兴，佩服地说："你在杨钟健指导下学习和研究脊椎动物化石才一年多，长进真是不小，真是师高弟子强啊！"杨钟健听了自然也很高兴。

中国古生物学会早在1929年就在北平成立。选举结果是孙云铸为会长，计荣森为书记，李四光、赵亚曾、王恭睦、杨钟健为评议员，他们领导开展了一些学术交流活动。后由于种种原因，会务陷于停顿。而后，国内古生物学者人数剧增，研究成果也接近或达到世界水平，抗日战争胜利后，他们大部分聚集南京，为便于互相交流，都迫切希望恢复古生物学会的活动。1947年10月9日，由杨钟健倡议，约南京同仁在珠江路中央地质调查所召开谈话会，即中国古生物学会筹备恢复活动的第一次会议，黄汲清、俞建章等著名古生物学家都出席了该会议，并公推杨钟健为筹备会议主席，分别发函各地同行，附寄会章草案、会员登记证和选票，共发出了42份，上面写明："决议凡本次通讯通知（寄会章草案及会员登记证予各地对古生物学热心的人士，征求其对会章的意见，并请加入为创立会员，于10月31日以前通知本筹备会），并获赞同者，均为本会创立会员。"刘东生作为杨钟健的学生和助手，也积极协助做了很多具体的事务工作，他本人也就是当然的创立会员了。

截至1947年10月31日，除旅居国外或地址不明者外，共收到复函

1947 年 12 月 25 日，出席在南京举行的中国古生物学会复活大会人员合影，与会 29 人中，以下 19 人后来成为中国科学院学部委员（院士）：尹赞勋（前排右一）、杨钟健（前排右三）、王鸿祯（前排左一）、谢家荣（前排左二）、俞建章（前排左三）、李春昱（前排左四）、李星学（中排右一）、黄汲清（中排右二）、赵金科（中排右三）、许杰（中排右四）、王钰（中排左一）、宋叔和（中排左二）、卢衍豪（中排左三）、侯德封（中排左四）、顾知微（后排右一）、穆恩之（后排右二）、郭文魁（后排左二）、刘东生（后排左三）、盛金章（后排左七）

36 件，一致赞同恢复会务。函选结果是：杨钟健、孙云铸、尹赞勋、张席禔、王钰和赵金科六人为理事，李四光、秉志和黄汲清三人为监事。12 月 6 日在中央地质调查所召开理监事联席会议，公推杨钟健为理事长，赵金科为书记，王钰为会计，孙云铸为编辑，黄汲清为常务监事，并决定 12 月 25 日召开中国古生物学会复活大会。杨钟健理事长给刘东生布置了一项任务，让他在大会上作关于中国古脊椎动物学发展历程及现状的报告。刘东生一年来刻苦钻研古脊椎动物学，博览群书，这时正好派上了用场。

12 月 25 日，中国古生物学会复活大会在南京鸡鸣寺中央研究院地质研究所举行，到会会员 23 人，来宾 6 人。谢家荣、俞建章、李春昱分别代表中国地质学会、中央研究院地质研究所、经济部中央地质调查所致祝词，王鸿祯作为会员代表发言。上午通过了会章，共16条。理事长杨钟健作了"科学研究与科学学会的演化"的报告，常务监事黄汲清作了"古生物学与地质学之联系"的报告，刘东生、穆恩之和李星学分别作了中国古脊椎动物学、古无脊椎动物学及古植物学发展历史及现状的报告。这些报告都深受与会者的欢迎和重视。大会还讨论了化石野外采集、室内修理、正型标本存档、译名等问题，还讨论了生物学与古生物学的联系、出版改进和机关合作等问题。此次大会共登记会员47人，吸收新会员4人，共计51人，并有17个单位成为机关（团体）会员。

1948年3月，《中国古生物学会讯》创刊，刘东生的报告——《中国脊椎动物化石研究之概况》就发表在"创刊号"（第一期）上。

八、来去匆匆西北行　文中教诲多聆听

1947年是刘东生过得最充实的一年，也是事业上突飞猛进的一年。他在杨钟健指导下，从事古脊椎动物学的学习与研究，去中央大学生物系旁听进修，整理陈列馆标本（特别是脊椎动物化石标本），写出了一些学术论文，又积极协助杨钟健进行恢复中国古生物学会的活动。当年，他接到裴文中从北平寄来的信，约他去大西北甘肃、青海，配合裴文中的考古工作。刘东生对裴文中早年在周口店的工作久已十分仰慕，自然很乐意去，但由于陈列馆工作等十分繁忙，未能如愿去成。1948年开春时，裴文中又来信，在信上非常热情地写道："你坐飞机来兰州时，我到机场接你。我戴一顶白灰色帽，你一看就能认得出。"这次，杨钟健和所领导都同意刘东生前往。

到兰州后，刘东生先到兰州西北角萃英门内经济部中央地质调查所西北分所，见到所长王曰伦及地质人员路兆洽、米泰恒等。分所所址是两进的大四合院，大门悬挂着"甘肃机器厂"的匾额，原是清末"洋务运动"时湘军主帅左文襄公①当年举办新式工厂的遗址。刘东生来到这里，与大家一道，发思古之幽情，决心要为祖国大西北之开发做出贡献。

刘东生去兰州之前，杨钟健向他交代了苗祥庆曾经在青海民和采集过鳄鱼头骨化石，若刘东生再去该地考察，就要注意是否能采到新的化石。

① 左季高，即左宗棠。

因此，当裴文中尚滞留北平时，刘东生就约西北分所原来跟随杨钟健工作过的西南联大老同学米泰恒一道从兰州出发，到青海民和去了。临行前，西北分所一位从事化学分析专业的史先生，提醒刘东生把剩下的差旅费全部换成银元，以防纸币贬值。刘东生照办了。他们最初住在民和县城，该县城位于黄河支流湟水下游。侯德封早知刘东生要去民和县，就写了一封介绍信，让他去找县城附近享堂镇水文站站长韩修德，韩修德是侯德封在北京大学地质系的校友，低侯德封两班，1925年毕业。二人持介绍信到该水文站去拜访了韩修德。该水文站很小，工作人员仅韩一人，站长、站员都是他，韩修德带领二人去拜访了当地驻军一位营长，对那位营长说，这两位青年地质学家是来从事考古工作、采集化石标本的，希望多关照，保护他们的安全。那位营长点头答应。

刘东生、米泰恒二人辞别那位营长及韩修德以后，开始了他们的地质考察及寻找化石的工作。他们根据苗祥庆提供的信息，到了鳄鱼化石的采集地点，原来就在早年安特生考古工作中提出的“马厂期”的一个黄土塬面——“马厂塬”对岸，那里出露的是侏罗—白垩纪砂页岩。杨钟健曾对刘东生说过，有鳄鱼头骨化石就可能还有别的化石。他们二人在砂岩的冲沟里来回寻觅，忽然，刘东生发现一段像恐龙腿骨化石的东西，和他以前在文献上看过的恐龙化石图形很相似，仔细观察后确认真的是恐龙腿骨化石，正好在沟边上，上面压了厚厚的围岩。刘东生初步估算了一下腿骨化石的长度、宽度，然后雇用了民工把压在上面的硬砂岩慢慢凿掉，刘东生随时在现场督导，以免把化石凿坏。

米泰恒在西北分所工作多年，对这一带很熟。刘东生除守着民工挖化石外，也随米泰恒观察地形、地貌。可以看出这里有四级阶地：第一级阶地在河边，洪水较大时有可能被淹，所以无人居住；第二级阶地是居民密集的村庄；第三级阶地上房屋极少，基本上是大片的庄稼地；第四级阶地近乎最高的塬顶，也就是塬面了。当地老乡在第四级阶地上种庄稼时经常发现并收集彩陶罐子，老乡知道彩陶罐值钱，因为安特生在那一带搞过考古研究，提出过“齐家期”“马厂期”文化。二人向老乡收购彩陶罐子，一块银元一个，总共收购了三四十个，因怕不好携带就没有再收购。这些罐子很有价值，但老乡在犁地时往往不小心把罐口犁破了，所以有些罐子上还有若干残缺。

刘东生、米泰恒二人在民和工作了一段时间后，裴文中紧接着也赶到那里，同行的还有一对美国青年夫妇业余考古学者。那位男青年请刘东生把收购的彩陶罐子转卖给他们几个。刘东生婉拒道：“这事我做不了主，您得去问裴文中先生。”就把他挡回去了。

又过几日，中国石油公司甘青分公司地质勘探处处长孙健初也来到了民和。原来他出野外回兰州后，听说老友裴文中来了，专门赶到民和来看望。刘东生、米泰恒二人跟着两位老地质学家又在野外跑了两天。

对于孙健初，刘东生在西南联大读书时已是久仰其大名了，两年前在北碚也有一面之缘。一天，刘东生乘公共汽车时见到一位老人，西服革履，气度不凡，在拥挤中往边上退避。下车以后，老人步履轻盈地走着，刘东生走在后面。哪知，从北碚街上一直走到中央地质调查所，那老人先跨进中央地质调查所大门。刘东生跟着进去，碰到陈梦熊，就问：“那老先生是谁？”陈梦熊说：“那就是发现玉门油矿的鼎鼎大名的孙健初。”

刘东生见孙健初专程来野外看望裴文中，深深体会到中国地质科学事业起步不久，科学家人数不多，只有经常交流、切磋学问，才能使中国地质科学水平在短期内有明显的提高。他十分珍惜这个机会，决心好好地向这两位老前辈请教。

一米多长的恐龙腿骨化石被挖出来以后，经杨钟健研究，定名为马门溪龙。这也是中国古脊椎动物地理分布中奇特而值得研究的课题，因为马门溪龙化石原发现于四川，相隔这么远的地方发现同一类的恐龙化石还是不多见的。

孙健初回兰州后，刘东生、米泰恒又跟着裴文中去民和至西宁一线进行考古调查。裴文中一路上给刘东生、米泰恒二人讲了很多关于考古、彩陶文化等方面的知识。裴文中还告诉他们，北京猿人标本在第二次世界大战中丢失，主要责任在日本，后来风闻在日本找到了，中央研究院历史语言研究所考古组李济去日本参加审判日本战犯，还专门追查了北京猿人标本之事，结果没找到，只带回了两个精致的标本盒，盒内装着两件大的石器，是周口店的，岩性是砂岩，当时裴文中还未来得及研究。刘东生把裴文中当成了自己在考古学、古人类学方面的启蒙老师。裴文中把自己发表文章的单行本送给刘东生，刘东生也看到了历史语言研究所考古组印出来的裴文中的文章，很佩服其学识的渊博。这次刘东生跟着裴文中跑野外的时间虽不算长，但在考古学、古人类学知识方面的确受益匪浅。

工作结束时，刘东生、米泰恒考虑到采来的恐龙化石和收购来的彩陶罐子不能颠簸，不敢用汽车运输，于是决定坐羊皮筏子回去，因经费不足，他们只雇了一个小筏子，顺湟水漂至黄河，再漂至兰州，一共花了两天多时间。小羊皮筏子不但漂得慢，而且水溅得太厉害，不一会儿，他们的衣服就全湿了。当时天气较凉，夜里住旅店时，只好请店家把炕烧得热一些，把衣服全都烤干，第二天再继续漂行。

二人回到兰州之后，孙健初还请裴文中、刘东生和米泰恒三人去家中做客。后来刘东生把彩陶罐子和恐龙腿骨化石标本都存放在西北分所，他一人返回南京。幸亏他出野外前听了那位史先生的话，把纸币换成了银元，用银元去买机票，才顺利返回南京，否则他去野外这段时间，纸币已贬值得一塌糊涂，后果将不堪设想。回到南京以后，刘东生向中央地质调查所同事们作了报告，汇报了自己甘肃青海之行的收获，主要是发现了一个恐龙腿骨化石，收购了一些彩陶罐子，对恐龙腿骨化石未作详细研究，也就没有定名称。大家觉得是一个很大的发现，尤其是杨钟健，他十分满意，觉得基本达到了刘东生出差前他所预想的目标。

刘东生那次采集的恐龙腿骨化石日后还果真派上了用场。杨钟健在新中国成立以后研究马门溪龙化石时，缺了一条腿骨，把当年刘东生存放在兰州的那件恐龙腿骨化石拿去一比还正合适，就用它拼装成了一件完整的马门溪龙化石。现在，成都理工大学（原成都地质学院）的博物馆里展出的马门溪龙化石原件及复制品上，都特别注明其中一块腿骨是刘东生采自青海民和的。

九、向往光明志不移　抗迁护所迎解放

刘东生返回南京之时，面临的是国民党政权总崩溃前夕的一片腐败黑暗的混乱景象。反动当局不顾人民死活，滥发纸币，通货急剧膨胀。

那时，不仅工人、农民等劳苦大众处于水深火热之中，知识分子、工薪族也苦不堪言。中央地质调查所的刘秉俊[①]领了工资后去大行宫换银元，反复讨价还价过程中，遭人诈骗，该换30块银元的钱，最后只拿到了三块，再去找人，已杳无踪影。回家之后，夫妻俩抱头痛哭，因为当时生活极度困难，大家都穷，开口告贷也很不容易。

1948年秋冬，决定中国命运的辽沈、淮海、平津三大战役爆发，国民党反动派一方面垂死挣扎，一方面仍疯狂剥削与掠夺广大群众。大军阀、大官僚、大奸商囤积居奇，储米不卖，抬高物价之后再抛出去赚钱。街上的粮店都受反动当局威逼利诱，赶做大饼，还没熟就运到飞机场，让

① 曾参加过三峡的工程地质调查，新中国成立后在水利部工作。

飞机飞到淮海战役战场上空投给遭人民解放军重重包围的蒋军官兵充饥。

刘东生当时是中央地质调查所的伙食团团长，要为若干像他这样的单身职工操办伙食。他和同事叶连俊、曾鼎乾、刘秉俊等为大家去乡下买粮。曾鼎乾的野外工作经验极为丰富，就是晚上到一个陌生地方，也能辨明方向，找到回来的路。他们登上小火车，坐了一两站就下来，去到老乡家，买了几担米，雇人挑上火车运回来，一路上遇到驻军检查，他们就说是为某军事单位采购的物资，才闯过了层层关卡。粮食运回来以后，大部分留在伙食团，有家室的职工也分购一些拿回去渡过难关。

刘东生当时虽未直接过问政治，但他对时事也有很清楚的认识，坚信国民党必败、共产党必胜。中央地质调查所在政治上是一个比较中性的机关，也就是说，没有鲜明浓厚的党派色彩。所长李春昱是相当于司局级的“简任官”，但他是一位正直的大科学家，极力维护科学殿堂的纯洁性，保持良好的学术研究气氛。该所也有一些较明显的思想进步人士，如黄孝葵、顾知微、李毓英等。有一次顾知微偷阅《新民主主义论》，遗忘在厕所内被他人拾得，顾知微后来到处寻找不着又不敢明言的焦急之状，成为所内的趣话。深幸当时所内没有职业特务或国民党骨干、三青团骨干，否则他们的遭遇将很难预料。1949 年年初，国民党当局明知难逃灭亡的命运，于是，下令各有关单位向广州乃至向台湾撤退。中央地质调查所也接到了这样的命令。

何去何从？决定该所命运和前途的关键问题摆到了全所每一个员工的面前。该所绝大多数知识分子、科学家都是正直的，在这紧要关头，他们都能根据自己的良心、良知，作出正确的抉择。首先是所长李春昱，他每天拂晓披上睡衣，上到家中阁楼天花板上面去秘密收听西柏坡、哈尔滨、北平等地的广播，了解共产党的政策。他又常常邀请该所高级科技人员尹赞勋、侯德封、李善邦、高振西、程裕淇、叶连俊等共商该所前途，大家一致主张留下。为了维持短期生活，李春昱去找老朋友孙越崎[①]借了大米 8000 斤，又贮备了油、盐、咸菜等，保证了全所职工和家属 200 多人一个月左右的吃用。后来绝大多数员工都留在南京，迎接新中国成立。

李春昱所长软缠硬磨地对抗反动当局的迫迁。中央研究院历史语言研究所所长傅斯年，仗着他妻兄俞大维是交通部长，能搞到海轮的吨位，特来拉拢李春昱，要中央地质调查所与他做伴，一同迁往台湾，遭到李春昱拒绝。后来，孙科的行政院迁到广州。经济部一位负责人要李春昱率全体

① 当时任行政院资源委员会委员长，新中国成立后任全国政协常委等职。

人员带上必要的工作用品，迁往粤汉铁路线上任一城镇。李春昱就把所内不好的、没有用的石头标本、旧报纸、烂地质锤等装了十大木箱，交经济部运往广州，托两广地质调查所代收。李春昱又派该所谌义睿回老家长沙，挂中央地质调查所临时办事处的牌子，来回转寄文件，以敷衍、搪塞广州当局。

李宗仁任代总统后，1949 年 3 月，何应钦任行政院长，孙越崎任经济部长，该部一部分迁回南京办公，迫迁压力基本解除。该所职工为生命财产安全而昼夜轮流值班护所。

刘东生与全所上下正直的知识分子、科学家一道投入抗迁护所的斗争中。他们隔壁原是美国军事顾问团驻地，该团撤走后，扔下一些运动器材，打棒球的木棒就有几十根，刘东生等年轻人去拾回来，晚上巡逻时用，棒子杵在地上，发出“哪哪哪”的响声。与刘东生一起去三峡考察工程地质的姜达权出身官宦之家，其父为国民党政府“立法委员”，几次为他买好了去台湾的飞机票，以及自卫用的手枪，他不但不执行父亲旨意，坚决不去台湾，相反却毅然参加中央地质调查所的护所斗争。李春昱所长又带领大家用砖头把图书馆临街的窗户砌了起来，主要是怕流弹飞进窗口烧毁图书文献。

在应变护所的紧张时日里，全所员工尽量聚集在一起，不单独外出，以免遭遇意外。黄孝葵有时组织大家开会。尹赞勋有时教大家学法文，就用翁文灏发表的几篇法文地质学著作，如记述北京大理岩的文章等作为教材。尹赞勋十分佩服翁文灏法文写得好，简洁明了。大家也佩服尹赞勋教学有方，使大家能很快地学会法文。刘东生买了很多旧唱片，其中不少是古典音乐，留声机里放出悠扬的乐曲声，把不少员工都吸引了过去，大家非常爱听。全所员工加强联系，不致分散，更免得少数人外出发生危险。大家团结在一起，甘苦与共，度过了这艰难的岁月。

1949 年 4 月中下旬的一天，全所 100 多名员工在礼堂开会，由李春昱所长主持，讨论护所工作中的一些问题。刘东生从礼堂门口的洗手间刚一出来，就看见一辆漂亮的小轿车开过来，车上下来一位老人，刘东生一眼就认出是翁文灏。他问刘东生：“现在干什么？”刘东生答：“开会，讨论护所工作。”翁文灏说：“啊！啊！那很好！那很好！”说着转身就往回走。刘东生问：“是不是要见所长呢？”翁文灏说：“不必了，不必了。”说着就打开车门，钻进车内。那辆车围着陈列馆转了两圈。刘东生目送着那辆车开出了所大门，才回到礼堂中参加会议讨论。过了一段时间，听见“嗡嗡嗡”的飞机声由远及近、由小变大，刘东生和礼堂内开会的人不由地出门观看，原来是附近明故宫机场的飞机在一架架地起飞，向这边飞来，然后一架架飞机又继续向前飞，越去越远。

第二天，刘东生看见报上登载南京政府官员最后一批乘飞机撤离的消息，联系到昨天所见到的，也就不难想象，地质调查所是翁文灏与章鸿钊、丁文江一手创办起来的，翁文灏是任期最长的老所长，他为该所的成长和发展，倾注了多少心力啊！而今，他即将登上飞机离开南京之前还特地到所里转两圈，那种依恋不舍的心情真是体现得淋漓尽致。

4 月 23 日，南京解放，解放军大部队在下关登岸，自挹江门进入南京城。南京市民扶老携幼，迎接正义之师。“虎踞龙盘今胜昔，天翻地覆慨而慷。”

人民的新时代开始了！

败退到广州的国民党当局对南京所有未遵照他们的命令搬迁撤退的机关单位领导人都下了通缉令，其中便有中央地质调查所所长李春昱。不管他们怎么下通缉令，中央地质调查所，包括它的全体人员，也包括图书、仪器、设备等一切财产都回归人民政权，它也就成为新中国地质事业腾飞的重要基地。

第三章

赤胆忠心报效人民

一、地调所接受改造　陈列馆宣传汇报

南京解放后不久的一天上午，一辆黑色轿车载着几个人来到中央地质调查所，为首的是万里，另一位是联络员赵卓，他原是中央大学学生，已参加革命工作。后来上级还派来一位年轻人潘廓祥，是中央大学地质系四年级的学生，也参加了革命工作。在召集全所员工开的第一次大会上，万里讲了话，宣布代表南京市军事管制委员会财经委员会来接收经济部中央地质调查所，这在员工中引起一定的反应。

接收之后，全所员工常开会学习和讨论，晚上业余时间也开会讨论，很多老地质学家都觉得该所与中央研究院地质研究所一样是科学研究机构，应由文教委员会接收。最后中央地质调查所归了文教部门。

军管会派来的人中，万里只来过一次，以后多半是赵卓来。赵卓参加革命时间较长，俄语学得较好，还出版过学习俄语之方法的书，送了刘东生等人各一套。他政策水平较高，也了解中央地质调查所的情况，知道这里有很多中国地质学界的巨子，如章鸿钊还是中国地质事业的创始人。他很谦虚谨慎，尽量做到上情下达、下情上达，工作很辛苦，经常白天来所，晚上回去。在他之后来中央地质调查所的还有徐平羽、石西民，常传达中央大的方针政策和大的活动。潘廓祥是在校生，初出茅庐，工作踏实，非常文静，后来去福建省地质局工作，担任过总工程师。

中央地质调查所被接收之后的最大行动就是物资清点工作。首先是图书馆的物资清点工作，书籍和期刊等一本一本地登记造册。各个办公室、实验室的家具、仪器、设备，乃至小到一支试管，都一件一件地登记造册。每个人办公桌上单位的信封、信纸、曲别针、大头针等都一个一个地点数，逐一登记、制表、造册。清点人一般是外部门的，保管人则是本部门的，都分别签上字，清清楚楚，负责到底。在清点古生物研究室的古脊椎动物研究组时，清点人是地球物理研究室的秦馨菱，而保管人则是本组的刘东生，也有负责做标本模型的王存义。清点完后，他们都分别签上字，负责到底。

当时的淮海战役总前敌委员会委员、第二野战军司令员、新中国成立后南京市首任市长刘伯承后来率大军去了重庆。在动员清点接收物资的会议上，他专门举例说南京中央地质调查所清点物资时，连曲别针、大头针都一个一个地数，以此作为榜样来表扬，希望其他单位效仿。

随着解放战争的向前推进，后方很快打扫完了战场，医治好了战争创

伤，工业、交通也逐渐恢复，南京到北京等地的火车都畅行无阻了。中央地质调查所原领导、老科学家李春昱、尹赞勋、杨钟健等乘火车去北京开会，回来后也传达了很多相关政策。共产党新政权要着手恢复国民经济，矿产普查勘探工作要开始了。不少原来学地质的老熟人参加革命以后成了高级领导干部，如1937年毕业于北京大学地质系的宋应（原名宋尔纯）当时任四川成都市委第二书记，与宋应同班的佟城（又名佟常义）当时任东北地质研究所所长，清华大学地学系1934级的武衡当时任东北科学研究所所长。听说李四光要回来了，大家都很高兴，盼他快些回来。

南京解放初期，中央地质调查所刚刚被接收没多久，淮海战役总前敌委员会委员、第三野战军司令员陈毅就来陈列馆参观。这位身经百战、满腹经纶的儒将，轻装简从，十分平易近人，文质彬彬，见了这些科学家们还庄重地敬军礼。他很认真地参观，还很内行地提了一些问题。后来，刘少奇、王光美也来参观，刘少奇还问山顶洞人戴的贝壳项链除做装饰品外还有没有货币的作用。苏联首任驻华大使罗申来参观时，很内行，他问这些标本是否全都写成文章发表了。刘东生接待了这些首长和外宾，并给他们仔细讲解，回答他们的问题，向他们汇报有关情况。1950年春，刘东生随侯德封去东北从事地质调查，秋冬返回南京，听同事们说毛泽东也来参观过。

新中国成立初期，在南京办了短期突击培训南下西进干部的华东军政大学，其校址在离中央地质调查所不远的小营（即原国民党中央军校）。每批学员几百人，前来陈列馆参观。1949年夏秋，有多批学员均来此参观，甚至听课，均由刘东生给他们讲解陈列展品，并给他们上课，常常是上下午各一场，很忙碌，有上千人听过刘东生讲的课。

刘东生不仅为华东军政大学学员讲课，还参与编写讲义，内容主要是《自然发展史》中的“从猿到人”这一部分。中央地质调查所地质陈列馆在这方面具备优越的条件。

裴文中早年研究周口店北京猿人的石器和骨器，去法国留学主要也是研究石器。他关于周口店的非自然破碎的骨器的书出版得较早，但关于周口店石器的巨著还是在新中国成立后才出版的。刘东生当时在南京整理的关于周口店石器的著作还没有发表过。陈列馆里还有胡承志制作的北京猿人头骨模型和牙齿模型。山顶洞人用贝壳做成的各种装饰品也展出了。

周口店山顶洞人的年代离现代较近，有比较进化的骨器，如有一根10多厘米长的骨针，一端还有穿线的孔眼。刘东生用丝线穿过骨针，摆在镜框里，挂在墙上。

馆内还有早年法国地质学家德日进（Pierre Teilhard de Chardin）采自齐齐哈尔附近昂昂溪的细石器，长几厘米，用料较考究，多为玛瑙、玉髓，做工也精细，简直像艺术品。还有安特生在内蒙古等地搜集的磨光的石斧。安特生当时刚出版了《黄土的子孙》（*Children of the Yellow Earth*），主要谈他在中国工作的经历，找矿讲得不多，着重叙述考古，书中除谈石器以外，还谈彩陶罐。以往他搜集的彩陶罐保存在农商部地质调查所，在多次辗转搬迁中由于不好运输弄丢了。刘东生看过安特生的书后，去中央研究院历史语言研究所考古组时，看见他们还保存了一些安特生搜集的彩陶罐。从重庆运回南京的还有青铜器等，补充了中央地质调查所藏品中从旧石器到新石器，到陶器，再到青铜器等一系列文化遗物的不足。

由上述情况可见，刘东生已掌握了从周口店北京猿人到山顶洞人的旧石器，再到沙锅屯遗址的石器、昂昂溪细石器、磨光的新石器，一直到彩陶罐和青铜器的有关资料，这样就有了中国唯一的一份从猿到人的系统考古资料。刘东生与华东军政大学教员通力合作，整理实物标本、文字和图片材料，又从中央地质调查所图书馆典藏的图书资料中旁征博引，终于很快编辑好了华东军政大学的培训讲义，虽非正式出版，但总算得上是新中国成立初期培养革命干部的很好的教学参考书了。

二、东北大地找矿产　胶东半岛觅恐龙

新中国成立之初，党中央鉴于东北原经济基础较好，又是全国工业的心脏，所以决定首先集中力量恢复和发展东北的工业及经济，以带动全国经济发展，一方面，在内地招聘、调集大批科技人员去东北工作；另一方面，指示全国各有关事业单位也把东北作为重点地区，布置力量迅速开展工作。原中央地质调查所在 1950 年年初即酝酿组织成立东北地质矿产调查总队。在总队未正式成立之前，侯德封接受当时任东北地质研究所所长的佟城之邀请去该所商讨科研规划，刘东生、关士聪同往。1950 年春节刚过，他们就出发了，经过北京、沈阳，到了长春。

东北地质研究所人员很少，除佟城外，还有 1949 年北京大学地质系毕业生文国华（后来去了南方，长期在桂林冶金地质学院任教）、1949 年清华大学地学系毕业生周树强（后来也去了南方，曾任广东省地质局总工

程师，从事过地球化学探矿工作），还有从原中央地质调查所北平分所去的庄禾和东北国民高等学校毕业生黄勘资，等等。大家见面后，了解了初步的情况。东北地质研究所在以前伪满州国“大陆科学院地质研究所”的所址办公。日本从“九一八事变”开始，侵占我国东北总共14年的时间，在地质、机械、土木等专业，都没有在中国人里培养出一个工程师级别的人才。日本人撤离东北时，公开扬言：“满洲的工厂可以交给你们，但是你们无法运转。我们走了以后，这些地方就只能种高粱、玉米了……”但是，共产党、人民政府依靠工人阶级，照样恢复了生产，而且从关内招聘来的科技人员发挥了很大作用，经济开始迅速发展。

长春的街道修建得很漂亮，但房子很多都是空空荡荡的。东北地质研究所的房子也很空，不但没有招待所，宿舍里连家具也没有。侯德封、刘东生、关士聪按过去地质工作者出差的老规矩，自带了行军床、全套行李，到宿舍房间里打开来睡。

三人初到时，先是参观了标本室，感觉零乱无序，到图书资料室去查阅文献时，收获也很少。日伪时期简直没有出版多少地质书刊，论述整个东北区域地质的，只有远藤隆次（Renci Endo）的《满洲地质学会记录》，其内容还停留在20世纪20年代侯德封在当地调查时的水平。侯德封1923年从北京大学地质系毕业后，在全国各地（包括东北）做过广泛调查，并于1929年、1932年和1939年分别编撰发表过第3～第5次《中国矿业纪要》，是内地地质学家中最熟悉东北情况的人之一。因此，这次佟城特地邀请他去。

1950年4月，在春暖花开的时节，东北地质矿产调查总队正式组成，总队长李春昱及负责人程裕淇等都到了沈阳。侯德封、刘东生、关士聪三人与东北地质研究所的佟城、文国华、周树强、黄勘资，以及留用的日本地质学家内野敏夫、待场勇、桐谷文雄等也去了沈阳。他们一起研究了工作部署。最后由侯德封、刘东生、关士聪与东北地质研究所的人组成一个清原工作队，在辽宁清原金铜矿区调查地质矿产。该队于4月底从沈阳出发，在清原县城稍事休整，过完“五一”国际劳动节，就出发到了矿区，此时山中的阴坡沟里还有积雪残冰。

当时四位日本人中，内野敏夫对东北矿区非常熟悉，刘东生等人都跟着他下矿洞，拿着电石灯，用小罗盘在坑道里量产状，打方向，测绘出大比例尺的矿坑地形地质图。跑了几天之后，刘东生感到这里面学问真是大，自己以往钻研的古生物学知识在这里难以用上。后来，矿上出了问题，变质岩系里含金、铜矿石的石英脉突然消失了，采不出矿石，只好停产。刘东生再次跟内野敏夫进矿洞，重新量岩层走向、矿脉走向，一直量到含矿石英脉消失之处，才发现矿洞子不知不觉打歪了，与矿脉走向不一致，将矿脉甩到一边去了。把矿洞方向纠正过来以后，又重新找到了矿脉，生产又正常进行下去。

刘东生一方面很佩服内野敏夫的真才实学，同时也认识到，应该好好地学习他的本事，为己所用。因此，刘东生虚心向内野敏夫学习真本领，短时间内很有长进，得到佟城的表扬。

与他们一起工作的还有所谓的“露头队”，是日本侵略者在当地人里简单培训的一些初级技术工人，为他们所用。这些人会讲日语，可与日本人交谈，虽无系统的地质科学知识，却能在露头上认一些普通常见的岩石、矿物、矿石。如一位姓王的老者和一位姓周的中年人，见到含金石英脉，会将它砸碎，用饭碗淘出黄金，从而能推算每吨石英脉的含金量，也就是“吨品位”。这些人见到从内地去的中国地质学家，自然十分亲切、十分尊敬。侯德封等也凭借这些人熟悉本地情况的优势，在原矿区的外围找矿，扩大原矿区的远景。

后来，他们果然在离矿区不远的一个小地方——“王八脖子”找到了新矿。侯德封说那地名不好听，改为“万宝钵子”（有“万宝箱”之含义）。后来，刘东生代表清原工作队去沈阳总队部开会，汇报了他们的工作情况。大家很满意，在那里也提出一点希望，说如果能发现斑岩铜矿（细脉浸染型铜矿）则更好，在那里也有可能找到。东北冶金局的日本顾问世仓正夫很能干，曾编写过几本书。他听说清原工作队找到了新矿，就说希望他们把新矿地质资料（包括地点、矿量等）提供出来，以便他们设计开采。刘东生反将他一军，说希望他们先把矿石化验结果交出来，才好精确计算矿量。后来侯德封、刘东生、关士聪等人在地球物理学家秦馨菱的协助下，对万宝钵子做了大比例尺详细勘查，填绘了地形地质图，设计了矿山工程，终于建成一座新矿山，投入生产。

清原矿区的工作告一段落后，他们又转移到吉林磐石的夕卡岩铜矿区工作。日本人曾在那里打了很深的矿井进行开采。庄禾手提着紫外线灯往废石堆里照，发现有些像方解石一样呈灰白色的矿物，闪射出紫色荧光，原来那就是白钨矿，也算是新的收获。这种紫外线灯是刚从国外买来的，是新发明的，在这里也发挥了作用。庄禾在矿洞里的石炭二叠纪灰岩中发现了白钨矿的同时，还发现灰岩有一定程度的大理岩化，化石也重结晶了。内野敏夫说：“怎么我们以前来时，化石都跑了，而你们一来就找到了呢？”他们在盘石矿区重新测绘了地形地质图，并从日本人以往的工作中得到借鉴。东北很多地区土层厚、植被厚、森林密，有的地方人根本进不去。日本人去那些地方工作穿的高筒胶靴高度超过膝盖。他们专找大小河沟，顺河沟往下，土层剥蚀了才有露头，沿沟底走就能把岩石、岩脉、矿脉找出，统统填到图上。多走几条小河沟和冲沟，就能把整个地区的地质图填出来。刘东生在惊叹日本人技术高的同时，坚决立志要将他们这些本事学过来，并且超过他们。

与刘东生等一起在磐石矿区工作的秦馨菱，从事地球物理探矿，主要用电测法判断地下的岩石、矿床。秦馨菱告诉他们，地球物理探矿往往有多解性，拿不太稳。有一次，他们在另一地方用物探法测地下情况，得到的结果是两可之间，有可能是矿体，有可能是地下水。后来世仓正夫判断说是矿，按他的意见打钻下去，结果出了大量地下水，矿井被淹，造成矿难，还死了人。当时有人说他有意破坏，将他逮捕。后来经多方鉴定，认为是技术事故，将他放了。以后，留用的日本人都先后归国。世仓正夫写的几本书留了下来，其中有《试锥工程》[①]等，曾用作培训钻探工人的教材。

到了20世纪80年代，刘东生碰到日本人，问起内野敏夫，他们都知道。日本人带了口信回去之后，内野敏夫还给刘东生寄来一封信，信上说他已80多岁了，还在日本钢铁公司做信息咨询工作，主要了解全世界铁矿的情况。

刘东生在东北与日本人一起工作中，增强了自己的民族自信心和责任感，更加认清了国家建设形势的需要是当时的第一要务，自己的专业研究不妨放一放。

东北地质矿产调查总队的工作在国庆节前结束。刘东生回到南京以后，又领受了一项新任务。国民党败退时，在上海留下了很多仓储物资，上级号召各有关单位去那里看一看，认为有用的东西，可以无偿调拨。刘东生与另二人奉命前往。他们去各仓库，先在管库人提供的清单和目录上挑选，然后进库里实地察看。一看多半是工业上的机器设备等，地质上可用的很少。他们花了一两个月时间，领到些文具、纸张、本子和一台切片机，的确不虚此行。切片机已锈不堪言，胡承志用油反复清洗擦拭，整旧如新，完全能用了。刘东生本想找一台修化石用的磨牙机，可惜没找到。

当时报上登出在青岛发现恐龙蛋化石的消息。原来此化石是山东大学地质系系主任何作霖带学生去莱阳实习时发现的，还很完整。以前在中国

① 日本人将 drilling 译为试锥，我们译为钻探。

还没有发现过。20世纪20年代，美国中亚科学考察团在蒙古发现过。何作霖写信邀杨钟健去看看。杨钟健就带了刘东生、王存义、唐志等人一起去，到了山东大学，见他们教师队伍很强，除何作霖讲授结晶学、矿物学、岩石学外，还有留学英国剑桥大学回来的王庆昌教古生物学、地史学，留学美国里海大学回来的周明镇教沉积学、古脊椎动物学，留学美国明尼苏达大学回来的胡伦积讲授经济地质学、矿床学等。天安门前的人民英雄纪念碑用的整块花岗岩，就是山东大学地质系师生从山东找来的。刘东生等在该校短暂停留后就出野外了。

杨钟健、刘东生一行在王庆昌、周明镇和胡伦积陪同下到了莱阳。有一天他们在野外步行踏勘，太阳快要下山的时候，偶然间，刘东生在夕阳余晖之下，望见远处有一窝东西在闪光，就对大家说，像是恐龙蛋化石，他和杨钟健等走过去一看，果然是一窝恐龙蛋化石，因为当地地层岩石是红色，而恐龙蛋化石是灰白色，所以在远处容易辨认。他们将恐龙蛋整窝不动地采出来，找当地农民用筐装上，运到金刚口。胡伦积专门照了张相，后来放大照片时，写上“恐龙蛋化石”几个字，刘东生在《科学通报》上发表报道文章时也用上了这张照片。

杨钟健当时也是中国科学院编译局局长，发现恐龙蛋化石后，他发了一封长长的电报给郭沫若院长报喜。因有其他任务，杨钟健、王庆昌等先后离开了莱阳，刘东生等继续留在那里寻找恐龙和恐龙蛋化石。

有一天，刘东生等走进一个村子，见一小女孩拿着一个像鹅蛋一样的完整结核石，说是恐龙蛋化石，向他们兜售。王存义和她讨价还价，结果没买成。后来他们走了二三十里，回到住处（县城）。第二天拂晓，王存义独自跑回原先那个村庄去找到那个小女孩，把她的两个蛋买回来了，他说怕被别人买去了不放心。他本希望恐龙蛋化石里有小恐龙胚胎化石，结果切开一看，全是方解石晶体。

刘东生想起在长江三峡与侯德封一起测绘地质图时，发现某个地层的露头，顺着走向、层面追索，可以把它延至未知的地方。在莱阳他想用同样的方法试试。在以前采获鹦鹉嘴龙化石的地方，他们顺着层面走，往外追索。同行的王存义不是学地质的，对此法将信将疑。后来，他到了一个村子里，村旁有很多沟，在沟底果然找到了相同的地层和完整的鹦鹉嘴龙化石。

一天，他们在金刚口遇到台风，大雨使麦田里积满了水，雨过天晴，毒热的阳光将水晒烫，麦子全死了。他们在沟底见到有化石碎片，想继续往里采，与老乡商议，老乡见麦子反正收不成了，就把麦田挖开，果然发现了一些化石，后来忽然发现了一块下颌骨化石露出了一排牙齿，但骨头太碎，不敢再往上动。王存义也说："不能再动了，否则就只有'炒韭菜'了"[①]。刘东生仔细观察，见头骨化石还完整，一排牙很清楚，还有别的骨化石。他想起以前看过的有关恐龙化石的书上有类似的描述，就提议把整个有骨化石的一大块石头都采回去。然而，那一整块足有一米见方。他们到村里买到一棵杨树，锯成木板，刨光后钉成箱子（像化石块体那么大），再把四周的围岩修掉，把无盖的大箱子套在整块化石体上，然后，将底下石头掏空，用撬杆把整块化石体连同套箱翻过来，钉上盖子，再抬上汽车运走。从此在中国脊椎动物化石的发掘中就有了"套箱法"这个名词。

王存义早年跟杨钟健一起采化石、修理化石，很有经验。和刘东生一起在莱阳采化石时，他往往凭经验说某个岩层有化石，大家一找果然能找到；相反，他判断某岩层没有化石，大家就不再做无用功了。王存义对刘东生的知识丰富、果敢决断也很尊重。因此，他们在工作中彼此配合默契，能很好地完成任务。

当他们采的这块化石运到北京后，杨钟健一看很高兴，称赞刘东生、王存义用这种"套箱法"保存了完整的化石，尤其是头骨化石。化石全部修出来后，发现鼻上还有一个角，就定名为"青岛棘鼻龙"。现在它被装架在中国科学院古脊椎动物与古人类研究所的中国古动物馆内。

三、工作方向大转折　内蒙草原寻宝藏

刘东生从山东莱阳回到南京后，轰轰烈烈的"三反"和"五反"运动开始了。侯德封、刘东生及原中央地质调查所一些人被调到南京虹桥马台街原资源委员会矿产测勘处，参加那里的运动，直到1952年春末夏初才告一段落。然后，刘东生又去中国科学院地球物理研究所参加"思想改造运动"，与赵九章、吕炯、傅承义、陈志强等老科学家一起向党交心。

1952年秋，刘东生去北京参加全国地质工作会议的筹备工作，领导他工作的是叶连俊，一同工作的还有顾知微等。他们准备印发大会的文件，其中包括很多苏联专家的报告。一位苏联铜矿专家罗吉奥诺夫的报告中说，铜矿的矿山建设必须要调查矿山附近的第四纪地质。刘东生

① "炒韭菜"是化石采集工人的行话，就是说，化石太碎，取不出来，只有敲碎算了。

还是第一次见到“第四纪地质”这个术语。还有各方面专家的报告，有的论及矿床的勘探、评价、储量估算（分为A级、B级、C级）等，很多东西以前中国没有，是从苏联专家那里学来的。刘东生碰到西南联大同班同学高之杕，畅谈了两次，他们意见很一致，认为地质矿产工作是国家最需要、最有前途的。

1952年年底，刘东生在北京西四兵马司原中央地质调查所北平分所新生代研究室把从莱阳采回的恐龙、恐龙蛋及狼鳍鱼等化石加以初步研究，写了几篇报道，在《科学通报》上发表。

差不多同时，在新生代研究室讨论古脊椎动物研究工作今后发展方向的问题时，杨钟健、周明镇等主张走“生物路线”，搞生物解剖、描述、分类、演化等方面的工作，这一意见占了上风。刘东生本来对古脊椎动物学下了很大工夫，又进修过中央大学生物系的课程，生物学功底也很深厚，但他从长期实践中，特别是在东北地质矿产调查总队的工作中，深深认识到国家经济建设急需矿产资源，应当走“地质路线”，为地质找矿服务。他的主张成了少数派，因此也促使他产生离开古脊椎动物研究机构的想法。杨钟健为此感到很可惜，专门约刘东生去了他家，问道：“你对我有什么意见？你可以明说嘛！”刘东生说：“我只是想多做一点现在国家迫切需要的找矿工作，并非对您个人有什么意见。”

刘东生回到南京，收拾好行李就来到了北京。他的办公室里还留下了很多工作用品，有笔记本、修化石的工具，以及用于鱼类化石详细分类检索的穿孔卡片，等等。后来，这些东西被带到了北京中国科学院古脊椎动物研究室。

1953年年初，李四光听说在绥远省白云鄂博发现了冰川遗迹，就派徐煜坚和刘东生一起去实地调查。到了白云鄂博，徐煜坚认为有冰川遗迹，刘东生却认为那只是花岗岩上的风蚀凹槽。他们回北京向地质部地质矿产司副司长程裕淇汇报，各抒己见，最后不了了之。紧接着，地质矿产司为开发白云鄂博铁矿组织了几个地质队。徐煜坚、刘东生率领西北边的狼山队，陈庆宣率领东边的大青山队，李星学率领东南边的呼和浩特队，关士聪率领西南边的宁夏石嘴山队，主要工作是找煤矿。

1953年春，狼山队队长徐煜坚因病暂时不能出差，由刘东生率该队去了三木代庙，那里分布着很多伟晶岩脉，主要含有锂云母。日本侵略者占领时期，其国内几个有名的矿床学家都曾坐飞机去看过，他们也开采过那里的锂云母，挖出的锂云母矿运到包头后转运日本。包头解放后，还有当年日本人没运完的锂云母矿石。

刘东生率队在那里把伟晶岩脉一条一条地做了详细的地质考察，结果并不满意，他由此得出否定的结论，认为伟晶岩脉上部最丰富的部位已开采殆尽，剩下的已没有什么远景。他们后来一直跑到中蒙边界上的索龙山，见到很多“铁帽”（当时不认识），采回标本交章元龙鉴定，认出了里面有不少白云石。刘东生回到北京，再次向程裕淇副司长汇报，狼山队就结束了。三木代庙以后一直没有什么新的发现，而在索龙山地区却发现了铬铁矿。

刘东生在内蒙古草原上辛苦工作了半年多，虽然由于条件限制（矿产资源有没有，是客观存在的），未能给国家找到多少宝藏，但是他在领导和管理工作中还是十分严谨的。当时有一位董姓副队长，是从抗美援朝前线转业的营长，配有准备自卫的步枪，他喜欢射击，打算用自卫步枪去打黄羊，刘东生坚决制止了他。因此，尽管他们遇到不少黄羊群，却一枪未放。到工作结束、上交枪支子弹时，他们的子弹原封未动，而且连同在外面捡的一颗子弹，还多交了一颗。

程裕淇在听完刘东生关于狼山队的汇报之后，附带向刘东生透露了一个消息，佟城已回到北京，正准备找刘东生谈话。又一个工作机遇摆在了刘东生面前。然而，刘东生也许思想准备不足，没有马上积极地去应对。中国科学院地质研究所负责人彭会听说这个消息就找刘东生面谈，明确表示要将他调入该所。

1992 年，刘东生（左）与程裕琪在交谈

第四章

黄土研究的弹指一挥间

一、三门峡狂想曲

1953 年冬，刘东生到中国科学院地质研究所报到，掀开了他整个科学生涯崭新的一页。

一开始，中国科学院地质研究所的员工不多，就在沙滩北京大学地质馆办公。这里是中国地质事业的重要发祥地之一，早年北京大学地质系的教学和科学研究主要在这里进行，曾培养了中国几代地质学家。中国地质学家的良师益友——北京大学地质系教授、著名美籍地质学家葛利普的墓地就在这里。而今，新中国地质科学研究事业也从这里开始腾飞。刘东生抚今追昔，感慨系之。他知道 1952 年高等学校的院系调整是件大事，为了适应国家建设飞速发展的形势，政府把各大学教育资源重新调配与整合，并且向苏联学习，办起了若干专科院校，将北京大学、清华大学、天津大学、唐山铁道学院等校的地质系合并起来，成立了北京地质学院。这样一来，短期内就培养了大批地质专业人才，满足了地质普查、矿产勘探第一线的迫切需要，的确具有重大的现实意义。

1954 年年初，刚到中国科学院地质研究所不久的刘东生，就与陈庆宣一起，被借调到水利部黄河梯级开发的坝址考察队工作，担任队中相当于技术指导的职务。陈庆宣参加的是从青铜峡到刘家峡那一段，而刘东生参加的是刘家峡往上到龙羊峡那一段。刘东生所在那个队的队长是张学顼，副队长是张新平，另外还有水利部一位指导员及一些年轻的辅助人员。他们一起从刘家峡往上，走到龙羊峡，按初选的坝址调查地质情况。黄河上游河道很窄，谷坡较陡，开展地质工作难度大。有一位年轻的采集员宋明华，在谷坡上攀岩时，扒到一块石头是虚的，掉了下去，幸亏被一大石头挡住，未坠入黄河中被水冲走，但也受了重伤。考察队连夜把他送到西宁医院救治。在龙羊峡工作接近尾声时，刘东生接到中国科学院地质研究所所长侯德封的电报，要他迅速结束在龙羊峡的工作，前往河南三门峡。他把手头上的工作任务完成后，就离开龙羊峡，8 月初到达兰州，转乘火车去了河南三门峡。

刘东生在三门峡地区的重要集镇——河南陕县会兴镇（今三门峡市）下车，到了三门峡第四纪地质综合考察队。这个队是侯德封所长与中国科学院古脊椎动物研究室主任杨钟健、北京地质学院教授袁复礼及苏联专家帕甫林诺夫共同发起组织的。中国科学院地质研究所参加这个队的除刘东生外，还有后来去的王挺梅、丁梦麟；中国科学院古脊椎动物研究室参加这个队的有周明镇、胡长康、黄万波；北京地质学院参加这个队的有杜恒俭教授和两位研究生——刘敏厚和刘欣；地质部地质矿产司孢粉实验室参加这个队的有徐仁和他的学生——研究孢粉学的宋之琛。那时的会兴镇只有一条街，住房很少，综合考察队队员就住在帐篷里，附近住着三门峡坝址工程地质考察队。队里有刘东生熟悉的姜达权任技术负责人，但他们这两个队有着完全不同的任务，所以一开始在工作上并没有最直接的联系。不过，身为地质界的同行，不免也有互相学习和借鉴之处。例如，在三门峡为研究该坝址地震状况而召开的一次新构造座谈会，以及后来贾福海主持的为解决三门峡地层及冰川沉积问题的第二次学术会议，刘东生等都参加了，提交了论文，并参与讨论。

刘东生初到会兴镇时，和大家一起在三门峡附近踏勘第四纪地质情况。夏秋之交，雨天较多，雨过天晴的一个晚上，刘东生见该镇一个沟里有一排排灯光，他估计不会是楼房。第二天一早去那沟里观察时，发现昨晚见到的一排排像楼房灯光的，原来是从一排排窑洞里发出来的。再一看窑洞顶上黄土层之下有一层深色带，有的含结核，当时不认识是什么，后来与土壤学家朱显谟讨论后才知是古土壤。发现古土壤是刘东生研究黄土初期的一个重要收获。

在工作了一段时间、对情况有一定了解之后，刘东生对第四纪地质综合考察队有了较深刻的认识。这个队创造了几个“中国第一”。第一，它是中国第一个以专门从事第四纪地质调查为目的的野外考察队，而侯德封所长也是第一个在中国提出开展第四纪地质研究的科学家；第二，它是中国第一个由地质学、古生物学、孢粉学、地貌学等多学科综合进行的第四纪地质调查；第三，侯德封第一次提出了“第四纪地球化学”和“化学地理”等新概念；第四，帕甫林诺夫第一个在我国讲授第四纪地质学课程。北京地质学院（今中国地质大学）对第四纪地质的教学开风气之先，袁复礼、杜恒俭等先生功不可没；第五，帕甫林诺夫与侯德封一起，第一次提出编制中国的第四纪地质图；第六，它第一次将第四纪地质的研究与坝址工程地质工作相结合。这几个“第一”显示出刚刚开始的中国第四纪地质科学事业如旭日东升，方兴未艾，有着广阔的前景。

第四纪地质综合考察队队员是由不同学科、专业、资历的人员组成的，面对这个崭新的工作，究竟如何开展？每人都有不同的思考，大家的思想和工作只有互相结合、碰撞，这项工作才能深入进行下去。

北京地质学院的帕甫林诺夫本是莫斯科奥尔忠尼启则地质勘探学院的教授，被派到北京地质学院来担任专家。他是一专多能、博学多闻的地质学家。年轻时曾以关于笔石化石的论文获副博士学位，又以关于岩浆岩的论文获博士学位。他的涉猎面很广，遍及了地质科学的很多分支。他对中国的地质高等教育事业贡献很大，先后讲授了普通地质学、构造地质学和第四纪地质学等课程，还培养了很多研究生和进修教师，为他做翻译的马万钧就是其中一个。

帕甫林诺夫讲课内容新颖、见解独特、生动有趣，他还是一位非常循循善诱的导师和非常积极向上的社会活动家。他热情洋溢、和蔼可亲，北京地质学院的广大师生都无限深情地称呼他为“帕老”。他到三门峡第四纪地质综合考察队来指导工作时，不但和全体工作人员积极认真地跑野外，研究工作，而且在业余时间与大家谈笑风生，亲密无间。有一次，他竟然把夫人寄来的家信让马万钧读给大家听，并且翻译成中文让大家完全懂，引起一阵哄堂大笑。见到帕甫林诺夫，人们也可以联想起当年的葛利普、新常富（E.T.Nyström）、韩墨、巴勒加等人。美国的葛利普 1920 年来华，担任农商部地质调查所古生物研究室主任，兼任北京大学地质系教授，培养了几代中国早期地质科学骨干，最著名的有孙云铸、杨钟健、侯德封、王恒升、许杰、裴文中、黄汲清、李春昱等，并出版了多部中国地层学、古生物学早期经典著作。瑞典的新常富 1902 年来华，参与筹建了山西大学采矿系，培养了王曰伦、孙健初等著名地质学家，也做了很多区域地质测量、矿产勘查等方面的工作，取得了重要的研究成果。瑞士的韩墨父子二人都在中山大学地质系任教授，培养了陈国达、黄秉维、周廷儒等著名地质地理学家。瑞士的巴勒加于 1931 ～ 1933 年在中央大学地质系任教授，第一次在中国讲授了大地构造学和沉积学课程，培养了徐克勤、张祖还、殷维翰、孙鼐、毕庆昌、严坤元等著名地质学家。尽管帕甫林诺夫在华时间不一定比他们长，成就不一定比他们高，但由于他对中国人民和广大地质工作者、地质教育机构师生热烈友好的无限深情和援助中国地质事业的辛勤、执着的态度，却同样可以称他为中国广大地质工作者的良师益友。

帕甫林诺夫在中国度过了难忘的几年，他不但帮助了中国的地质科学研究和教育事业，而且结合中国的地质实践，也使他本人的学术水平得到进一步的提高。因此，他 20 世纪 50 年代末回到苏联后，就很快晋升为莫斯科奥尔忠尼启则地质勘探学院的院长。后来，中国地质学家到苏联去，受到他的热烈欢迎。1957 年和 1982 年，刘东生到苏联开会，都受到他的盛情招待。

作为第四纪地质综合考察队中国方面主要领导人的侯德封所长，与帕甫林诺夫的性格刚好不一样。他早年对中国南方、北方的地质情况都很了解，1937 年出版了第一部《黄河志·地质志略》。他对第四纪地质的思想主要就是地球化学思想，也就是把化学元素在风化、剥蚀、搬运、沉积过程中的释放、转化、迁移、富集规律运用来研究中国广大地域表面第四纪沉积物的变化，并且提出了“化学地理”的概念。后来，北京师范大学的刘培桐教授从苏联留学回来，又大力提倡“化学地理”，并延伸到了环境地理的研究。以后，西北大学的张保升及中国科学院地球化学研究所的李长生、洪业汤等提出关于地质环境与地方病的研究，也都与侯德封早年的第四纪表层沉积中元素地球化学行为的思想，也就是环境地球化学的思想相吻合。

侯德封胸有成竹地组织大家投入中国第一次大规模的第四纪地质综合研究工作中。他从不生硬地命令大家如何工作，而是让大家充分领会他的学术思想、意图，踏踏实实、井井有条地开展工作，最终逐步达到预期的目的。他这种沉稳的、低速的、慢节奏的、慢板式的旋律，与帕甫林诺夫的那种快板式旋律实有异曲同工之妙，他们共同推动着整个考察工作的有序开展。

刘东生虽然十分高兴，但有时心情也很沉重。面对新的工作——第四纪地质，尤其面对主要的研究对象——黄土，他需要下更多的工夫。虽然他在黄河上游工作时也见过一些黄土，但并没有进行过专门研究。来到这里，却天天与黄土打交道，因为“三门系”地层之上大部分是黄土。他似乎感到，以后的大半生就要和黄土结下不解之缘。这一切促使他时时刻刻都在思考，怎样才能把工作做好。功夫不负有心人，在会兴镇山沟窑洞的顶部黄土之下，他发现了古土壤，这是一个值得充分肯定的成绩，是对他艰苦努力的极好回报。但他并不是小有所得就沾沾自喜，而是始终保持着清醒的头脑，付出着不懈的努力。

刘东生等人一门心思投入工作之中，虽然生活条件十分艰苦，每天外出勘察第四纪地层，察看三门系的剖面，但是也到黄河之滨，一览三门峡磅礴的气势，正如诗人贺敬之所说：“神门险，鬼门窄，人门以上百丈崖。”他们看着哗哗的河水，东流入海不复回。他们也憧憬着未来的图像：大坝矗立，高峡出平湖。这几个门，有的要炸掉，有的要淹掉，也像贺敬之所说：“神门平，鬼门削，人门三声化尘埃！”刘东生等人此次工作到底具有什么样的重要意义，当时谁也没有想到。

刘东生等人在三门峡开展了三个月的野外工作，采集了大量黄土、孢粉样品和化石标本，测绘了若干地质、地貌图件。

二、两位不同类型的导师

杨钟健和侯德封，这两位中国地质科学的大师，是刘东生最敬重的两位恩师，他们不仅在三门峡第四纪地质综合考察研究中是刘东生的导师和引路人，而且他们对刘东生的科学事业也有着很深刻的影响。

1965 年，刘东生（左一）与导师杨钟健（左二）等在野外考察

20 世纪 50 年代，侯德封（前排左二）、张文佑（前排左四）接见外国专家时合影，陪同者有刘东生（后排右一）、何作霖（后排右二）、叶连俊（后排右三）等

刘东生从 1946 年随侯德封考察三峡大坝地质开始，直至侯德封病逝，有着 34 年的交情，而刘东生从 1953 年调入中国科学院地质研究所至 1980 年的 27 年间，基本上是直接在侯德封的领导下工作。刘东生从 1947 年在杨钟健领导下研究古脊椎动物学，直到 1979 年杨钟健逝世的 32 年间，也一直是杨钟健最为得意的门生和助手，在中国第四纪研究委员会等学术机构有着工作上的密切联系。刘东生对这两位恩师体会最深，认为他们不但是自己的楷模，而且为全中国的地质工作者都树立了很好的榜样。刘东生认为这两位大师都学富五车、建树卓越，然而仔细分析起来，他们又各有千秋、各具特色。刘东生正是从这种比较分析当中，去学习他们各自的优点。

第一，杨钟健是完完全全的务实派，他一生不离化石标本，把自己的书斋称为“记骨室”。他总是拿着化石在鉴定、描述、分类，或更进一步地研究生态、演化，等等。侯德封外表上看起来非常沉稳，举重若轻，但他内心却极其活跃，想象力很丰富。

第二，杨钟健一生勤于笔耕，著述等身。他自己编撰、出资铅印了他的著作目录——《记骨室文目》。到他逝世的 1979 年，他总共出版、发表的文章、图书已达 900 多篇（部）。侯德封则是“述而不作”，他公开发表的文章、图书，除几部重要的《中国矿业纪要》外，也许不足百篇（部），他更多的是深入实际当中，去做很多具体的工作。

第三，杨钟健除了学术著作卷帙浩繁而外，也很善于在人民大众中推广、普及科学知识，是一位杰出的科学家兼科普作家。侯德封虽然很少发表这些方面的著作，但他早年继丁文江和翁文灏之后所做的《中国矿业纪要》是当时中国最重要的矿床学和矿业的综述，为当时及以后，甚至新中国时期的矿产开发奠定了基础。他也很善于在地质科学中引进新的理论和技术。他是最早把理化实验手段引进地质科学研究中的科学家之一。

第四，杨钟健性格开朗而且诙谐。每当听到人们夸奖他又发表什么新的大作时，他总是淡然地一笑：“我那其实并没有什么。”侯德封则是“君子静以修身，俭以养德”“淡泊以明志，宁静而致远”，像诸葛武侯一样，以出世之精神干入世的事业。

第五，杨钟健在科学上没有留下任何没有做完的工作。侯德封则让后人想起来“余音绕梁，三日不绝”。

刘东生庆幸自己从 1946 年起就追随他们左右，以后 30 多年的成长都深深受惠于他们的教导与帮助，尤其是从 1954 年起参加了他们发起和领导的三门峡第四纪地质综合考察工作。1957 年，杨钟健、侯德封二位又发起成立了中国第四纪研究委员会，均是主要负责人。三门峡第四纪地质综合考察的几个“全国第一”，奠定了中国第四纪研究中多学科、多兵种联合作战的基础。这一良好的基础，使后来的中国第四纪研究矗立于世界第四纪研究之林，其中尤为重要的研究内容是中国的黄土。刘东生在三门峡工作期间，不辞辛苦地跑了大片地方，他带着中国科学院古脊椎动物研究室刚大学毕业的黄万波沿着黄河岸边跑了 100 多里，到了河南灵宝（古函谷关附近）。他们又从三门峡渡河到北岸山西平陆，直抵中条山南麓，见到大片被水流切穿的黄土高坡，很多支流从大山里出来，最后汇入黄河。黄土到底是像帕甫林诺夫所主张的洪积（水成）的还是传统观念认为的是风成的呢？整个研究工作就在这些观点相互碰撞产生的旋涡中不断前进。也正是三门峡水库这一工程当今的现状和长远的安危，推动着黄土研究难题的解决。水库周边的地质情况是很关键的，黄土与红色土是什么关系？新黄土与老黄土是什么关系？……刘东生无时无刻不在认真思考着、探索着。

三、想象中的第四纪科学

“黄土”，西方的术语中叫“Loess”，早在19世纪初，英国地质学大师莱伊尔（C.Lyell）的经典著作《地质学原理》问世以前，地质学文献里就已经有这一词语了。19世纪中叶来华工作几年的李希霍芬在19世纪末第一次提出，用欧洲的术语“Loess”来称呼中国的黄土，也就是把黄土确认为是中国地质科学上的一个地质单元。从我国的历史文献来考证，古老的殷墟甲骨文，从周朝到汉朝初年的青铜器铭文中，不知有无关于黄土的记载，但据王嘉荫考证，《汉书》里已有“天雨土”的记载，这是目前已知关于中国黄土的较确切的最古老文献。

刘东生等人在1954年的“三门峡狂想曲”中，吹响了中国开始第四纪研究的号角。由于三门峡水库、水电站工程建设的拉动，有袁复礼、杨钟健、侯德封、帕甫林诺夫这些中外地质学大师高瞻远瞩的指引，再加上这个地区丰富多彩的地质现象，特别是广布的黄土、明显的新构造运动迹象，三门峡确实不失为第四纪地质研究之理想阵地，因而“狂想曲”从这里奏起。这个学科在20世纪50年代初期被提出来，更具有时代的特色。那正是新中国成立后，经过三年国民经济恢复时期，开始第一个五年（1953～1957年）计划建设的历史新阶段。

刘东生回想自己开始地质工作实践以来，1946～1949年是“沉闷时代”，1950～1953年是“动荡时代”，1954年开始，随着国家建设上正轨、大发展，个人也开始了“发展时代”。

当时摆在地质工作者面前的有两个问题：第一，起跑线在哪里？以往刘东生研究古脊椎动物学很清楚，如果找到一类化石，可以与国际上已知的对比，就定为旧属旧种；相反，若发现国际上以往没有的东西，就定为新属新种。因此，我们和国际同行是站在同一起跑线上的。可是，刘东生在碰到第四纪地质学问题时，确实不清楚自己站在哪里、起跑线在哪里、自己与世界同行的相对位置关系到底怎样。事实上，在今天看来，我们一开始研究第四纪科学就采用了多学科综合、多兵种联合作战的方式，比国际同行还占有优势。然而他们当时还真不太明白这一点。第二，他们中每个人从事的专业不同，因而起跑线就不同。大家只是对第四纪科学这一新事物有着好奇的冲动、美好的冲动。我国的第四纪地质制图学和孢粉学等的研究在三门峡确实取得了初步的成绩。

刘东生虽然面临上述问题，但他始终在边摸索边前进。他总是在不停地思考，想象中的第四纪科学到底是什么样子呢？虽然帕甫林诺夫提倡做第四纪地质图，建立第四纪地质实验室，但对怎样建立这个完整的学科，知道得还是太少。

始于三门峡的多学科、多指标、多方面综合的第四纪科学研究方向，不但在中国是空前的（以往确实没有这种研究机构），而且在世界上也是先进的。这点可以从后来与国外的对比中得到证明。1957 年刘东生随裴文中去莫斯科参加了第三届全苏联第四纪科学讨论会，会议期间，参观了苏联科学院地质研究所的第四纪地质研究室，他们主要研究第四纪地层、古哺乳动物，其他的很少涉及。旁边是苏联科学院地理研究所，着重研究第四纪孢粉。这两个兄弟单位并未彼此很好地协作。刘东生等也访问了位于列宁格勒的属于苏联地质保矿部的全苏地质科学研究所的第四纪地质研究室。他们主要是做编图，编绘了大量的第四纪地质图，研究不同成因类型的第四纪沉积物。刘东生等还听说，美国的 ^{14}C 实验室，专搞 ^{14}C 同位素测试，与其他方面结合不够。

刘东生等在三门峡工作期间，把第四纪年代、地层单位规定为 Q_1（早更新世、下更新统）、Q_2（中更新世、中更新统）、Q_3（晚更新世，上更新统）、Q_4（全新世、全新统），不管地层、地貌、古脊椎动物、古孢粉等都统一用这个标准，非常方便，切实可行。这不是形式上的综合，而是实质上的综合。这种多指标综合的研究也推动了中国陆相第四纪地层与冰芯、深海岩芯研究的对比及与国际的接轨。从三门峡开始的工作必然导致后来中国科学院地质研究所第四纪地质研究室的成立。从三门峡考察到黄土高原研究，形成了中国自己的第四纪研究的传统。后来，中国科学院系统从北京辐射到贵阳、广州、西安，发展了各有特色的研究机构，形成百花齐放的局面，是很值得自豪的。

四、找到了第四纪研究的方向

1954 年秋末冬初，刘东生等从三门峡回到北京后，侯德封所长即在中国科学院地质研究所宣布成立第四纪地质研究室，由孙殿卿任室主任。后来，孙殿卿到地质部地质力学研究所主持工作，研究室工作主要还是由刘东生负责。另外和第四纪研究有关的还有刘东生在西南联大的老同学、老学长、老朋友徐煜坚，其他的就是一批年轻人，有刚从东北地质学院毕业的，还有高中毕业的。

侯德封早在1954年就提出在中国研究第四纪，他的设想主要是从地球化学角度来研究。他提出过“化学地理”的概念，而且还在发表的几篇文章中用几张图表现出中国的表层沉积物地球化学方面关系的概念。除了这种概念以外，风化、剥蚀、搬运、迁移、富集的规律探究起来也是很有意义的。中国的地势是西高东低，呈台阶状往下降，一直到海，水系也是从西往东。但历史上这些变化较复杂，在第四纪时期，有对于地球化学研究中元素之迁移和富集规律很好的比较理想的现实模式。

1954～1955年，帕甫林诺夫很积极地提倡编制第四纪地质图，以及研究沉积物成因类型。现在看来，编制第四纪地质图的工作量非常庞大，做起来相当困难。1928年，国际第四纪研究联合会（International Union for Quaternary Research, INQUA）成立。该组织除研究人类起源、文化、人类活动对地球环境的影响以外，最初是要编制欧洲百万分之一分幅的第四纪地质图，可是一直到目前，它并没有往前推进，相反，还萎缩了。这说明第四纪地质制图和基岩地质、古老岩层地质制图有一定区别。它本身也有一定难度，到现在也没有形成一套可行的、大家都能采用的制图标准、原则和方法。这也是因为第四纪的沉积物因地而异、受地球表层气候的影响很大之故。

刘东生认识到编制第四纪地质图的重要性，尽管国际上还没有定型的、可以遵循的规范，但为了现实的需要就不妨大胆摸索、创新。正好当时我国正在编制《中国自然地理图集》，刘东生也就提出把中国第四纪地质图（第四纪沉积物分布图）纳入这一大地图集之中的建议，得到了大地图集编制领导人黄秉维、陈述彭二位先生的支持，具体负责这项工作的苏时雨也很支持。刘东生等从1954年开始，花了很多时间编制中国第四纪地质图（第四纪沉积物分布图）。正好那几年苏联和东欧国家有不少专家来华，有机会和他们讨论，而且刘东生1957年也去过苏联，得以和外国专家更多地切磋，所以他和他的研究团体终于做出了第一幅中国第四纪沉积物分布图（1：10 000 000）。后来，河北正定地质部水文地质工程地质研究所在张宗祜领导下，又做出了较大比例尺的第四纪沉积物分布图。这些图对于我们研究农业地质、城市地质、环境地质有很大的帮助。

1955年年初的一天，刘东生随侯德封所长一起向中国科学院副院长竺可桢、秘书长裴丽生等领导汇报黄土和第四纪的研究工作，竺可桢副院长传达了周恩来总理关于中国科学院加强对黄河中游黄土高原水土保持研究的指示。中国科学院院长顾问、苏联科学院通讯院士、土壤学家柯夫达也在座，他指出黄土高原地区水土流失问题的严重性，还介绍了苏联在中亚等地勘探石油和调查土壤等过程中防治黄土状土壤水土流失的经验。柯夫达是一位卓越的国际友人，他于1954年10月13日到北京，任中国科学院院长顾问。他在华的八个多月里，提出了“关于规划和组织中华人民共和国全国性的科学研究工作的一些办法”等建议，先后考察了中国科学院京区、华东、华南各研究所，考察了黄河流域，直接推动了黄河中游水土保持综合考察等工作的开展，为中国科学事业的发展做出了很大贡献。

就在侯德封、刘东生汇报以后不久，中国科学院领导同意地质研究所参加中国科学院组织的黄河中游水土保持综合考察队。该队从1954年即已开始组织，1955年作为中国科学院的建制，这是第一个也是规模很大的进行自然资源综合考察的机构。该队首先是要贯彻周恩来总理的指示，在三门峡建水库、水电站以后，必须防止泥沙淤积，最根本的办法就是要解决中上游水土保持问题。参加综合考察队的有中国科学院各有关研究所，如土壤研究所、地理研究所、地质研究所、地球物理研究所、植物研究所、西北农业生物研究所、经济研究所，以及水利部黄河水利委员会、有关大学等30多个单位的科学工作者230多人。总领导是竺可桢副院长，组织工作由中国科学院自然资源综合考察委员会负责，土壤学家马溶之为队长，中国科学院植物研究所副所长林榕（菊科植物专家）为副队长，陈道明为副队长兼党委书记。

黄河中游水土保持综合考察队分为若干组。地质组成员是刘东生和他率领的几位年轻同志，还有地貌组、植被组、气象组、水文组、林业组、农业组、牧业组、水土保持研究组、经济组。由此可见，此综合考察队组织严密，不但自然科学不同专业、分支学科相结合，而且自然科学与社会科学相结合，成为多兵种联合作战的集团军。

黄河中游水土保持综合考察队的工作方式是点面结合，1955年在山西，1956年在陕北，1957年在陕北和甘肃，从东往西，针对黄河中游、黄土高原做了整个面上的调查，又在一些特别重要的有代表性的典型地区，进行了详细的农、林、牧、田间工程、水土保持、经济状况等方面的调查。根据自然条件、水土流失情况，以及经济情况的不同，做出水土保持规划，共建了11个点，最先建的也是最重要的一个点是山西离石王家沟。每个点都建了水土保持试验站，几十年一直观测、调查、研究下去。这些点、站，实际上就是后来小流域治理的先锋和样板，工作很细致。首先做大比例尺填图、大比例尺计算。例如，植物方面，除做植物学调查外，还做了植树造林的评估和水土保持效益的计算，头一年树长得如何？防水土流失的效益如何？到第二年、第三年，树长大了，根扎深了，叶面宽大了，雨水侵蚀力、坡面片流侵蚀力减弱了多少？防水土流失的总效益如何？五年、十年以后又怎么样？这些都要仔细调查和计算，还要做投资和经济效益的综合性比较与评价。最后看出水土流失从原来的严重到逐步减轻，以至于逐渐趋于没有，也就是水土保持成功了。相应地，农业组也是如此，从效益出发，做经济核算也很具体，一块地一块地来计算，地又分平原、缓坡、陡坡，按不同坡度，0° ～ 10° 的有多少？ 10° ～ 20° 的有多少？ 20° 以上的又有多少？坡太陡、不能耕种、需退耕还林的或还草的分别和一共有多少？若退耕还林，是种乔木还是种灌木？这些问题都要经过调研做出回答。综合考察队的同志每到一地，先听县里介绍情况，然后出去做面上调查，调查回来后又与县上有关同志开座谈会，讨论选出重点，若选的试验点在此县范围内，就在这点进行详细调查。从测大比例尺地形图开始，自然大组（包括地质、地貌、土壤、植被、气象等组）牵头填制各种专业图件，农、林、牧业组分别做出 5 年、10 年、20 年的规划，经济组再根据这些调研成果和规划来计算，最后得出一个总的水土保持发展规划，并把所有调查的点和面的结果归并到一起，就是综合考察队的全部工作成果。这项庞大的系统工程，在中国历史上是没有先例的，具有里程碑的意义。这个综合考察队的组织、工作历程、经验很值得加以总结、回顾。

综合考察的优点是各个学科可以互相学习。工作之初，自然大组的组长是朱显谟，他对研究黄土有很多独到之处，特别是对黄土各种物理化学性质，如黄土的颗粒、团粒结构、渗水性质、农业工程物理性质、古土壤等都有深刻的研究。刘东生跟着他学到了很多东西。在黄土高原地区，基本上是黄土覆盖，只有沟底出露基岩。 1954 年刘东生研究黄土之初，使用的主要参考书是 20 世纪 30 年代到中国的梭颇写的《中国之土壤》，这是一本首次全面论述中国土壤的经典著作。虽然该书也提到古土壤、地方病，内容很全面，但刘东生仍缺乏实践经验，对黄土认识不深。自从 1954 年在三门峡开始发现古土壤开始，在朱显谟帮助下，他对黄土高原的研究工作更进了一步。因为他是地质学家，所以注意将黄土的物质成分与地层划分联系起来。在朱显谟等几位土壤学家的帮助和启示下，刘东生对黄土的研究脱离了单纯的野外肉眼观察的视觉地质（visual geology）阶段，开始在中国科学院地质研究所建了土壤的颗粒分析室、矿物分析室、化学分析室、微形态研究室，等等。他在研究黄土地层划分之初，并没有注意到以往杨钟健、德日进所划分的红色土层与黄土之间的关系。当他独立地对黄土地区的黄土地层进行详细研究、划分之后，竟发现与杨钟健、德日进1930年的划分结果十分吻合。刘东生等与地貌组、土壤组、植被组、水土保持组等的专家们一起工作，无疑从这些兄弟学科中学到不少东西。当时国内还没有水土保持方面的书，只有从苏联翻译过来的，主要谈了土壤侵蚀的分类、侵蚀过程和机制，等等。我国科学家以往在这方面的工作做得少，必须从头学起。除了自然大组的工作外，刘东生等也参与了有关当地生产、生活情况的面上调查，都受到了深刻的启迪。

刘东生在综合考察队里有重大的收获，从土壤学家那里学到不少东西。他也对土壤学家付出了巨大的回报，最突出的例子就是协助培养了土壤学的早期研究生。著名土壤学家、北京农业大学教授李连捷在1953年开始培养中国第一批土壤学研究生，其中有一位叫石元春。1955年6月中国科学院成立学部，李连捷当选为生物地学部首批学部委员。他将经过两年扎实基础训练的石元春派到综合考察队结合国家科研任务，进行毕业论文之准备工作，并聘请刘东生担任石元春的副导师。

刘东生带领石元春在酷暑的晋西从事野外考察，每天手提地质锤，背起装着黄土标本的地质包，爬高坡，下谷底，日行数十千米，一路观察地形地貌，测制剖面和填图。刘东生在野外描述剖面、填绘图件、素描和照相都非常认真、一丝不苟，对年轻人既循循善诱，又严格要求。他在描述剖面时，为了观察一个现象、弄清某种性状，竟不畏艰险地攀登一二十米高的黄土峭壁。他常告诫石元春等年轻人："不要轻易放过一个地质现象，因为它是过去地质时期留下来的痕迹和证据，是科学研究的重要素材。"

对刘东生的认真教导，石元春心领神会，刻苦努力，进步很快。有一次，在山西西部五寨，翻过一道黄土梁，下到沟底时，他向刘东生请教道："我们通过对黄土地貌、地层和地质剖面的观察研究，去恢复几百万年前的气候、植被、土壤和黄土的生成环境时，是否可以用我们有亲身感受的现代地面景观及其演变来类比和推理？"刘东生高兴地笑道："石元春，看来你有点入门了，这就是'将今论古'嘛！"

在李连捷与刘东生两位导师指导下，石元春完成了研究生毕业论文——《晋西黄土及其生成》，并于1956年夏顺利地毕业了。他不仅取得丰硕的科研成果，更重要的是得到了科学方法和科学精神的训练。他体会最深的就是要不辞劳苦、扎扎实实地占有丰富的第一手资料，及学会进行科学思维加工。

石元春毕业后，留在北京农业大学任教。1957年春，中国第四纪研究委员会成立，李连捷和刘东生都是委员，刘东生还兼任秘书长。该委员会筹划组织的第一届全国第四纪学术讨论会召开时，李连捷、刘东生让石元春在大会上宣读他的研究生毕业论文，受到与会上下一致好评。这表明两位导师敢于给晚进后学压担子，增加锻炼机会，提携他们更快地成长。

“名师出高徒”“强将手下无弱兵”。石元春没有辜负长辈的栽培和期望，他执着追求，全身心地投入科学事业中，数十年如一日，取得了辉煌的成就。他后来曾担任北京农业大学校长，并于1991年当选为中国科学院学部委员（院士），1994年中国工程院成立时，他又当选为首批院士。抚今追昔，饮水思源，在《院士思维》一书中，石元春深情地写道：“也是三生有幸，初涉科海就有机会受到这么多名家大师的教诲和熏陶。”

刘东生等做完水土保持综合考察之后，选定黄土作为长期攻研方向。这是为什么？刘东生终生难忘的一个故事做了很好的回答。有一次，刘东生等在山西兴县吕梁山一带某乡村工作了一段时间，这里是抗日战争时期吕梁山抗日根据地老区，当地水土流失严重，人民生活贫困，但老乡们对综合考察队十分热情。当他们准备转移新的工作地点、收拾好行李、装上了车、正要出发时，忽听外面锣鼓喧天，人声鼎沸。村干部和老乡们来到他们跟前说：“我们这个偏僻的山沟很穷，受水土流失的灾害很严重，农业收成年年都很少。你们考察队是毛主席派来的，为了进行水土保持，为我们农民谋福利，做了大量的好事，乡亲们一定要送送你们……”于是，综合考察队的队员们在老乡们的簇拥下，边走边与老乡们握手道别。当他们走到村口，却看见很长一队老大娘站在那里，每个人都挎着一个篮子，里面放着鸡蛋、大枣等土特产。她们拉着综合考察队队员的手说：“毛主席派来的好后生！你们辛苦了，好好干吧！欢迎你们以后再来。……”边说边拿出鸡蛋、大枣等往综合考察队队员手里、衣袋里塞，他们推托不收也不行，一个个被感动得热泪盈眶。

从那以后，刘东生经常思考一些人生观、世界观、价值观的根本问题。新中国成立后，他自己总觉得与那些为革命和新中国建设立下汗马功劳的老同志相比贡献太小了，还担心自己这个在旧社会学习和工作过的人会被人家另眼相看，虽然自己也在争取为国家和人民多做贡献，但思想上并不踏实。这也许是那时和他一样的知识分子的共同思想状态。吕梁山那一次的热烈场面教育了他，说明吕梁山老区的人民没把他们当外人看，使他们很自然地联想到以往那些新参军的壮士或者强壮的劳动能手骑着高头大马，身披彩缎，戴着大红花出征上战场或者奔赴热火朝天的建设工地的情景。乡亲们那种热情激励、亲切相送的表现，深深地感动着他们，使他们多年的顾虑顿然冰释，知道自己是对人民有用的、有价值的。

从 1949 年开始，刘东生觉得就有了一个不断寻找自我的过程，自己原来研究古生物，现在放下了，改而从事国家更急需的矿产调查和第四纪地质研究。自己的这一改行，改得对吗？但是当老乡们依依不舍地送别他们的时候，当老大娘们握着他们的手，把鸡蛋、大枣放在他们手里、衣袋里的时候，刘东生陡然间觉得找到了自我，也发现了黄土。黄土是老乡们的衣食之源，与老乡们血肉相关，也可以说是他们的生命所在。难道科学工作者不能将黄土视为自己生命中的黄土，让它更好地造福人民吗？

刘东生后来反复默念的一句话就是："在寻找自我中发现了黄土，在寻找黄土中发现了自我。"既然发现了黄土，也就是找到了自己科学研究的主攻方向，找到了科学的命题。下一步就是有许许多多关于黄土的科学工作需要去做了。黄土的工作以前觉得无从下手，一看黄土就是黄黄的土，似乎太单调了、太呆板了。而今仔细钻研进去，才知道这里面真是博大精深，回味无穷。所谓在寻找黄土中发现了自我，就是在顽强钻研黄土中认识到自己的价值和作用。

有一次刘东生跑了一天野外，直至夕阳西垂才回到宿营地。正值天朗气清，惠风和畅，他坐在黄土高坡上，欣赏着落日余晖，一直到太阳由红变暗，慢慢隐没到地平线以下。他回想起德日进从法国刚到中国时，在这黄土高原上的萨拉乌苏和水洞沟也看着落日余晖，以怀古的情调，发未来的幽思。德日进说过一句话："研究过去只是为了认识未来。"刘东生从中受到很大的启发。

他体会到，以前自己是一个古生物学者，同行主要是古生物学家；后来成为一个矿产普查工作者，同行可能就有矿床学家，还可能有采矿专家、冶金专家；而今自己作为一名第四纪科学研究者，同行中除了第四纪地质学家外，还有植物学家、土壤学家、地貌学家、水文学家、气象学家，等等。尤其是与土壤学家朱显谟和 1955 年在北京农业大学做研究生的石元春，在共同研究古土壤过程中，彼此间建立了更多的工作上的联系，而且建立了人与人之间、学科与学科之间深厚的感情。这种感情已成为不同学科互相渗透的不竭动力。

刘东生也觉得自己兴趣爱好很广，有着宽泛的涉猎能力，很能从与自己专业相关的学科中去吸取营养，来完善自己的整个知识体系，而且在水土保持综合考察这种大兵团联合作战的宏伟事业中，他更能对各兄弟学科产生一种自然的感情，以便同全体战友们风雨同舟，和衷共济，圆满地完成既定的任务。

刘东生在研究黄土时发现，黄土的成因是一个热点问题，是科学家们总在探究的问题。从在三门峡工作时起，他就接触到各种黄土成因理论的支持者。帕甫林诺夫提出黄土洪积成因论；西北大学副校长兼地质系系主任张伯声提出，沿吕梁山有一条黄土线，从南到北，在一个水平线上，逐渐向南倾，这是当时的一个大湖所造成的现象，黄土线即相当于湖岸线，这又是黄土的湖积成因论，也是属于水成论；中国科学院地质研究所的杨杰是从法国留学回来的，他研究矿物学、岩石学，说黄土最讨厌，掩盖了岩石露头，妨碍观察研究，他说黄土在沟谷里、阶地上最多，是河流冲积形成的；苏联还有人提出黄土是风化残留的，他们认为黄土里含有丰富的钙质，是从下面石灰岩里风化淋滤出来的，这种看法也得到与刘东生一起工作的一些中国学者的赞同。黄土成因已有洪积、湖积、冲积、残积、坡积，以及传统的风积（风成）等学说。黄土成因到底是什么呢？虽然国家没提出要研究这个问题，中国科学院也没有提出要研究这个问题，但确实有一个黄土的成因问题没有解决。这个问题也是从事黄土研究的人员面临的一个挑战，正是这个挑战成为刘东生及某些地质学家们研究的永恒课题。

刘东生又回忆起自己从前研究古生物学时，也面临生物起源和演化这一永恒主题的挑战。达尔文的进化论是不朽的，但它也面临着挑战，它被很多新发现证明是真理，有的新发现又对它提出质疑，如点断平衡论（punctuated equilibrium）就是对它很好的修正、完善和发展。刘东生认为他在从事黄土研究时，面对着的地球本身成因及地球物质组成成因的挑战，与过去研究古生物学时面对着的生物起源和演化问题的挑战、与所信奉的达尔文进化论所面临的挑战，是完全一样的，而自己所追求的对地球的形成和演化的概念，通过黄土变成了实实在在的、自我的目标。以前对他来说，也许研究地球上物质的成因、变化，包括研究黄土的成因、变化只是一种概念，但是通过黄土地上乡亲们热情的嘱咐、殷切的期望，再加上水土保持综合考察队各行各业战友们的彼此切磋、相互砥砺，他理解了黄土研究真正是值得他为之奉献终生的事业。

五、从农民的眼睛看黄土——黄土的分带性

1955 年，刘东生等在山西离石王家沟试验点工作了一个夏天，快到秋

天时，他们又出去调查新的路线。一天，他一个人行进在山西临县境内的黄河之滨，走进一块庄稼地，此时地里已经收割完，并重新翻耕过了。他想找个人问路，远远地见一位老农站在那里。他急忙走过去和老农打招呼，握了握手。那个老农问："同志，您是干什么工作的？"刘东生答："我是来调查黄土的"。老农说："啊！ 您到这儿来调查黄土啊，真算您找对地方了！您可知道？我们这儿的黄土真是特别呀！"他说着，用右手在地里抓了一把黄土，又领着刘东生往南走了一段距离，用左手在地里抓了一把黄土，对刘东生大声说："您看！"他先伸开右手，这把从北边地里抓来的黄土是散的，不成形。他又伸开左手，这把从南边地里抓来的黄土却像窝窝头，成了形，是一个整团。刘东生好奇地问他这是什么缘故。这位老农说："北边的土比较粗，是砂黄土。这南边的土较细，是老黄土。"刘东生很感激他，记住了他所说的"砂黄土""老黄土"这两个名词，并取出随身携带的地图，把砂黄土与老黄土的大致界线标在地图上。

刘东生告别老农，采了些标本，回到宿营地。晚上他兴奋得久久睡不着。他在想，这些老农并没学过什么地质学、土壤学的系统知识，也没做过什么粒度分析等实验，但他们成年累月在地里耕作，凭借着种地的实践，根据朝朝暮暮与黄土的接触，最终就能用简单的方式说明复杂的道理，真是"实践出真知"啊！很多大科学家，辛勤工作了几十年，乃至一辈子，不就是为了用最简洁的语言、最精粹的公式，来解释复杂的现象，最终建立定律、定理吗？ 他又想，自己什么时候也能用最简单的方式说明最复杂的道理时，那也就算真正达到科学研究的目的了，正是为了这个，自己今后更要多多地向农民学习，向社会各阶层人民学习。

1955 年冬天，刘东生回到北京后，正好北京矿业学院请的一位波兰专家也对黄土感兴趣。他作了一个报告，说有一年，波兰天降黄土，树叶表面沾上了黄土，他们把树叶上的黄土做成薄片，在显微镜下观察，可以研究黄土的颗粒、大小和形状。刘东生听了这位波兰专家的报告，立刻找到他。他听说刘东生也是研究黄土的，就告诉了他一些简单的研究方法，并送给刘东生一些单行本。刘东生把这项工作交给第四纪地质研究室刚刚从长春地质学院毕业的朱海之来做。朱海之非常认真细致，在我国黄土地区，从北到南，每隔一定距离采一件标本，总共采了上百件标本，花费很长时间做成薄片，一块块进行观察统计，然后根据统计结果，按黄土颗粒的粗细，结合野外观察的记录和采回来的标本，在地图上划出三个大的分带，北边是砂黄土带，往南是黄土带，再往南，靠近西安、秦岭、华山一带，黄土更细、更黏，叫黏黄土带。几十年来很多人都做了这项工作，证明这三个分带的结论是基本正确的。他们的结论经受住了半个世纪的检验而得以成立。

中国的西北部是戈壁（岩漠、石漠），往东南是沙漠，沙漠东南边是黄土，黄土本身又分为砂黄土、黄土、黏黄土三个带，这是总的格局。准噶尔盆地本身，也是这样的格局。这也使刘东生等明白了黄土是怎么形成、是从哪来、是如何搬运、是怎么沉积下来的。很显然，风从西北往东南吹，西北边是物源区，细粒东西吹走了，剩下的是戈壁；往外（往东南方向），风力略减小时，相对较粗的（细砂—粗砂粒级的）物质沉降下来，形成沙漠；再往外（更东南边），更细的物质（粉砂粒级及更细者）沉降下来，形成黄土。而在黄土地区本身，按照相似的道理，又分成砂黄土、黄土、黏黄土这三个带。

后来，刘东生的学生丁仲礼[①]和他的科研群体，针对沙漠和黄土的关系做了很多很成功的研究工作，对解决我国沙化问题、荒漠化问题，具有实际意义。例如，在贺兰山以西有大片的沙漠，主要是巴丹吉林沙漠和腾格里沙漠，贺兰山西麓的阿拉善左旗等地就面临严重的沙化问题；而贺兰山以东有大片沙漠和黄土相互穿插，有黄土的地方，形成过古土壤，由于人类活动（过度放牧、不适当的耕作），导致古土壤被侵蚀，也就引起荒漠化，是需要认真治理的。

刘东生追本溯源，反复问自己这结论是哪来的。他脑中浮现出在山西临县黄河之滨黄土地上遇到的那位老农，每当想到这里，刘东生总感到十分欣慰，自己向有丰富实践经验的农民学习，发现了黄土的奥秘，解决了黄土中存在的问题。这项工作有很大的实际意义。已故的中国科学院院士、清华大学水利系教授钱宁是泥沙专家，他生前对黄河泥沙问题仔细研究后发现，黄河下游泥沙以粗砂为主。粗砂从何而来呢？治理黄河下游泥沙不正是应从粗砂的来源区着手吗？这正是解决黄河泥沙问题最关键的一步。曾担任过全国政协副主席、水利部部长的中国工程院院士钱正英在为钱宁的书写的序言中说："钱宁同志提出黄河泥沙中粗砂的治理，是解决黄河问题的新境界，把我们的治黄工作带入了一个新的阶段。"

钱宁院士所说的粗砂来源区，基本上也就是刘东生等所划分的砂黄土带，主要在陕北无定河流域。刘东生等从事颗粒分析后划分了黄土的三大分布带，对这一基础性的黄土物质成分的研究，原来是为水土保持，也是

① 中国科学院地质与地球物理研究所原所长，2005年当选为中国科学院院士，现任中国科学院副院长。

为探讨黄土受风力作用从西北而来所进行的，它能为水利部门治理黄河提供依据，是黄土研究工作者无限的欣慰和无上的光荣。这价值很早就体现在黄土地上的老大娘们把鸡蛋、大枣塞进他们衣袋里的时刻，最终又体现在他们的成果在国家经济建设中真正发挥巨大作用的时刻。

六、从工人的眼睛看黄土——黄土的湿陷性

在第一个五年计划期间，苏联援华的156个建设项目有很多在黄土高原南缘，如西安、洛阳等地。在一些厂房建设过程中，工人和工程技术人员发现黄土吸水后发生不均匀陷落，房屋地基的不均匀沉降导致上层结构产生剪切力，会发生变形，以致被拉垮。对于生产建设中出现的问题，国家很重视，专门成立了黄土研究组，负责人是铁道部铁道科学研究院院长茅以升[①]，还有几位专家，有建筑工程部建筑科学研究院地基基础研究室主任黄强及翟礼生，清华大学、同济大学的几位教授，中国科学院土木建筑研究所（哈尔滨）的陈宗基[②]，中国科学院地质研究所则派刘东生参加。地质部水文地质工程地质研究所张宗祐也参加了。西北勘测设计院也有不少专家参加到这项工作中。

有一次，黄土研究组开会讨论黄土的工程地质性质及对湿陷性的解决办法。国家科学技术委员会副主任武衡[③]在会上说："黄土是我国特有的地质体。要不要成立一个黄土研究所？或者成立一个专门研究黄土的什么机构？"刘东生觉得他提的这个问题很有意义、很重要，但因为当时第四纪地质研究室只有几个人，因而没有同意建立黄土研究所。

黄土研究组只是个联合攻关的组织，成员并没有天天在一起碰头。建筑科学研究院的黄强主任指导翟礼生编绘了一幅黄土湿陷性分布图，刘东生也从旁协助他，从黄土地层学的角度，在以往调查研究的基础上为编制此图提供依据。湿陷性黄土分布在阶地上，不在沟谷里，而阶地上正好居民点多，工厂也多，所以湿陷性黄土的危害也大。阶地上的黄土基本上是马兰黄土，地质年龄为10多万年。通过研究湿陷性，黄土年代学研究

① 中国人自己设计建造的第一座铁路桥梁——钱塘江大桥的总设计师。

② 印度尼西亚华侨，留学荷兰的博士，那时刚回国。

③ 中国科学院地学部学部委员（院士）。

也向前推进了一大步。为了解决湿陷性问题，需研究黄土的力学性质、物质组成、结构。铁道科学研究院的张绍镇做了黄土中黏土矿物的鉴定工作，黄土里的黏土矿物以伊利石为主，膨胀性并不高。北京农业大学的石元春在古土壤分析中用X射线分析，作了1微米以下成分的研究。后来中国科学院地质研究所顾雄飞、韩家懋也对黄土中的黏土矿物进行了系统研究。在翟礼生编制的图上，马兰黄土有湿陷性强的，也有湿陷性弱的，而马兰黄土以下的老黄土就没有湿陷性，即使有也很弱。对研究湿陷性黄土的工作，他们一开始感到很棘手，似乎无从下手，通过综合研究，发现湿陷性与黄土微结构有关，后来经各单位多方试验，发现可以用夯实的办法改变其原始的松散结构。这又是多学科、多兵种联合作战的成果。

研究黄土微结构，一开始也遇到技术上的困难。当时，中国科学院地质研究所的唐衡楚刚从法国留学回来，正在研究黏土、陶瓷等，也做差热分析、X射线分析。他设计了非常简单的研究黄土显微结构的实验装置，用两根电炉丝，放在一个载有黄土样品的玻璃蒸发皿上面，通上电加热，把有机胶质滴在玻璃皿内的黄土样品上，胶因加热融化后渗入黄土样品中，断电冷却，被胶粘牢的土样就可切成薄片，在显微镜下观察。刘东生对唐衡楚的熟练技巧很欣赏，并让朱海之去向唐衡楚好好学习。唐衡楚帮助朱海之做试验，取得黄土原样制成显微薄片的成功。关于土壤和古土壤的显微结构的研究是由奥地利人库比纳（Walter Ludwig Kubiena）创始的。当时因这项研究刚刚开始，国内没有资料可资借鉴，难以开展研究。唐衡楚的设计，开创了中国研究土壤微形态学的先河，从片子上看出了黄土的各种显微结构，还可看出古土壤层中黏土矿物在移动。他们非常兴奋，接着研究了黄土颗粒的接触关系，并发表文章，把黄土颗粒接触形态分成了三类：一是全部为颗粒与颗粒接触；二是颗粒与基质接触；三是既有颗粒与颗粒接触，也有颗粒与基质接触。过去只知道黄土是风成，是风搬运来的，但它沉积以后的情况又是怎样的，过去没有涉及，而今可以说是深入研究到黄土的成岩作用乃至后生作用了。这正是对李希霍芬等传统风成学说的新发展。唐衡楚在这项工作中贡献很大，可惜他过早病逝，他的聪明才智没能得到充分的发挥。

黄土研究组在解决湿陷性问题的过程中，进行了黄土微形态、物质成分、结构的研究。他们了解到库比纳专门研究微形态学（micromorphology），他对土壤和古土壤切片进行研究，把古土壤分成了几种类型，并对其中一些内容进行科学命名。后来朱海之、安芷生都像他那样，做了切片进行微形态研究。直到如今，黄土物质成分结构的微形态研究仍是很重要的，还有很多工作要做。它已不是宏观力学性质、物理性质的研究，已深入地球化学土壤学性质的研究，要追索黄土降落及沉积以后的变化。

黄土的湿陷性引起的工程上的问题，是个现实问题，迫使黄土研究组对黄土的工程物理性质进行研究，也促进了地质工作者对黄土的物质成分、结构、微形态的研究，使之在原有黄土风成理论研究上往前进了一步。20世纪50年代中期的水土保持工作、黄土湿陷性研究为那个时期的黄土地层划分对比、黄土制图等带来了勃勃生机，很多新东西、新成果层出不穷。从农民的眼睛看黄土，发现了黄土的分带性；从工人的眼睛看黄土，发现了黄土的湿陷性，这些都给刘东生等带来很多新的启发，从而为在1957年成立中国第四纪研究委员会打下了坚实的基础。

七、筹建地质图书馆　总理关怀暖心田

在我国地质事业的奠基时期，图书文献资料已有了很大的积累。新中国成立之初，地质部统一领导全国各个地质图书馆的工作。1955年，原经济部中央地质调查所图书馆的全部藏书、原中央研究院地质研究所等单位的部分藏书陆续运到了北京。

1955年12月中旬，周恩来总理召集以中国科学院院长郭沫若为首的一批科学家，以及以教育部部长杨秀峰为首的一些大学校长开会，研究有关科研和教育工作的问题；同时为了解决地质图书馆的问题，特指定地质部副部长许杰和该部普查委员会总工程师（技术负责）黄汲清参加会议。周总理在会议进行中走到黄汲清面前说："中国有个地质图书馆，据说是亚洲第一大的专业图书馆。黄总工程师，你看地质图书馆该怎样管理才合适？"黄汲清回答说："总理，我认为当前关键是解决两个问题：第一，要建立一个新的图书馆；第二，要任命一个好的馆长。"周总理就在会上明确指示1956年内要动工兴建地质图书馆总馆的馆舍。

1956年1月28日，国务院第二办公室主任钱俊瑞召集郭沫若、杨秀峰、许杰、黄汲清等开会，会上决定成立一个统一规划建设全国地质图书馆新馆舍的委员会，委员为李四光、钱俊瑞、陶孟和、何长工、许杰、曾昭抡、于光远、张文佑、斯行健共九人，并决定由许杰召集有关人员起草建馆方案。

2月23日，该委员会开会讨论了建馆方案的草案，又决定成立全国地质图书馆新馆舍筹备处，由王含馥、刘东生、袁复礼、乐森珜、王嘉荫、周明镇、钱声骏、高振西、顾家杰九人组成，由王含馥、刘东生任该处正、副主任。

该筹备处写成了《关于建立全国地质图书馆问题的报告》，由刘东生等人签名，于3月23日呈送到周恩来总理办公室。4月10日，周总理亲笔在该报告上批示“同意”。

后来，新馆于1956年下半年在甘家口东北侧动工，1958年11月落成，建筑面积4800平方米，同年12月20日开馆接待读者。

刘东生没有辜负总理的关怀和领导的信任，他为全国地质图书馆新馆舍的建设付出了大量心血，立下了汗马功劳。

八、完成第四纪学科建设的任务

第四纪科学本身就是一个多学科、多兵种联合作战的系统工程。1954年三门峡第四纪地质综合考察队的组建吹响了联合作战的号角。与此同时，若干有识之士认清第四纪科学这一特点，开始酝酿成立一个横向组织，来协调各友邻部队、兄弟学科在这一联合作战中的作用。这里面有一位发挥了重大作用的关键人物，就是中国科学院生物地学部的副学术秘书施雅风①。

由于各级领导的重视，以及像施雅风这样实干派人物的具体运作，中国科学院从1954年开始就多次召开座谈会，讨论成立中国第四纪科学研究的横向组织。1956年1月，中国科学院又召开了中国新构造运动座谈会。中国科学院学部委员、生物地学部副主任黄汲清作了著名的论述中国

① 施雅风，1942年毕业于浙江大学史地系，1944年毕业于该校研究院史地研究所硕士研究生班，其导师是系主任、所长、著名地质学家叶良辅。叶良辅，1916年毕业于农商部地质研究所，是中国人自己培养的第一批地质学者之一。他于1920年出版了《北京西山地质志》，该书是中国人所写的第一部最完善的区域地质调查报告。他1920～1922年留学于美国哥伦比亚大学，师从地貌学、地形学大师戴维斯（W.M.Davis）的学生——约翰逊教授，获硕士学位。回国以后，他开始地貌学、地文学的研究。施雅风师从叶良辅，也就是把戴维斯、约翰逊的传统一脉相承，在地貌学、地文学、第四纪地质学领域有颇多建树。他对于中国第四纪研究委员会的成立十分热衷，积极奔走，精心筹划。

新构造运动的主题发言。刘东生等也参加了，并发了言。来中国访问的苏联科学家也积极支持中国早日成立第四纪研究委员会。

中国第四纪研究委员会的成立，标志着一个新的独立学科——第四纪学科的完全建立。要建立一个完善的学科，必须具备几个重要条件：它必须有自己独具特色的研究内容、研究方法、研究方向、研究目的，以及实施这种研究的研究机构；有相当数量的专业研究人员；在高等院校，有相应的专业课程、系统完整的教科书，从基本概念到研究内容、方法、方向、目的都要阐述得十分清楚，而且具备相当实力的教师阵容和广大而稳定的授课对象——学生群体。

第四纪研究在中国的发展情况是：在中国高等院校的地质系（科）中，“第四纪地质学”课程的教学早已有了相当根基。20 世纪二三十年代，葛利普、孙云铸等在北京大学、清华大学等校讲授的“地史学”课程中，第四纪地史、地层等也占有相当分量；40 年代，杨钟健在西南联大、北京大学等校讲授“新生代地质学”课程，第四纪地质已是相当主要的内容了。

新中国成立初期，帕甫林诺夫在北京地质学院开设了“第四纪地质学”课程，编出了比较详细的讲义，经马万钧翻译、整理，最终成为铅印的正规教材，并出版了教科书。帕甫林诺夫回国之后，该校的教授杜恒俭、陈华慧等又一直承担起这项教学任务，使北京地质学院成为我国第四纪地质教学的中坚力量。

北京大学地质地理系的地貌专业从 20 世纪 50 年代起，就开设了“地貌学与第四纪地质学”课程。南京大学地理系也有很强的“第四纪地质学”与“地貌学”课程教学力量。

总之，中国第四纪地质学在高等院校中成为一门学科的条件已相当成熟。

中国当时的第四纪科学研究和研究机构也呈现出一派大好形势，有 1954 年的三门峡第四纪地质综合考察，1955 年开始的黄河中游水土保持综合考察，也有中国科学院土壤研究所对华北平原第四纪沉积物的研究。

施雅风具体负责中国科学院常务会议的会务工作，他邀请侯德封、刘东生出席。在常务会议上，大家对成立中国第四纪研究委员会的问题讨论得很热烈。郭沫若院长说：“很好，成立可以。但是，‘第四纪’这个名词社会上大家都知道吗？如果这个名词社会上人们并不生疏，而且很熟悉，就说明这个学科具有广泛的社会性，成立这个组织就完全够条件了。”在场的中国科学院副院长陶孟和说：“‘第四纪’这个名词我们都知道，社会上都知道，外国人也了解……”他是以一位社会科学家、社会经济学家的身份说的。郭沫若院长点头称好。1957 年 1 月 15 日，中国科学院院务委员会常务会议经过认真讨论，通过了成立中国第四纪研究委员会的方案。这一天就被定为中国第四纪研究委员会的创建日，这是中国第四纪科学发展的重要里程碑。中国科学院聘请的该委员会主任是李四光，副主任是侯德封、杨钟健，秘书长是刘东生，委员共 21 人（包括上述四人在内）。

九、出席第三届全苏第四纪科学讨论会

1957 年，刘东生（左）与裴文中出席第三届全苏第四纪科学讨论会期间在莫斯科街头合影

中国第四纪研究委员会成立以后，应苏联第四纪研究委员会主席格拉西莫夫院士的邀请，刘东生与裴文中代表中国第四纪研究委员会参加了第三届全苏第四纪科学讨论会。1957 年 5 月 13 日，二人乘飞机抵达莫斯科。对刘东生来说，这是他第一次走出国门，来到向往已久的苏联，来到古老的俄罗斯。刘东生从很小的时候起，就读过俄罗斯名作家的作品，他非常景仰高尔基、普希金、果戈理、屠格涅夫、托尔斯泰等大文豪，也很景仰与自己专业相关的大地质学家，如弗拉基米尔·阿法纳西耶维奇·奥布鲁切夫院士，等等。在莫斯科，他们住在刚刚落成不久的北京饭店，大会组委会派了一位会讲中文的翻译来陪他们。

参加这次会议除听讲了许多精彩的报告外，裴文中还在会上作了中国第四纪哺乳动物分区的报告。会后，裴文中和老朋友格罗莫夫教授作了更多的交流。格罗莫夫根据对苏联哺乳动物化石的研究，对全苏联第四纪地层作了全面划分，他是第一个提出“始更新统”（Eopleistocene）概念的学

者。他认为在苏联的第四纪地层中，传统的前第四纪地层的一部分（即上新统之上部）应归入第四纪更新统，称为始更新统。

刘东生在会上介绍了自己编制的中国第四纪沉积类型分布图（中国第四纪地质图）。他还带去了古生物学的文章，如关于泥盆纪鱼化石的文章、关于侏罗—白垩纪鱼化石的文章。会后他找到了苏联科学院院士、苏联科学院古生物研究所研究员谢尔盖·弗拉基米罗维奇·奥布鲁切夫，他是弗拉基米尔·阿法纳西耶维奇·奥布鲁切夫院士的儿子），小奥布鲁切夫院士热情地与刘东生交流，为他修改文章，并对他说："写文章要像中国的绘画，只用很简单的几笔，意义就很深远。不要像吃中国筵席，摆很多菜，很满，东西非常多。写文章应简明，别太烦琐。"刘东生听后受到很大启发。

刘东生再次与裴文中住在一起，和九年前在青海那次一样。裴文中与他畅谈一切，不但谈他现在的工作，也回忆起20年前他与翁文灏、黄汲清、李春昱、朱森、丁骕等一起来莫斯科出席第17届国际地质大会的情景。

刘东生等还参加了大会组织的地质旅行，从莫斯科到列宁格勒沿途考察了俄罗斯地台上的第四纪大陆冰盖冰川沉积物。刘东生还特别采集了一块像熨斗石形状的冰碛漂砾（10厘米×15厘米），上面有很多擦痕，十分标准（回国后，刘东生把这块标本送给了李四光，后来这值得纪念的标本被保存在地质力学研究所的李四光纪念馆中）。他们到列宁格勒参观了一天，又从列宁格勒出发再往北去，到达卡累利阿地峡，亲眼见到第四纪大陆冰盖冰川前进和后退活动的遗迹。刘东生是第一次见到大陆冰川遗迹。在最北部见到的是末次冰盖退却后大陆冰川刨蚀基底形成的冰蚀湖，一个个的小湖往往形成串珠状，然后是冰碛物及其产生的地形。以前教科书上所列的几种冰碛物类型在这里几乎都可以见到，尤为典型的冰碛地形是蛇丘。通过这次旅行，刘东生真觉得大开眼界。

出席这次会议，刘东生结识了很多新朋友，他们多半是苏联和东欧人民民主国家第四纪科学的权威学者，如波兰的狄里克、德意志民主共和国的盖勒特（Gellert）、捷克斯洛伐克的劳泽克、匈牙利的克瑞佐伊等，都是世界一流的大家。他也会见了一些老朋友，特别是帕甫林诺夫，他特请裴文中、刘东生去家中做客，还特意把他在中国三门峡、黄土高原拍摄的合影照片冲洗了一套送给刘东生。老朋友和新朋友对他们都非常热情，并与他们充分地交流，切磋学问，彼此都有很大的收获。

十、李四光的亲切教导与关怀

1958 年，苏联第四纪研究委员会主席、苏联科学院院士格拉西莫夫到中国访问。他在拜访中国第四纪研究委员会副主任侯德封时，告知第六届国际第四纪研究联合会会议将于 1961 年在波兰召开，希望中国能参加这一世界性的会议（上次举行的第三届全苏第四纪科学讨论会只有欧亚社会主义国家参加）。对此，中国第四纪研究委员会主任李四光及副主任杨钟健都非常重视。

格拉西莫夫院士当时还提了一个很好的意见，他希望从苏联经蒙古、中国，一直到印度尼西亚，做一个大剖面，看一看全球第四纪的变化。作为一个地理学家，他提出这个问题是非常有魄力和远见的。侯德封副主任也很感兴趣。虽然由于时间、条件限制，未能做到，但到了 20 世纪 90 年代，国际地圈生物圈计划（International Geosphere-Biosphere Program，IGBP）的古全球变化（PAGES）计划所做的三个大断面①就是他当年思想的发展。

我国于 1958 ～ 1959 年就开始酝酿参加此次全球性会议，因为以前没有参加过，所以首先要搜集有关资料。INQUA 于 1928 年成立，当时范围仅限于欧洲，内容比较着重于古人类学、旧石器时代考古学，主要研究人类文化与环境的关系，等等。1932 年在苏联召开第二届会议时，苏联提出成立国际性组织，得到了与会者的同意。1936 年在奥地利召开的第三届会议上，就定名为国际第四纪研究联合会了。第四届会议因第二次世界大战而停开，战后还是在欧洲连续召开了第四、第五两届会议。第六届会议决定在波兰华沙召开，反映社会主义阵营第四纪研究工作的进展。在波兰召开的这届会议筹备会的秘书长加隆（Galon）是一位冰川学家。

刘东生等于 1957 年在苏联认识的狄里克教授也是第六届 INQUA 会议的主持人之一。他也希望中国科学家能去参加，还特别向中国科学家保证，虽然中国当时在联合国的合法席位尚未恢复，但会议在波兰举行，与会者多为社会主义阵营中的人民民主国家和友好国家，所以中国参加这次大会不会遇到什么外交上的麻烦。

对我国来说，这不仅是中国第四纪研究委员会成立后第一次参加全球性国际活动，而且也是中国整个地学界从 1949 年新中国成立以来第一次参加全球性国际活动。中国第四纪研究委员会主任李四光，副主任杨钟

① PEP Ⅰ——北美—南美断面。PEP Ⅱ——亚洲—澳大利亚断面。PEP Ⅲ——欧洲—非洲断面。

健、侯德封及中国科学院地学部主任尹赞勋都积极支持这件事，一致认为这是一次很重要的活动。中国科学家参加这次会议有三个任务：①要有中国的特色，有我国第四纪地质的区域特点；②要体现中国科学家的特长、强项，有显著的成绩，能够拿到国际上去；③要展示中国科学家研究的实力还在不断发展之中。

关于选什么题目，考虑到中国最有特色、最有成绩的研究内容有三个方面。第一是中国的古人类学。在周口店发现的“北京人”化石在古人类学上的地位很高。虽然东非（肯尼亚等）发现了一些古人类遗迹，但“北京人”“爪哇人”等在古人类学上的地位仍十分重要。不幸的是，“北京人”化石材料于第二次世界大战期间在美国人手中弄丢了，然而我国科学家又找到了新材料，又有了新的研究成果。第二是中国的第四纪冰川。除中国西部现代冰川外，李四光早年研究的中国东部大同、庐山、黄山等地的古代冰川也很有特点，在李四光领导下，北京的地质部地质力学研究所及西北、西南等地有关单位都建立了冰川研究组，在野外调查中取得了一些新材料。第三是中国的黄土。中国第四纪海相地层是贫乏的，陆相地层却很发育，特别是黄土高原，有地区特色。我国科学家研究的观点是风成为主的学说，其他成因学说也尽可能考虑。中国地方很大，除了很多地方是风成而外，有的地方还是可能有其他成因的黄土状堆积。另外，我国有比较好的研究基础。新中国成立前有安特生、叶良辅、德日进、李四光、杨钟健等人的研究；新中国成立后有刘东生等于 1954 年在三门峡的研究、1955 ～ 1957 年先后在山西、陕北、甘肃等地的研究和 1958 年在黄土高原的全面调查。

经过几次会议研究，委员会最后定下了以上三方面的题目。古人类化石方面由吴汝康负责，中国科学院古脊椎动物研究所有关同志参加；冰川方面由孙殿卿负责，地质部地质力学研究所有关同志参加；黄土方面由刘东生负责，中国科学院地质研究所第四纪地质研究室有关同志参加。

刘东生开始考虑黄土的题目该如何定，一开始想做中国黄土分布图，把戈壁、沙漠、黄土的分布制图说明风成说，后来觉得这个工作在国际上不是很重要，因而否定了。其次又想搞古气候。黄土与中国的冰期 - 间冰期是否有联系，以及如何联系，这些问题是回避不了的。黄土中有很多层古土壤，二者肯定代表不同的气候。一般来说，黄土是风成的，代表一个寒冷干燥的气候，但干燥也得有一定限度，还得有一点植被，可把黄土拦住。古土壤与棕壤理解起来应差不多，至少是类似秦岭以南的土壤类型，显然气候较湿润，温度也比现在要高，也就是代表一种温暖潮湿的气候条件。当时受到四次冰期 - 间冰期影响（也就是大陆冰川四次进退的影响）较深。但是，中国大陆如何利用四次冰期 - 间冰期呢？特别在黄土高原，使用较困难。

在这个问题上，刘东生听说在北非及其他地方曾提出“雨期”（pluvial age）与“间雨期”（interpluvial age）的一套概念系统，这引起他极大的兴趣。古土壤形成需要好的植被和比较温暖潮湿的气候条件，那么与中国东部季风是否有一定关系？中国春夏季有东南季风，南方有梅雨季节。秋冬季没有东南季风，却有西伯利亚寒潮、从西北方过来的高气压，吹西北风，成为寒冷干燥的气候，是黄土堆积旺盛时期。东南季风实际上是与降水多、温暖潮湿联系在一起的，与土壤的形成有关。因此，不难得出结论：雨期对应着间冰期，也就是温暖潮湿期；间雨期对应着冰期，也就是寒冷干燥期。后来刘东生在写关于黄河中游黄土的文章中附带也提到了这一点，但没有更深入讨论。

美国地质学家埃米利亚尼（Emiliani）在加勒比海的深海钻孔岩芯里用有孔虫的氧同位素比值（$^{18}O/^{16}O$）测海水古温度。这个方法取得很大的成功。刘东生读到他发表的一篇文章，觉得与自己原来的思考很符合。因此，他们仿效埃米利亚尼的做法，把气候变化做成曲线的方式，也把中国黄土和古土壤做一条曲线。曲线主要是根据洛川黄土剖面做出来的，若黄土越厚，就表示寒冷干燥持续时间较长，就往寒冷干燥那边多画一些；若古土壤越厚，就表示温暖潮湿持续时间较长，就往温暖潮湿那边多画一些。埃米利亚尼的曲线有 6 ～ 8 个旋回，已打破了四次冰期 - 间冰期的格局。黄土与古土壤也是多旋回，而且旋回次数比埃米利亚尼还多。看来，传统的四次冰期 - 间冰期的老框架是非打破不可的了。后来考虑工作做得不够多，因而刘东生没把主要力量放在这上面，参加会议的论文中只做了对中国黄土比较全面的、新的研究成果之介绍，包括物质成分、颗粒粗细、地理分布（戈壁与黄土的关系）、地貌、地层及接触关系、黄土反映的气候变化等，最后又做了黄土的综合叙述。这就是参会论文《中国黄土》的主要内容。李四光主任对新中国的第四纪研究十分重视，他以极大的热情关注着这次第四纪国际会议。他对参加会议的三篇论文一篇一篇地亲自审定，工作精神是注意大的原则，并且贯彻到极为细致的具体内容。

刘东生拿着《中国黄土》一文的初稿，向李四光汇报了黄土的物质成分、分布特点、区域变化、地层关系、与气候变化的关系等。当时尚未明确提出季风，但为了表示黄土与气候的关系，以及与梅雨、雨量加多的关系，为了解释古土壤与黄土的关系，他做了一条曲线。李四光听得很仔细，问道："你认为的马兰黄土大家看法是共同的，但马兰黄土下面是什么黄土呢？"刘东生回想起1954年，在三门峡看到的马兰黄土下面有一套黄土与古土壤；1955年到了山西西部，在离石做剖面，那一层黄土也出露得很好；1956年到陕西，在洛川、延安、榆林等地调查，情况也差不多；后来又去甘肃调查，情况也近似，只是分布上有差别。看起来整个黄土高原各地方黄土在层序上总是差不多的。刘东生把自己这些年所看到的马兰黄土以下的黄土地层的情况做了详细汇报。

李四光在刘东生汇报的时候提了很多问题，诸如，第一层有多厚？什么颜色？粗细怎样？结构怎样？与上面下面比较有些什么变化？这里面有什么化石？它与上边的接触关系如何？与下边的接触关系又如何？厚度是怎么变化的？各处是否一样？……总之，李四光问得非常全面、周到而仔细。刘东生成年累月地在黄土地区跑，情况都了解得很清楚，一切对答如流，李四光也很满意。当他谈到黄土的古土壤层中钙质淋溶下去形成的钙质结核时，李四光说当地人称为"结石"，有的形似小人，叫"结人"，也就是德国人叫的"黄土小人"（loess-kinder）。紧接着他又问：第二层黄土是什么样子？有多厚？什么颜色？颗粒粗细如何？矿物成分如何？结构怎样？含有什么特殊化石？与上下是什么接触关系？再下面古土壤又怎么样？……可以很明显地看出，第二层黄土与第一层不一样，第二层古土壤也与第一层不一样。离石王家沟剖面做得最好、最详细，出露也最清楚。李四光从马兰黄土下面第一层黄土与古土壤一直问到第八层。他还仔细地问刘东生，一共跑过多少地方？哪里剖面最好？刘东生回答，在所走过的地方中以山西太行山以西的离石王家沟的剖面最好，出露好，有代表性。李四光认真地以商量的口气说："是否可以起个名字，就叫'离石黄土'？"刘东生答："以前只叫新黄土、老黄土。现在把马兰黄土下面这套老黄土命名为'离石黄土'，确实很好。离石是一个县名，大家都熟悉，这套黄土在离石广大地域都存在，用'离石'命名最恰当不过了！"

2000年9月，刘东生再次考察山西离石王家沟黄土剖面

李四光又问：离石黄土之下还有没有更老的黄土？刘东生又介绍了南边吕梁山西麓、山西大宁午城镇柳树沟剖面。以前德日进、杨钟健在那里做过调查，在黄河中游水土保持综合考察工作中，刘东生和年轻同志们一起，又做了更详细的剖面。这个剖面出露很全，上面是相当于离石王家沟剖面的典型老黄土，下面还有一层黄土，含很多钙质结核，结核里还有鼢鼠的头骨化石，以及其他化石，再下面就是紫红色含三趾马化石的黏土，即所谓"三趾马红土"（保德组），其间有个不连续沉积的间断面。刘东生还谈到这套黄土中的古土壤层，下面结核多，形成了结核层。他回忆与格拉西莫夫、柯夫达去甘肃庆阳西峰镇（今西峰市）也见过这套黄土，他们见成岩作用已较深，将其称为"石质黄土"。刘东生还提到在陕西洛川也有与这套黄土相应的黄土，也有较厚的钙质层。

于是，李四光又抓住午城镇柳树沟剖面仔细提出问题，诸如，这层黄土分布怎样？上下接触关系怎样？各地厚度有没有变化？有没有什么断层、构造变动？他又从上面的马兰黄土、离石黄土直到下面这套黄土一层一层地梳理。刘东生一一作答后，他提出一个地层划分的初步方案；上面的新黄土（马兰黄土）代表上更新统（Q_3），它下面的老黄土分为两部分，上面的叫"离石黄土"，代表中更新统（Q_2），下面的叫"午城黄土"，代表下更新统（Q_1），再下面就是与上第三系（现称"新近系"）上新统的保德组三趾马红土呈假整合接触。刘东生觉得李四光真是有大科学家风度，有气魄，有胆略，能发现问题、提出问题，考虑得很周到。在认为条件成熟的情况下就大胆提出命名方案，当然这名字也不是随便定的，也经过了多次讨论。虽然因为他那时年事已高，已很少去野外工作了，但使刘东生认识到这几次的讨论，就等于是他自己在问自己一样，他自己在野外观察地质时的那种穷追不舍、务求详尽的精神盎然显现于他那不知疲倦的神情之中。李四光当时的习惯是上午做自己的科研，中午休息，下午出去散步，散步时，年轻的警卫员带上小板凳，跟着他，他走累了就在山下、树林里坐在小板凳上休息。他一边散步一边考虑问题。他和别人真是不一样，他不仅认真地对中国第一次参加国际第四纪大会的文章加以审查，而且全神贯注，一下子就能进入文章之中。他能够发现作者还未领悟到的文章中之宝贵科学价值，并把它送还给全然没有意识到其重要科学意义的作者。他像对待自己的科学工作一样对待一个年轻人，这是一颗像黄金一样的心啊！他有时在自己的办公室修改孙殿卿和刘东生的文稿，有时下午出去散步，让刘东生陪着他，向他汇报，也和他一起讨论。刘东生和李四光总共讨论了四五次才把基本轮廓定下来，从上到下的基本层序是：马兰黄土—离石黄土—午城黄土—保德组三趾马红土，反映了黄土整个发育的过程。这就是闻名世界（在国际地层表中已被采用）的中国黄土标准剖面命名的来历。

1959 年，第一届全国地层会议期间，李四光（前排右三）与苏联地层委员会主席纳里夫金（前排右五）在北京西山考察时合影，参加者有刘东生（中排右二）、孙殿卿（中排右五）、马胜云（中排右六）、蔡文彦（中排右七）、马宗晋（后排左一）等

刘东生向李四光汇报后，重新修改会议论文。王克鲁又进行了黄土矿物学研究，主要是查明矿物的种类、组成、分布、矿物量随与物源区距离而呈现的变化，还特别研究了以往很少人研究过的黄土中的重矿物。朱海之将古土壤切片进行了“光性方位黏土”之研究，判明黏土的移动、结构，弄清土壤是南方型的。朱海之在显微镜下数黄土颗粒的多少，观察其大小、形状，进行统计，画出了物质积累曲线，表明颗粒的组成。王挺梅、苏联义进行了离石剖面的颗粒分析。苏联义采用了移液管法，以比重计进行颗粒分析，也画出了从西北到东南的颗粒分布、粗细变化曲线。他们独出心裁，把剖面上每一层的黄土标本用胶粘成小条，拼贴成连续的剖面，比例尺大概是五百分之一。这种“实物剖面”后来在国际会议上很受欢迎。他们与北京大学、北京地质学院的青年教师及同学们合作，在黄土高原上从南到北、从东到西一共步行实测了 10 条长度近千里的大剖面。

刘东生在这 10 条大剖面的基础上做了黄土高原的三维断块图，效果很好。侯德封所长是很擅长做断块图的，他对刘东生做的断块图也很满意。后来，他们请中国科学院地理研究所研究员、国内绘制地图的高手陈述彭审阅，他把原图从透视的角度又做了处理、修改，出版成书时效果更好。

沉积物中保存的植物孢子和花粉是恢复古气候的重要指标。但这一研究在国内仍是一片空白。徐仁于1950年放弃在印度任沙尼古植物研究所所长职务的机会，回国后大力推广在第二次世界大战后蓬勃发展的孢子花粉学的古气候研究。1954年，徐仁和宋之琛在三门峡第四纪地质综合考察队采黄土样去分析孢子花粉时，因标本体积太小，效果不理想。刘东生想利用这一新的生物气候地层学方法研究中国的黄土，专门让中国科学院地质研究所第四纪地质研究室的周昆叔和陈硕民在植物研究所王伏雄指导下学习做孢粉分析。陈硕民鉴于黄土中孢粉少，便把每个样品加大到大约30厘米 ×30厘米 ×30厘米的立方体黄土，多次分离和集中分析出的孢粉数量就多了，然后做了统计、制图，还拍了照。黄土中的孢粉以篙属和藜科植物为主，表明当时环境较干旱。这是黄土高原第一个孢粉报告。它不仅说明黄土高原是一个草原，不是森林环境，而且说明黄土风成的沉积环境情况。这些成果对撰写论文也起了很大作用。

文章定稿后，由刘东生、张宗祜共同署名，交给李四光审阅，李四光将标题 *Loess of China* 改为 *Huangtu of China*，也就是“黄土”这个术语不用英文的“Loess”，而用汉语拼音 Huangtu，赋予了中国第四纪地质学家、黄土科学家的独立精神。后来，刘东生回想李四光审阅会议论文前前后后这种治学严谨、细致认真、反复推敲的高度负责态度，自己受到深刻的教育。因此，他一直把自己认作是李四光的学生，永远怀念他的教诲。他也深刻体会到，他们为 INQUA 会议论文报告所做的准备工作，可以说是千载难逢的。以前别的会议论文报告没有像这次参加国际会议这样花大力气，没有像这样上层、中层、下层及老年、中年、青年总动员，也没有像这样反复地修改、提炼。在这当中，刘东生和他的研究群体都得到了很大的锻炼和提高。

十一、出席第六届 INQUA 会议

1961年8月下旬，中国第四纪地质学代表团一行两人（刘东生与孙殿卿，吴汝康因故未能参加此会）从北京出发，月底到达波兰首都华沙，住在我国驻波兰大使馆，受到王炳南大使亲切接见。王大使指定商务参赞

处的莫参赞和波兰语译员小张来专门陪他们。有一位在波兰学习地球化学的留学生孙昌德也和他们联系上了，后来在地质旅行时给他们充当了很好的向导。

刘东生等人首先参加了会前地质旅行，主要到波兰东部靠近苏联乌克兰的卢布林，那里有很多冰缘现象，也是波兰黄土最发育的地区。主持现场讨论的是研究冰缘现象的专家狄里克教授，他与刘东生是1957年在莫斯科相识的老朋友了，彼此很友好。参加地质旅行的有来自各国的研究第四纪冻土、冰缘现象的专家，特别是来自北美的一些专家，一共有40多人。大家看了很多欧洲大陆冰川、冰缘、冻土等现象。有的冰缘沉积物露头上有小砾石，有扭动的褶皱。有一个剖面高一米多，宽五米多，他们把剖面修刮得很平整，用透明纸蒙上去，把里面的纹层、小砾石等透画下来，就成了1：1的天然剖面图，非常有新意。欧洲人开展科学工作的认真态度，深受与会者钦佩。那里是末次冰期冰退后的冰缘活动区，给人们留下了很深的印象。卢布林的黄土分布虽广，但厚度不大，他们也认为是冰缘沉积成因的。

INQUA现场讨论会在卢布林举行，刘东生报告了他与张宗祜联名的文章《中国的黄土》（*Huangtu of China*），该文主要论述了黄土的成因和地层问题，提出中国黄土的地层层序，自老到新为午城黄土、离石黄土、马兰黄土。与会代表对该文很感兴趣。这是在李希霍芬之后第一次由中国人自己在国际会议上介绍中国的黄土。狄里克在会上一直对此报告十分关注，并积极邀请刘东生等再参加会后的地质旅行。德意志联邦共和国波恩大学教授、著名地理学家特罗尔（Carle Troell）对中国黄土很感兴趣，也不用介绍，见了刘东生就半开玩笑地嚷道："Loess of Shanxi and Shaanxi（山西和陕西的黄土）。"原来，刘东生曾发表过一篇论述山西、陕西两省黄土高原上黄土的文章，地质学家席勒教授将它译成德文，发表在德文《地质学》（*Geologie*）杂志上，特罗尔读了那篇文章后对中国的黄土兴趣很大，这次会上见到刘东生等带去的用标本条拼贴出的剖面图就更被吸引住了。但使刘东生吃惊的是这位自然地理、第四纪研究大师本人并不研究黄土，他是从植物地理和气候学方面提出亚洲旱极（包括我国西部）的权威，竟然对一篇中国的黄土文章如此关注。欧洲学者博学和务求完备的科学精神不由得令人肃然起敬。当刘东生和在这次会上结识的日本第四纪研究的名家小林国夫教授谈起这方面的印象时，他也有同感。第六届INQUA会议组织的黄土专题讨论会及专门的野外地质旅行，在INQUA的历史上还是第一次。

刘东生在会前旅行中还结识了许多国家的第四纪地质学者，如波兰年轻的女地质学家葛利普，她自己开着汽车来参加地质旅行。她对人很热情友好。有一次，刘东生照相机里的胶卷用完了，她走过来主动借给刘东生一卷，可惜以后见面次数少，没机会还她，她也未再提及此事。他们还结识了捷克斯洛伐克的青年地质学家库克拉等。后来库克拉加入了美国籍，15 年后刘东生到美国著名的拉蒙特地质观测所（Lamont Geological Observatory）访问时，二人又重新相见，那时库克拉已成为著名的黄土专家了。

刘东生等回到华沙以后，9 月 2 日在庄严宏伟的工人文化宫举行了第六届 INQUA 大会，出席开幕式的有波兰最高领导人和著名科学家，十分隆重，有大会报告，也有分会场报告。孙殿卿讲第四纪冰川，引起很多代表的兴趣。苏联冰川学家莫斯凯维奇提了不少问题，孙殿卿一一作答。会后，莫斯凯维奇特别对孙殿卿说："我提问题主要是表示我对你们的工作很感兴趣，而且是为了支持你们……"

刘东生等因为会议东道主狄里克一再盛情邀请，更由于新结识的奥地利黄土研究的权威芬克（Fink）教授之详细介绍，还是决定参加会后地质旅行。他们根据芬克的推荐，选取了其中一条路线。留学生孙昌德特意来为他们当向导。他会波兰语、俄语，也懂一点欧洲其他国家的语言。他们从波兰出发到北部波罗的海之滨的格但斯克，在那里看了波罗的海沿岸的第四纪海相堆积和海岸变迁的遗迹，然后折而南行，看了末次冰期沉积，如大的漂砾、冰碛垄、蛇丘，等等。再往南，穿过波兰中部平原，看到间冰期的黄土沉积。波兰科学家准备得很好，每到一处打前站的人已把大型宣传板等布置在那里，等候各国科学家来参观。

最后他们到了波兰和捷克斯洛伐克交界的喀尔巴阡山。这次旅行实际上从波兰最北边到最南边，穿行了一条大剖面，主要观察到了后两次冰期、间冰期的大陆冰川沉积。他们认识了很多知名的大科学家，以往在文献上看到的，这时都有缘见面交流了，如苏联研究新构造运动的权威尼古拉耶夫、日本的小林国夫。这次小林国夫讲日本第四纪地层，有一项地层划分标准就是以古地磁倒转来划分对比第四纪地层。小林国夫应用古地磁倒转划分第四纪下限比国际上后来采用古地磁以松山负极性世到高斯正极性世这一倒转事件作为第四纪的下限早了 20 年（可能在国际上也是最早的一人）。刘东生对古地磁的应用有了深刻印象，后来积极支持李华梅、安芷生等把古地磁学方法应用于黄土与第四纪的研究。最没有想到的是 20 年后，1981 年刘东生自己竟从黄土的古地磁、磁化率的研究中和瑞士的黑勒（Friedrick Heller）教授一同发现了它们在古气候变化上的应用意义，导致了黄土研究的一场革命。刘东生在会上还结识了美国的《冰川地质学与第四纪地质学》一书的作者弗林特（R.F.Flint）、美国在阿拉斯加等地研究冰缘和永久冻土的史密斯（Smith）等。

刘东生在会议期间也在思考一些问题。他在卢布林会上讲中国的黄土时提出了黄土与古土壤的多旋回，虽然为很多代表所关注，并引起很大兴趣，但这正如常人说的一样，科学上有许多"认识"，是在"发现"之后。中国黄土与古土壤的多次重叠出现，是在20世纪50年代就发现了的，但是直到"文化大革命"以后才正式认识它，才证明这一现象代表全球第四纪气候的多旋回变化，而不是如德国的彭克（A.Penck）和布吕克纳（Brückner）所说的四次旋回变化。这说明一个新生事物要想站住脚必须经历曲折的过程。刘东生见欧洲大力推广第四纪地质制图，波兰那种1∶1的露头剖面透明纸图很生动真实，他们决定也要搞黄土第四纪地质制图来对研究成果进行高度概括。在大会上听了小林国夫、埃米利亚尼等的报告，又参观了波兰若干大学的实验室，认识到实验室工作的重要。后来，刘东生在中国科学院地质研究所和贵阳地球化学研究所都大力推动实验室的建设。侯德封也在地质研究所提出由地质人员建立实验室（如钾氩法测年），其后又大力推动地质理论与观察实验相结合的研究，这一活动影响到整个中国的地质科学事业。

刘东生在这届会议上还感受到另一个重大启示，就是要多多培养年轻一代。这次大会秘书长加隆就充分调动了波兰很多年轻人，包括不少年轻的姑娘，他们中不少是大学本科生、研究生，都会几种外语，以青年志愿者身份为大会服务、充当旅游向导等。在来参加大会的匈牙利、罗马尼亚等代表团里，也有不少年轻人，如捷克斯洛伐克的库克拉、匈牙利的罗瑙伊（Ronai）等，当时的青年中，后来不少人成为第四纪的权威学者。当年已44岁的刘东生，看到这些情况，决心今后要更大胆放手地培养二三十岁的年轻人，让他们更快地脱颖而出，独当一面。

刘东生在出席会议之前与中国第四纪研究委员会的李四光、侯德封、杨钟健几位主任、副主任研究了一个重大问题。虽然中国当时还没有恢复在联合国中的合法席位，而且也不是INQUA的成员国，但中国是一个大国，科研成果极为丰硕，为世人所瞩目，将来各国学者提出要我们参加INQUA，并且在中国召开INQUA会议怎么办呢？这个问题，以前李四光、侯德封、杨钟健等也早就十分关注了。在这次大会上，英国第四纪专家、《第四纪地质学》（*Quaternary Geology*）一书的作者佐伊纳（F.Zeuner）

在一次讨论会上对我国代表团的同志说，希望中国能参加INQUA，作为一个成员国。还有人问孙殿卿，中国何时能主持召开INQUA会议。从科学上来说，国际上的学术交流本是很正常的事，但当时却受到一定限制（主要是我国在联合国中的合法席位还未恢复）。因此，他们只能小心谨慎地回答说：“这些事情，我们感谢你们的好意，但要回去向中国第四纪研究委员会主任李四光报告后由他们决定。”当时怎么也没有想到30年以后的1991年，在北京胜利地召开了第13届INQUA会议。可惜在欢庆中国召开地学界第一次全球范围的第四纪会议之时，中国的第一代地质学家们，像李四光、侯德封、杨钟健等许多位老领导人都已先后作古了。中国的第四纪研究委员会，从它的成立，经过参加INQUA的学术活动，于1979年加入INQUA，为其成员，一直到1991年胜利主持召开INQUA会议，这30多年的历程，也是中国第四纪科学发展、成长这一历程的一个侧面。我们可以告慰曾经辛勤耕耘、努力工作、渴望中国的科学能跻身于世界强国之林的先行者们，我国作为东道主国家向全世界展示我们炎黄子孙的科学研究成果和能力的时代已经来临了。

十二、中国黄土研究的五本书

1954～1964年是中国第四纪和黄土研究最关键的10年，也是刘东生本人科学生涯最关键的10年。在这10年的工作中，他带领广大年轻同志做了很多工作，出了很多成果，最集中地体现在以下五本书里。

第一本是《黄河中游第四纪地质调查报告》，该书汇集了1955～1957年在刘东生亲自参与和指导的黄河中游水土保持综合考察及与苏联专家合作考察的成果，在野外测剖面、制图基础上完成了37.6万字的报告，还有很多附图，此书于1962年出版。此书的序言中写道：“本报告的编写

有关黄土研究的三本经典著作

是为了给编撰各地区的地质总报告提供第四纪地质图件和文字说明。”

第二本是《黄河中游黄土》，是 1958 ～ 1959 年工作的成果，1964 年出版，27.9 万字，书中配有多幅插图。该书的序言中写道：“这是发挥集体力量而取得的成果。”大家都做了各式各样的工作，贡献很大，尤其是王克鲁在最后完成本书编撰过程中帮刘东生数易其稿，各次的稿纸加起来足有二尺厚。

第三本是《中国的黄土堆积》，此书自 1959 年起与北京大学合作编撰而成，1965 年出版，31.5 万字。书中最后一句话这样写道：“黄土是第四纪地质历史时期广大干旱区内特殊风化、经风力搬运而堆积的产物，是我国黄土堆积的主体。”

第四本是《黄土的物质成分和结构》，是 1955 ～ 1962 年的工作成果，1966 年出版，19.6 万字，是认识黄土形成条件的根据。

第五本是《第四纪地质问题》，主要是中国第四纪研究的总结，特别是关于中国第四纪地层的总结性讨论，对中国第四纪古气候的讨论也从此开始。此书于 1964 年出版。

多年以后回忆这五本书时，刘东生深情地说：

科学是创造新的结果，值得永远怀念的是那些参与了此项工作的人们，这五本书是我们共同工作的结果。

这五本书的出版，改变了黄土在地质学中的地位，集中反映了这一重要时期黄土研究的历史。作为学术带头人和组织者，刘东生感到欣慰的是，没有浪费大家的时间，大家辛勤劳动的成果都在这五部科学著作里如实记载。各地图书馆采购、编录了这五本书，一切教学、科研、生产部门的相关人员都可以引用这些成果。在 1961 年波兰华沙的第六届 INQUA 会议上“中国黄土”已弘扬出去，得到国际上的承认。他们关于黄土颗粒粗细分布的研究成果，为钱宁对治理黄河下游泥沙问题之研究提供了科学依据；关于马兰黄土之湿陷性和离石黄土、午城黄土之非湿陷性的研究成果，也为工程部门建厂选址提供了科学依据；在黄河中游水土保持工作中经过多学科、多部门的努力，共同在实践中总结出治理水土流失的一套综合的、关于区域地形和生态的概念，这些概念及小流域治理的重要措施与后来朱显谟提出的治理黄土高原的 28 字方略，都有了集中的表达和提高。由此可以看出黄土研究本身的重大理论意义和实际效益，以及科学作为一个群体行动时的价值。

在地质学中，地层学是关于地球发展历史的记录，需要全球对比，需要各国科学家共同努力建立一个全球公认的、大家共同遵循的标准，所以在地质学中有“标准剖面”“标准化石”“标准地层”等称谓。国际上地层划分对比的标准界线地点，若取得举世之公认，就打下一个“金钉子”。刘东生等人的工作，可以说是向黄土地层划分对比标准界线地点打下“金钉子”迈出了艰难的一步，为以后20世纪80年代总结黄土的工作、与国际对比并写出《黄土与环境》一书打下了坚实的基础。由于他们的工作，黄土不仅作为玉米、高粱、小麦的沃壤而哺育了华夏民族，产生了辉煌的东方文化，也不仅是黄河泥沙来源、北京风沙来源而带来的一些负面效应，它也许像地层学上的“金钉子”一样，启发了人们对地球发展历史和地球环境的注意。他们的工作成果最令人向往之处就像大地构造学不断有新学说出现一样，也像古生物学不断有新属种发现、新演化理论提出一样。黄土不仅是一个沉积物、一个岩石、一个地层、一个地质体，它已是一个庞大的系统，它成了260万年地球历史、人类历史演化的证据，是一个丰富多彩的数据库、信息库。它与南极、北极的冰芯及深海钻探的岩芯一起构成第四纪地球历史研究的三大支柱。刘东生等人的这五部经典巨著，再加上其他学者取得的重要成果，使黄土在地质学中的地位大大提高，而今黄土研究更成为21世纪科学殿堂中一个重要的系统工程。

刘东生深情地回忆了这五本书产生的时代背景，从20世纪50年代初期至60年代初期，开始了第一、第二个五年计划建设，社会稳定，经济发展，科学技术突飞猛进，为那些勤奋努力的人们提供了充分的工作机会。广大爱国进步知识分子无比兴奋，誓为党和人民多做贡献。那是一个创造力非常旺盛的时代，新东西不断涌现，也是一个学术上百花齐放、百家争鸣的时代，不同观点的学派互相宽容、共同进步。刘东生等人是付出了艰苦的劳动而完成这几本书的。他们一开始并没有刻意去追求理论上的突破，并没有意识到它对世界科学事业有深刻的意义，也没有急功近利地去争取高额的应用效益。他们只是觉得，这是他们作为科学工作者应尽的义务，他们仅仅是做了自己必须做而且能够做好的工作。

作为第四纪地质研究室的室主任，刘东生意识到，在这个重要的历史时期，他和年轻同志一起从事科学研究，需要的就是实事求是。他们要对科学负责，也就是对自己负责，尽到自己应尽的义务，完成自己应当完成的任务。事实证明，他们踏着自己铺设的台阶，走出了一条中国第四纪和黄土研究的道路。但是对黄土的研究还远远没有做完。从以前的乃至现在的黄土研究中都可以看出来，黄土本身既是科研的全部，它自成一个庞大的系统，而同时又是科研的一个方面，在整个科学事业的大系统里，它不过是一个子系统，就像绝对真理中的许多个相对真理一样。

刘东生还记得新中国成立初期，我国掀起向苏联先进经验学习的热潮。当时在地质学界所掀起的首先是学俄语的热潮，除了正规学校开设俄语学习班外，各种突击培训、进修班如雨后春笋般涌现。老一辈科学家，如孙云铸、谢家荣、侯德封、杨遵仪等都像小学生一样，孜孜不倦地从字母开始学习俄语。刘东生也狠下工夫，一段时间后，阅读俄文文献对他来说也就不是太难的事了。新中国成立后上过大学的专业人员，第一外语都是俄语，自然不在话下了。另外，组织上也派了不少人去苏联留学。20世纪50年代初期至中期，中国科学院地质研究所前前后后派了二三十人去留苏，占了当时年轻地质工作者的一半以上。当时留苏回来的都成了科研业务骨干，在20世纪后半期都发挥了很大的作用。

刘东生也多次得到苏联专家的帮助。中国科学院院长顾问柯夫达曾在偶然的一次野外工作中，对刘东生认识土壤剖面做过具体的指导。中国科学院地质研究所的所长顾问西尼村对地质学等很多领域都较精通，他主动地帮助刘东生联系苏联研究中国黄土的权威奥布鲁切夫院士，后来奥布鲁切夫去世，刘东生没有机会再进行交流了，西尼村不止一次地表示过遗憾。刘东生更时刻忆起1952年全国地质工作会议期间在整理文件资料时，从苏联专家的很多报告里学习到关于地质普查勘探工作的要求规范、储量计算，乃至矿床学理论、大地构造理论等方面的很多知识。

刘东生清楚地记得新中国成立初期地质矿产勘探那种欣欣向荣、朝气蓬勃的景象。那时，人们认为最光荣的事情是被派到某个矿山去找矿，人们对地质事业的热情就像钢水出炉一样，迸发出耀眼的火花。新成立的地质队抢着要任务，争着上马。地质队队长领受了任务回到地质部招待所后，和队上领导班子夜以继日地制订计划。招待所里人来人往，有的人急着赶来要任务，有的人匆匆地回去布置新工作。有时算盘的响声日夜不断，有时屋里灯光通宵达旦，人们在订计划、算成本、要经费。这种新中国成立初期百废待兴、干劲十足的情景，是许多老地质勘探队员难以忘怀的。在教育方面也有许多新气象。1952年高等学校院系调整，北京大学、清华大学、天津大学、唐山铁道学院等校的地质系合并成立了北京地质学院。东北区是新中国成立初期经济建设的重点，由李四光亲自抓，在长春建立东北地质学校，后升级为东北地质学院，以后又改为长春地质学院，并派他在原中央研究院地质研究所最得力的助手喻德渊、俞建章去担任正、副院长，原在该所的张寿常、业治铮、郭鸿俊等都去当教授。刘东生还记得调去东北地质学院的颜惠敏，曾在重庆北碚和南京原中央地质调查所与他共过事。颜惠敏是测绘专家，在配合地质人员做路线地质调查时，能很快测完路线地形图，为一同工作的地质人员做路线地质图做好准备。他测图时，测量平板仪上的图、铅笔、削笔刀、橡皮等都放在固定的位置，一伸手准能拿到。他这些严谨细致的作风很令刘东生等同事们钦佩。颜惠敏得知调他去东北地质学院时，不顾年迈体弱，毫不讲价钱就全家由南京迁往长春。足见当时人们思想都很单纯，胸中燃烧着为祖国多做贡献的激情。

在那个时代，很多大地质学家都积极地参加各种地质学术活动，学术气氛十分活跃，各种学说、理论都不断涌现，有学习外国的，也有自己创新的，学术思想的活跃正是社会安定、繁荣、快速进步的一个最显著的特征。李四光亲自到新成立不久的北京地质学院去讲课、作报告，讲得特别生动有趣。他让长期跟随他研究地质力学的孙殿卿去地质部地质力学研究所担任领导。张文佑最初也研究地质力学，他俄语学得好，苏联地质文献读得很多，创立了断块构造学说。张伯声留学美国斯坦福大学（是美国大地构造学的大本营），回国后任西北大学教授、副校长，创立了波浪镶嵌大地构造学说。陈国达原在中山大学任教，后来在中南矿冶学院（后为中南工业大学，现为中南大学）任教授，提出了地洼学说，称为“地壳动定转化递进说”。领导中国第四纪、黄土研究的刘东生，也正是在这种形势下，取得了丰硕的研究成果。

在这五本书完成的过程中，有两位非常重要的人物起到了关键作用。一位是第四纪地质研究室的党支部书记于仙春，另一位是中国科学院地质研究所的党委委员兼科技处处长彭会。

于仙春是山东人，从小参加革命，经历了抗日战争、解放战争的锻炼与考验，新中国成立后进工农速成中学，并被保送到东北地质学院水文地质工程地质系学习。1956 年毕业后被分配到中国科学院地质研究所，任第四纪地质研究室党支部书记。刘东生认为她是一位公而忘私的共产党员，随时给大家无私的帮助，是他们整个科研群体的灵魂。

彭会与刘东生是同时代人。抗日战争爆发时，他投身革命队伍，成为中共领导下的华南抗日纵队（东江纵队）的战士，而在新中国时期被分配到中国科学院地质研究所以后，担任党委委员、科技处处长。刘东生常跟他在一起讨论业务工作，从来没有感觉他是外行，而且认为他谈业务问题很科学、很正确。一次，谈到第四纪地质研究室的工作，是要研究北方的黄土、南方的红土，还是要研究东北的沼泽、泥炭，他不无风趣地说：

“你们应该红黄黑一起搞！”他对刘东生等谈的问题都很理解，也能帮助他们克服种种困难。从1955年起，他们开始了黄河中游水土保持综合考察工作，跑野外时，坐汽车一天跑400多千米，从早上干到晚上10点，彭会和他们同甘共苦。在该所办公大楼里，彭会常常去第四纪地质研究室串门谈心，他风趣地说：“我这两个口袋，一个装成果，一个装人才。”在他们研究室里这话成了口头禅，常常督促着他们努力前进。

“千条万条，党的领导是第一条；千计万计，群众路线是第一计。”不难看出，刘东生的成功，正是由于他一方面紧密团结和组织好自己的科研群体、全体中青年同志；另一方面，他紧紧地依靠党的领导，视党的领导为核心和灵魂，因而一切工作开展得都很顺利，并取得了丰硕的成果。刘东生永远怀念和感激那些曾经鼎力支持过他、帮助过他的领导和同事。

刘东生在创造科研硕果、培养年轻人才的过程中，也常怀念另一位老友——周明镇。他俩年龄相仿（周明镇比刘东生小一岁），而且早年有相同的经历，1937年抗日战争全面爆发时高中毕业（周明镇毕业于杭州高中），他们都到大后方上大学，周明镇于1943年毕业于重庆大学地质系，留校任助教。他们是经李星学介绍相识的。刘东生曾向在台湾大学工作的周明镇提到过对贝类感兴趣。后来，周明镇果然从台湾寄给刘东生一些现生腹足动物和腹足动物化石的标本。1947年，周明镇赴美国留学，先在迈阿密大学、里海大学做研究生，学习无脊椎古生物学、石油地质学、沉积学，并获博士学位，以后又去普林斯顿大学师从杰普逊教授研究古脊椎动物学，并任助理研究员。1951年，他响应祖国号召，从海外归来，在山东大学任教。同年刘东生等去山东发掘恐龙化石时，他们还见过面。1952年，周明镇被调往中国科学院古脊椎动物研究室。1954年，在三门峡第四纪地质综合考察队时他俩又在一起。后来在北京常见面，他们很谈得来，共同语言很多，地质界前辈的逸事，以及他们共同的经历等，都是聊天的主要内容，有时还谈到各自的抱负和终生的打算，也是惊人地相似：

虽然我们才40岁左右，也都在做研究室主任，还发表了不少文章和专著，不少是用外文发表的，而且手里还有不少研究成果有待陆续发表，表面看来，我们的事业在蓬勃发展，但我们要清醒地认识到，在科学上也许我们自己干不出什么事业，做不出像李四光、杨钟健、侯德封那样大的贡献。现在时代不同了，我们在中国地质科学历史上也还是大有可为的，努力培养年轻人，让他们尽快脱颖而出，走上世界科学舞台，这也许是我们自己走向世界科学舞台的途径。把年轻人培养出来了，即使我们自己没干出什么大成绩，也是值得的。

事实上，他们也正是这样做的。周明镇在中国科学院古脊椎动物与古人类研究所贡献很大，他对《古脊椎动物学报》中英文稿件的修改、审校、安排发表等都做了很多“无名英雄”式的工作，并且在自己发表了大量的科学著作之外，还培养了中国古脊椎动物学领域的一代新人。刘东生领导他的科研群体建立了研究黄土与环境气候关系的系统工程，而且研究机构不仅在北京，也派生到了贵阳、广州和西安。刘东生和周明镇曾共同回首往事，觉得他们培养人才的努力是值得的，不管别人如何理解，他们都问心无愧。刘东生回忆他培养人才的几个阶段，不禁联想到他所钦佩的国学大师——王国维在著名的文学理论巨著《人间词话》中所说的：“古今自成大事业大学问者，必经过三种之境界。”这指的是做学问的过程，一开始看到内容很多，头绪很多，问题很多，不知从何入手，感到茫然，然而一旦选准了主攻方向，就始终不渝、坚持不懈地追求下去，到最后，“踏破铁鞋无觅处，得来全不费工夫”。王国维的茫然、坚持、豁然开朗三境界说理透彻，对做学问者是很大的鼓舞。

有趣的是，刘东生在总结他研究第四纪与黄土、培养人才的过程时，发现的却是颠倒的三境界。第一步是培养人，要千方百计认识自己身边的人才，要很好地选拔人才。老实说，自己所需要的人可能就在身边，应当去发现他的长处，爱护与调动他的积极性。第二步，一旦有了人才，就信心百倍地坚持培养下去，应当有“甘做人梯”的精神，大概这些年来有过培养人的经验者都能够体会到这第二种境界。到了第三阶段，看看培养了那么多的人，是否有成啊？站在高处一看，已是硕果累累，但还是白茫茫的一片，望尽天涯还要继续努力，有更多工作要做，实在是任重道远。

十三、黄土研究的第一次冲击波——黄土研究不限于水土保持

刘东生从1954年起开始接触和研究黄土，能坚持在一个专题研究对

象上，实在是很不容易。一个人大半辈子或一辈子研究地质学，乃至第四纪地质学，应该说不成问题，但黄土这东西，乍看起来非常具有地方性、区域性，能连续对它研究 50 多年确实很不容易，也很幸运。刘东生的确很幸运，他得到了这样的机会，而且克服了多次大大小小的冲击和波折，终于坚持了下来。黄土研究课题，虽有其地方局限性，但得到国家和中国科学院地质研究所领导始终一贯的支持，从而延续了下来，这也是很幸运的奇迹。有的地质问题，研究到一定程度，取得一些成果，往往就告一段落，乃至完全终止。就拿黄土研究来说，弄清了湿陷性与地层的关系，知道上面的马兰黄土有湿陷性，下面的离石黄土和午城黄土没有湿陷性，回答了这一问题，为工程建设选址提供了依据，似乎就算告一段落了。能够提供黄土高原水土保持工作所需要的地质资料，以及黄土的地层、物质成分、地貌形态等对进行治理和规划有用的资料以后，似乎也可以告一段落了。这就涉及如何在黄土的基础研究、科学发现与国家建设需求之间求得统一的问题。通过黄土研究工作所经过的波澜起伏、十分有意义的历史，人们更加认识到了基础科学研究的意义。

刘东生于 1954 年在三门峡开始研究黄土，1955 年参加黄河中游水土保持综合考察队工作，1957 年结束野外工作，1958 年进行室内总结，编写报告。之后，综合考察队解散，工作告一段落。但是，中国科学院副院长竺可桢很有远见，他看准并抓紧了水土保持之后续工作，调了中国科学院土壤研究所、植物研究所等相关人员，在陕西武功杨陵（现属咸阳市）建立了中国科学院水土保持研究所（今水土保持与生态环境研究中心），由朱显谟负责；又调了中国科学院植物研究所的王作宾、张镇万等建立了西北植物研究所。这样，水土保持研究工作也一直进行了半个世纪，迄今取得了丰硕的成果。

然而，对于基础地质的研究和黄土的基础研究，是否结束了呢？过去很多学者并不是很重视黄土研究，并不像大地构造、地层、古生物、矿床等学科研究那样已有相当的根基。少数地质学者也许认为黄土是可以“忽略不计”的，杨钟健以往称第四纪地质是“surficial geology”（表面地质）。以前有人在填地质图时，往往“揭盖子”，也就是把黄土揭开，只填绘下面的基岩。杨杰还特别讨厌黄土，觉得它掩盖了下面的基岩露头。然而，中国科学院地质研究所的有关领导，如彭会等，就认为黄土的基础研究十分重要，需要继续下去。在国家建设和科学事业大发展的时代，领导的支持给他们提供了继续研究的机会。他们的研究群体，有不少年轻同志，一批一批后继有人，虽然有些人调整了任务和工种，但整个研究队伍还是维持了相对的稳定。刘东生回想起黄土研究的全过程，就想起了冼星海、光未然的《黄河大合唱》：“我站在高山之巅，望黄河滚滚，奔向东南。惊涛澎湃，掀起万丈狂澜；浊流宛转，结成九曲连环……”（《黄河颂》）；“黄水奔流向东方，河流万里长。水又急，浪又高，奔腾叫啸如虎狼。……”（《黄水谣》）。刘东生觉得黄土研究工作就像黄河的整个流程一样，上游多急流、险滩，中游又有瀑布、峡谷，最后到下游平坦宽阔，奔向大海。他们的黄土研究进程也经历了从源头开始的涓涓细水，经过上游的急流、险滩，而到了中游则是“水又急，浪又高，奔腾叫啸如虎狼”。以上这两个阶段好像过去了似的，而今在全国、全世界能够得一席之地，也可以说是冲过急流、险滩和瀑布、峡谷，一直奔向辽阔的大海。

十四、黄土研究的第二次冲击波——是下海还是上陆

1958年“大跃进”时期，中国科学院对各学科做了一次跃进规划。刘东生查阅整理了一些国内外的新资料，写了一份关于海洋学远景的意向报告，谈到海洋可提供人类富含蛋白质的食物、深海沉积锰结核可被开采利用、一些贵金属可从海水中提炼，还谈到4000米以下的深海探测器、海洋考察船、潮汐发电等，做了一个海洋学发展远景的介绍。这引起中国科学院副秘书长谢鑫鹤等领导的注意。他们当时正欲筹建南海海洋研究所，请了中国科学院海洋研究所原副所长张玺去当所长。张玺是我国贝类研究的创始人，早年留学法国，和尹赞勋、杨钟健、侯德封等都很熟悉。他对刘东生的工作态度和学术水平已有一定了解，就请刘东生去协助做南海海洋研究所的筹备规划工作。他们一同去了广州，与中国科学院广州分院领导及具体负责筹备南海海洋研究所的邱秉经副所长等谈得很好，与很多有关同志都见了面，大家一致认为将来该所的特点是以南海为基地向外发展。邱秉经是一位参加革命多年的老干部，也是一位有志于发展我国热带海区和远洋研究事业的科学工作者。他们和刘东生认真地投入了工作，去过湛江，视察了将要划归南海海洋研究所的一个海洋监测站。他们研究

了今后的工作，吸取以往的经验，认为如果研究海洋必须有船，也必须有自己的码头。后来他们果然在广州建了一个码头。刘东生还记得当初做过海洋考察船的设计，王挺梅也参加了对考察船的选择和设计，讨论需在船上设置些什么房间、什么设备、什么实验室等，最后该船在上海设计、制造成功。

刘东生已经加入南海海洋研究所的筹创工作，张玺、邱秉经都希望他能早日调到该所。刘东生这时也对祖国未来海洋的开发充满信心。张玺和邱秉经来北京时，对侯德封所长提了此事，甚至对刘东生的夫人胡长康也说了，希望她也一同调到广州。侯德封所长一开始也表示支持，他是一位温柔敦厚的长者，也是一位有雄才大略的地质事业的拓荒者。他的习惯是自己先去工作，和当地领导交谈，有了把握以后便大力地开发建设（地质学科），他到柴达木盆地去工作了半年，和当地领导谈了发展计划，回来和有关方面探讨后，派人去青海建立了盐湖地质研究室，在兰州建立了研究陆相石油为主的兰州地质研究所。这次他还是用他的调查研究的办法一起围绕海南岛走了一圈，除了检查砂矿工作、了解丁国瑜所做的火山岩工作以外，他专门到莺歌海看了海岸的石油，又看了北边的石碌铁矿。侯德封对海底石油很重视，很有兴趣，可能他所认为的南海海洋研究所的地质工作是以海底石油为主，所以将留学苏联学石油的刘昭蜀调到南海海洋研究所去了。他本想让刘东生也一起调去，但是由于三年“困难时期”贯彻“调整、巩固、充实、提高”的八字方针，刘东生没有去，为此邱秉经副所长很惋惜，一直念念不忘他们共商大计的情景，后来还有几次要调刘东生到南海海洋研究所，但都未成功。

刘东生后来回想起来，一方面，他深深向往新兴的海洋科学，认为那的确是一个崭新的领域，有很多科学问题需要进行研究，在那个领域里将大有可为；另一方面，他也眷念着自己和自己科研群体的黄土研究。他一开始还想两者兼顾，但是很明显，他若去南海海洋研究所，虽然还可以研究第四纪地质，但对黄土的工作就要告一段落了。这将是对黄土研究工作的一个很大的冲击。后来，由于八字方针等具体原因，刘东生还是坚守在了黄土研究岗位，这次要调去研究海洋地质对他的黄土研究只产生了微弱的冲击。通过这次参加南海海洋研究所的筹建，他与该所的“开国元老”们及有关同志结下了深厚的友谊，对海洋也有了较多了解。当时已开始有深海钻探取芯，用岩芯来做氧同位素（古温度计）之研究工作。在筹划未来的南海海洋研究所的时候，人们并没想到干旱西北的黄土高原与热带的海洋沉积物有何关联，但是科学工作总是不断出现令人想象不到而又更为深刻的相互联系。后来科学家们竟然还从海洋中发现了黄土的奥秘，通过对深海沉积的研究才知道黄土与深海沉积物是可以对比的。

刘东生在2001年曾与南海海洋研究所的同志一起去了南沙群岛，了却了他自己几十年前向往海洋考察的心愿。那时，虽然该所的老领导邱秉经已去世了，但我国的海洋科学事业已经有了很大的发展。这艘在20多年前他们曾经想象过的、设计过的考察船，停泊在那个他们曾经计划过的、察看过的自己的码头，起航的时候，来欢送的人们中间又有多少还记得当初创业者们所花费的心血呢？但这并不重要。正像船后面的浪花，它总是像邱秉经所希望的那样象征着乘风破浪，永远向前进。这次成功的航行也象征着邱秉经对刘东生的殷切期望。刘东生参与筹创南海海洋研究所的工作仍然是很有收获的，那就是年轻一代的海洋科学工作者成长起来了。时间在科学上是最好的裁判，时间可以证明科学决策错了，时间也可以证明科学决策对了。南海的风浪和祖国的大海会亲切地说："南海海洋研究所，你对了！"

十五、黄土研究的第三次冲击波——是青藏高原还是黄土高原

1964年，在刘东生的科学生涯里也是关键的一年。在此前他已对黄河中游水土保持工作中的科学研究成果做了详细总结，出版了两本书。这似乎应该说黄土研究工作可以告一段落了。下一步做什么呢？李四光曾说过，研究第四纪必须研究冰川。刘东生等研究黄土成因的风成说虽已有了一定结果，然而还有一个问题：黄土物质从何而来？原来认为是从戈壁（石漠）到沙漠，再由沙漠到黄土，是一个系列，戈壁地区岩石风化、破碎，形成粉砂细粒，究竟又有多少是来源于这种情况呢？是否还有来源于冰川研磨的呢？黄土多为粉砂粒级之物质，但其中棱角新鲜的石英颗粒又是怎么来的呢？有人认为是从冰川来的，美洲、欧洲的黄土基本上分布在冰川沉积的外围，所以欧美学者认为，冰川刨蚀岩石，研磨得很细，搬运到冰川外缘沉积下来，再经风力吹飏，搬运到附近形成黄土。从我国黄土

物源来看，似乎与冰川关系不大，我国黄土高原离冰川很远，而且大片戈壁、沙漠已足够成为供应黄土之物源了，所以李希霍芬与奥布鲁切夫等都主张风成说。刘东生等的调查，特别是对黄土颗粒粗细分布的研究，都有力地证明了黄土是风力从西北向东南搬运过程中的产物。

中国黄土的物质来源到底与冰川有没有关系？这就需要具体研究中国的冰川，以往对中国西部冰川的研究的确太少了。刘东生回想在大学毕业后养病的时候，曾经无意中读过黄汲清在《文史杂志》1941 年第 7 ～第 8 期上发表的两篇高级科普文章：《什么是冰川》和《中国的冰川》。前一篇是对冰川知识总的介绍，全面谈了世界的冰川；后一篇则专门谈中国的冰川。他觉得文字生动，很引人入胜，收获很大。1946 年他认识黄汲清以后，黄汲清不断提出一个观点：李四光提出中国东部冰川（大同、庐山、黄山等）问题，而要解决东部古代冰川问题的最好办法，就是从西部现代冰川研究起，将今论古，一步一步追溯上去，研究更早阶段的古冰川。对于黄汲清的意见，刘东生十分赞成，因此他想到欧美也有黄土，分布在冰川外围，与我国黄土不大一样，但是我国西部现代冰川外围是否也有黄土呢？我国西部现代冰川位于西藏、青海、新疆、甘肃等地区，是大片高原，人迹罕至，研究得很少，也是值得今后去探索的。

刘东生还回忆起在昆明西南联大时看过的一部电影，叫 *Losed Horizon*（《消失的地平线》），是描写在雪域高原——香格里拉地区发生的故事，原著者是英国作家希尔顿。其中有一个情节，探险的飞机要出事而迫降，乘客中有一位地质古生物学家，手里拿着一块大的标本，说“这是一件古代巨兽的化石”。在有些人看来，他在紧急关头还死死抱住科学研究标本，似乎有点呆头呆脑的。然而他对事业的执着是非常难能可贵的，这个场面给刘东生留下了深刻的印象，虽然影片中的其他情节都已经忘得干干净净了，但那个抱着一个盒子、保护巨兽化石的人的样子依然历历在目。难道这也是某种意义上的因果关系使刘东生后来学了古脊椎动物学，而且还知道那一带有巨大的“俾路支兽”吗？

刘东生从那以后一直向往着神秘的青藏高原。1946 年，北碚中央地质调查所的曾鼎乾原打算去那里而未去成。当时，刘东生就想自己有条件一定要去这个所有地质工作者都向往的地方。1964 年，此时的他对黄土的研究已取得了大批成果。当时听说国家体育总局所属的中国登山协会要组织登山队攀登我国境内海拔 8012 米的希夏邦马峰。全世界海拔 8000 米以上的高峰有 14 座，最高的是珠穆朗玛峰①，排序最后一个的是希夏邦马

① 2005年10月9日，国务院新闻办公室举行新闻发布会，公布珠穆朗玛峰的新高度为8844.43米。

峰，海拔 8012 米。这次决定攀登我国境内的处女峰——希夏邦马峰。担任中国科学院地理研究所冰川冻土研究室室主任的施雅风组织了科学考察队，与登山队一起去从事考察。他们研究室以往调查天山、祁连山冰川，曾提出冰川“黑化”（撒上黑色炭粉），融冰化雪，增加干旱区水源。这次施雅风亲自挂帅，任科学考察队队长。刘东生找到他，表示了想参加的心愿。施雅风说：“如果您身体检查合格，我们很欢迎！”按体委要求刘东生去北京医学院第三附属医院运动医学研究所做了全面体检，完全合格。中国科学院地质研究所科技处处长彭会等领导同志也大力支持他去参加探险考察。因为时间仓促，来不及找助手，同时也因为名额已满，地质研究所就他一人参加，他还被任命为希夏邦马科学考察队副队长。几天之内，什么都来不及准备，就跟施雅风等一起出发了。回想七八年前施雅风作为中国科学院地学部副学术秘书，为决定他一生科学事业的中国第四纪研究委员会的成立发挥了决定性作用，这次上青藏高原的科学考察，刘东生认为，施雅风在自己的科学生涯中又一次起到了决定性作用。

登山队从北京乘火车到甘肃柳园，再换乘汽车，经敦煌、格尔木而入青海。刘东生感到离开了黄土高原，踏上了另一高原——青藏高原。该科学考察队组织相当庞大。测量组三人，冰川组五人，地质组四人，地貌第四纪地质组是刘东生及北京大学的崔之久①。

另外，登山队对科学考察也极其重视。登山队队员中不少是从高等院校选拔来的，也学过相关专业，他们组成了登山队的科学考察组，由攀登上珠穆朗玛峰顶的登山英雄王富洲任登山队科学考察组组长。队上的主任医生翁庆章，对高山生理学、医学很精通，还有一位随队医生陈世文。

1964 年 2 月，来自各地的登山队员、科学考察队员在拉萨集合，3 月到达希夏邦马峰北麓的定日。最后，大本营设在海拔 5000 米处，做了多次适应性行军。科学考察队向登山队虚心学习登山技巧，登山队也向科学考察队学习专业知识，并积极从事科学考察，相处得很亲密、融洽。5 月 2 日，在晴好的天气里，全队登顶成功，到达海拔 8012 米的最高峰，无人受伤，取得了完全的胜利。科学考察也取得了很大成绩。地形测量组测出峰顶准确高度是 8012 米。冰川组从海拔 6900 米至峰顶都在不同高度采集了冰样品，后来做了分析，在 6000 米以上还打了冰钻，创冰钻高度之世界纪录。在博野康加勒冰川附近他们找到高山栎树叶化石，经鉴定为

① 他是唯一早年参加过登山活动的地学家，最早是去四川贡嘎山，以后又去过新疆的公格尔九别峰、慕士塔格峰。他还光荣负伤，冻掉了四根手指头。

高山栎属。这种植物如今在喜马拉雅山脉南坡还生存于海拔 3000 米左右。而化石发现地点现在海拔高度为 5970 ～ 6000 米，相差约 3000 米。徐仁根据与在克什米尔产出的高山栎化石对比，将希夏邦马峰北坡的高山栎时代定为中更新世（Q_2），他征求刘东生的意见，刘东生倾向于是早更新世（Q_1）最早期，差不多距今 260 万年（当时国际上通用的年代是 180 万年）。从这一发现来看，说明从该植物生存时至今，该地区大约上升了 3000 米，然而，若按刘东生意见，该植物生存时间为 260 万年前，那么，平均每年大约只上升了 1.15 毫米，平均上升幅度并不是太大。

在希夏邦马峰科学考察时

在青藏高原科学考察时

在珠穆朗玛峰科学考察时

托木尔峰科学考察期间在帐篷旁整理资料

另外，在该地区发现大面积分布的地层主要是石炭系、二叠系、三叠系和侏罗系。在定日附近发现大型爬行动物骨骼印痕。杨钟健鉴定为鱼龙，后来在其南边又发现鱼龙的牙齿，证明是同一动物的化石，是世界上鱼龙化石产地中地势最高之点。他们回来之前采了花岗岩标本，经李璞用钾氩法测年，一个样品是 35 ～ 36Ma，是古近纪的，而希夏邦马花岗岩年龄是 10 ～ 17Ma（平均 13Ma），是新近纪的，都是新生代喜马拉雅期岩浆活动的产物。

1964 年，中国科学院院长郭沫若接见希夏邦马科学考察队地质组部分成员时合影，从左至右依次为：崔之久、张明亮、施雅风、郭沫若、刘东生、熊洪德、张康富

1964 年 6 月 26 日，中国科学院副院长李四光（中排右七）、竺可桢（中排左五）接见希夏邦马登山队、科学考察队时合影，参加者有尹赞勋（中排左二）、刘东生（中排左六）、乐森璕（中排右四）、杨钟健（中排右一）等

这是一次内容十分广泛的科学探险活动。登山队员在人迹罕至、难以攀登的山崖上为科学考察队采集标本、样品，帮了很大的忙。刘东生等人将其带回北京以后，交给杨钟健、乐森璕、尹赞勋、杨遵仪、徐仁等著名地质古生物学家，进行了仔细研究，后来出版了希夏邦马峰地区科学考察报告，除古生物学外，还有岩石学、地质年代学等的科研成果。新华社摄影记者张赫嵩还编辑出版了一本画册。总之，考察队对登山、科学考察

全部活动及其研究成果都做了全面、详细的报道。竺可桢副院长、尹赞勋主任等，对刘东生等人取得的成绩十分满意，特别在香山静宜园租了很多房间来供他们休整，将标本摊开来整理。适逢英国的科学技术史专家李约瑟来华访问，竺可桢副院长特请他去香山参观。不巧天降暴雨，车开不过去，没有看成，但也说明竺可桢老把这次科学考察看成是中国地学发展史上的大事，意义深远。刘东生等参与其中，自然感觉十分幸运。

1964 年下半年，我国召开了北京科学讨论会。周恩来总理亲自关怀，陈毅副总理直接参加组织领导，中共中央宣传部周扬副部长及中国科学院张劲夫副院长、李四光副院长、吴有训副院长、竺可桢副院长亲自出席。在这次大会上，施雅风、刘东生做了关于当年希夏邦马峰科学考察的专题报告，李璞也报告了最新的花岗岩年龄、最年轻的岩浆活动，引起与会中外地质专家的注意和兴趣，对于以后组织珠穆朗玛峰登山科学考察活动及国际青藏高原科学考察活动都有很大意义。

刘东生在中国科学院地学部尹赞勋主任、王遵极副主任领导下，参加了几个月的会前组织工作，积累了很多经验，对以后的会议组织工作很有帮助。他认为，同他以前参加过的会议组织、准备工作比起来，这次会议是最了不起的。他们从事了科学考察，参加了盛大的科学讨论会，又出版了考察报告、论文集，使人很有成就感。在 16 年后举行的青藏高原国际科学讨论会上，还强调了“青藏高原精神”，体现了我们中国地学科学考察的重要特色。

刘东生回想青藏高原的地质工作、科学考察工作时，认为可以分出以下四幕：20 世纪 50 年代初的西藏考察队，其成果有《西藏东部地质及矿产调查资料》等，这是第一幕；1964 ～ 1966 年和以后几年的希夏邦马峰和珠穆朗玛峰科学考察是第二幕；1975 年第二次攀登珠穆朗玛峰及科学考察是第三幕；2003 年庆祝青藏高原科学考察队成立及考察 30 周年，同年成立青藏高原研究所，这是第四幕。

刘东生回顾中国地质科学发展史，认为中国近代地质科学考察最初是从外国人开始的。在 19 世纪，外国人基本上是进行个人的、小规模探险性的地质调查，如美国的庞佩利（R.Pumpelly）、德国的李希霍芬、匈牙利的洛采、法国的满苏（H.Mansuy）和戴普拉等。这些外国的地质先驱者们仅到了青藏高原的四周地区，并无人到达青藏高原本身。因此，当时的地质、地层、古生物、岩石、矿物等中国没有自己的标准，而只有以欧洲的地质标准作参照而建立起来的中国地质标准。到 20 世纪二三十年代，外国人的探险考察规模加大，去过若干新区，如美国中亚科学考察团去过内蒙古地区，有很大收获，特别在古脊椎动物学方面成绩很大。瑞典人斯文·赫定与中国学者袁复礼等人参加并领导的由中、瑞（典）合作组成的中国西北科学考察团，在我国西北诸省区做了大量工作，持续五年，在很多学科上都取得了研究成果。这一时期的地质工作覆盖面积有所扩大。无论中美、中瑞（典）等考察都没有把青藏高原囊括入其研究范围中。这从美国中亚科学考察团的报告及由中、瑞（典）合作组成的中国西北科学考察团的报告中便可以看出。这些工作从地质科学本身来说，仍是整个（西方）地质科学知识的扩大和延伸。辛亥革命以后，中国自己的近代地质科学开始诞生，以章鸿钊、丁文江、翁文灏、李四光为代表的中国第一代地质学家迅速培养了大批接班人。在中国自然科学界，地质科学是最活跃的。从“科学救国”“工业救国”这个基点出发，紧紧抓住了矿产资源调查这一重点，出版了七次《中国矿业纪要》，及时总结了矿产资源开发的现状，为将来的找矿勘探指明了方向。这样，中国地质科学从基础研究到应用研究都同步发展，大大有利于国民经济建设，也易于得到工矿企业在人力、物力、财力上的极大支持。

中国和外国的地质学家早期在中国的地质考察，很多都是开垦处女地、填补空白性质的，而以前所做的工作，基本上是传统的地质科学工作的扩展。在这人迹罕至、经济不发达的青藏高原更是如此。真正标志新时代开始的是第二幕，也就是20世纪60年代和以后几年的希夏邦马峰和珠穆朗玛峰科学考察。刘东生参加了希夏邦马峰科学考察后，又参与组织并领导了珠穆朗玛峰科学考察，并于1966年担任了珠穆朗玛峰登山科学考察队队长。他将全部精力投入了青藏高原科学考察。这又形成了对他黄土研究的第三次冲击波。

这次珠穆朗玛峰科学考察的中心议题是珠穆朗玛峰地区的隆起及其对自然界和人类活动的影响。最后出版了包括地质、古生物、第四纪地质、自然地理、现代冰川及地貌、生物及高山生理、气象及太阳辐射等七个分册的《珠穆朗玛峰地区科学考察报告》。这一幕的青藏高原科学考察，开始吹响了中国人在自己国家的高寒边区进行科学考察时代的号角。刘东生通过青藏高原科学考察，发现那里既有冰期沉积，又有间冰期沉积，联想到他们过去研究的黄土—古土壤—黄土—古土壤旋回序列，可以与冰期—间冰期—冰期—间冰期遥相对应，也可以与间雨期—雨期—间雨期—雨期联系起来，对黄土研究既是冲击也是促进。

第五章

京外十一年

一、黄土研究的第四次冲击波——将黄土研究推向微观

中国科学院地质研究所的老所长侯德封，很早就提出“化学地理”“化学地史”“核子地球化学”等新概念。他非常关心新学科的建立，同时也认为在条件成熟的时候，要为新学科的发展建立相应的研究机构。他和张文佑、尹赞勋、涂光炽等一道，在中国科学院地质研究所中发展了地球物理和地球化学两个研究方向，适时地于1966年完成了中国地质科研机构分布格局的规划，并在贵阳市观水路原贵阳化学研究所旧址成立了中国科学院地球化学研究所，侯德封兼任所长。刘东生也积极主动地支持侯德封等领导人，并于1968年被调往贵阳地球化学研究所。但对黄土的研究是留在北京地质研究所做还是不再继续做了？这个问题对他的黄土研究产生了第四次冲击波。

刘东生到贵阳不久，就参加并领导了“克山病与大骨节病的水土病因考察”课题。早在1966年该所在贵阳成立时，西安医科大学的同志就上门求教，谈及克山病和大骨节病等与地质环境有关的地方病问题。克山病是一种由环境因素引起的心脏病，常发生心肌坏死，死亡率很高。该病以黑龙江克山县为其典型的发病地区，并由此而得名。然而，实际上从黑龙江经内蒙古到陕西、再到四川的这条线上都会发生克山病。大骨节病为骨关节病。医务工作者希望该所的同志能从区域地质地球化学等方面的研究上加以支持与配合。1967年是克山病爆发年，该所年轻的同志李长生、洪业汤、蔡元吉、余志成、朱詠煊等组成了一个小组，到黑龙江克山及其他有克山病疫情的地区进行调查研究。

专题小组的蔡元吉在调查研究工作当中，遇到一位叫刘绍显的工人师傅，他说曾给患有克山病的爱人服用熬盐剩下的卤碱，症状居然减轻。调查小组由此受到启发，认为克山病也许是由于一些元素的缺乏引起的，而卤碱之所以能治病，可能正是由于它补充了某些元素。他们决定推广这种卤碱治病法。回到地球化学研究所，他们按刘绍显所提供的生产流程、配方，炮制成卤碱粉，取名为“六八一”，因为这种药是1968年1月访问刘绍显后制成的，具体炮制方法还对外保密。他们在黑龙江克山推广，亲自监督每人吃下去，一月为一个疗程，一疗程结束后，做一次心电图检查，

看健康状况有无改变，若有改变，病情减轻，就算是有效。但一段时期后，效果并不明显，服药的人就越来越少了。

1969年春，刘东生等到陕西关中地区的永寿、长武等县，与西安医学院的师生们、陕西省地方病防治所的科研人员，及其他有关人员一起到地方病分布的老病区调查，了解疫情的分布和动态、趋势，制定应对措施。医学专家、医务人员为新老患者诊病，做全面体格检查，并通过心电图等测试手段加以分析。

刘东生等到出现克山病的黄土地区，采集土样、水样，甚至收集土里长出的粮食样品，进行化学分析，从中寻找病因，从分析结果可以看出，病区较非病区镁、铜和硫酸根偏低，从而认为这种病是由于缺少硫、镁、铜及一些微量元素所致。地质、地貌、地形也与克山病有关。刘东生还在北京的时候，就听说西北大学地理系教授张保升调查过陕西克山病、大骨节病的分布，当时张保升认为与地貌关系大，因为平原区这两种病少，而崎岖山地和丘陵区多。从化学分析的结果来看，这可能与元素流失多少有关。刘东生在黄土高原进行研究工作时也发现，黄土塬上病情少，塬下沟谷里多，特别是侵蚀区午城黄土、离石黄土下部经风化剥蚀而露出很多结核之处，克山病也多，这也显然表明是由元素流失所引起的。张保升在这方面的研究是先行者，是有贡献的。哈尔滨医科大学教授于维汉认为严重的病情主要是由于营养不良造成的。东北大豆多，也容易做豆腐，他结合农村中的实际大力提倡多吃豆腐。他始终执着追求事业，在克山病高发时期，为了抢救患者连春节也不回家。他在很多年里一直被评为全国劳动模范，由于他在防治克山病等方面的巨大贡献与辉煌成就，在1997年当选为中国工程院院士。

美国很早以前就有关于硒缺乏症的记载，有一本书中就专门讲到美国西部牧区有一大片地方，基岩是三叠纪地层，其中缺硒，风化壳土壤层里就缺硒，从而牧草中也缺硒，那里的羊吃了这种缺硒的牧草就会患白肌病，肌肉坏死，以致羊最后连站都站不起来。人们对硒缺乏症逐渐达成了共识，对克山病也提出了用充硒法来加以防治。在东北发病区进行试验，让患者服用一定量的亚硒酸钠（不能过多），果然有了明显的疗效。

刘东生与贵阳地球化学研究所课题组的同志根据野外调查和分析结果，提出采取水土保持、饮水改良、土壤改良、增加相关的微量元素等措施，在发病区主要在食物中补充硒元素。在陕西的克山病多发区采取这些措施后，病情得到控制，减到最低程度。在这期间，刘东生等除了做野外工作、整理科研资料外，还自办了不定期的油印刊物——《环境与健康》，并自己组稿、编辑、刻蜡版、油印、装订成册，然后寄给有关单位。他们在不讲条件、不计报酬的情况下，每人凭着事业心、责任心，无私地奉献。大家为每期刊物积极供稿，有“短、平、快”的消息、动态、趋势等的报道，也有分量较大的专论。这一油印刊物于1972年正式铅印出版，更名为《环境地质与健康》。刘东生还抽空到贵州省图书馆借阅医学杂志、营养杂志等，为刊物寻找素材。他发现其中不少文章专门讲食物中缺乏微量元素能导致人和动物患病，对他们的工作有针对性和参考价值。他还看到一些普通科学杂志，如《新科学家》《自然》，读后也很有收获。如有一篇文章对人的骨骼做了化学元素分析，按门捷列夫周期表排成人体元素丰度图形，竟然与地壳元素丰度（克拉克值）是一致的。刘东生于是将此文译出，发表在《环境地质与健康》上。

刘东生在研究克山病与大骨节病的分布时，常常对照黄秉维、陈述彭编的《中国自然地图集》反复推敲。他发现，这两种病分布在东北—华北—西南一线，基本呈东北—西南走向，与李四光地质力学中的“华夏系”走向一致。病的分布在山顶和山下平原区都很少，病多之处恰好是从山顶到平原的过渡地带，也就是在沉积岩为基岩的地区，由于风化侵蚀作用元素开始流失而又没有沉积之处。另外，病情与气候也有很大关系，刘东生在地图上看出一个现象，即降水量大的湿润区和蒸发量大的干旱区病情都很少，正好在蒸发量与降水量差不多相等的地区是病情多发区。这是他在地图上发现的规律。

1970～1971年，刘东生在黑龙江克山蹲点调查时，曾与李长生等谈论过如何在图件上表达对地方病的调查这一问题。他回想起第二次世界大战结束后，美国的一个地理杂志曾登载过一篇文章，讲非洲坦克兵指挥部为了彼此相互快速联系，就把影响坦克运行的因素（地质、地形、地貌、土壤、植被等）用几个位数来表示，每一位具体数字又根据该方面条件而分成若干等级，最后，每位数字组合搭配起来就形成一串数字密码，在指挥作战、彼此通信联络时就能发挥作用。刘东生也想仿照此法来作图。他的这一想法为李长生等注意。在他们工作的地区有条乌裕尔河，发源于小兴安岭，向西南流经克山、依安等县以后，注入齐齐哈尔、大庆一带的沼泽中，而没有流入松花江、嫩江等大河，也就是一条内陆河。李长生把乌裕尔河流域从发源地到下游分成很多小方格，方格内简单地表示各方面的因素、条件，等于简单的模型，把病情放进去。何地病轻？何地病重？与哪些因素条件有关？这些问题的解答就能一目了然，还可以根据总结出的规律，去预测未到过的地方。后来经过调查，果然证实了早先的预见，足以表明这个方法的成功。刘东生从那时起长期热心于琢磨如何把这些自然条件分成等级来进行综合表达，如何做成一目了然的数字模型和图解等，应用于黄土高原等问题的研究。

地方病因的综合研究，形成了对黄土研究的第四次冲击波，其结果是使黄土研究更深入了一步，进展到对其中所含微量元素分布规律的探索，是直接关系到人民健康与生命的重大问题。刘东生等与其他相关部门齐心协力，终于使克山病、大骨节病等地方病得到了有效的控制。到20世纪80年代，这些病逐渐减少，直至慢慢地消失，而且连黑龙江克山也摘掉了“克山病多发县”的帽子。

二、黄土研究的第五次冲击波——环境和黄土研究的统一

刘东生等在黑龙江克山蹲点期间的1971年春节，被县领导请到县招待所去，当成贵宾款待。外面朔风怒吼，大雪飞扬，室内有很厚的火墙，温暖如春。有一天晚上，他们迎回了去北京开会归来的李士荣，他踏着没膝的积雪走进大院。见此情景，刘东生想起了唐诗中“风雪夜归人”的诗句。李士荣被大家迎进屋里，一边拾掇行李，一边迫不及待地向大家传达好消息。原来是他在北京拿到一份周恩来总理请来的日本新闻记者作的关于环境污染的报告，他拿出一份非正式的打印稿给大家传阅。大家很受鼓舞，觉得搞克山病的调查研究正是与环境问题密切相关的，而今他们所从事的工作受到了党和政府的重视，这难道不是个好消息吗？

刘东生等反复仔细阅读了李士荣带回的报告稿，越看越感觉到环境问题的重要性和急迫性。该报告一开始讲日本的小学生在图画课上画富士山，老师看完他们的画稿以后不禁大吃一惊，因为山的背景已不是蓝天白云，而是笼罩在灰蒙蒙的天幕之下。报告中也讲到日本的水污染，水俣病、骨痛病正是由于水中汞污染造成的。报告中也举了很多日本以外的例子，如美国洛杉矶的光化学烟雾事件造成的危害，还讲到垃圾堆放造成的环境公害，环境对孕妇、新生婴儿的危害（产生畸形儿），等等。以往人

们多看到战争带来的灾难和危害，而今人们发现和平时期环境污染所造成的灾难和危害，从某种意义上来说，也许并不亚于前者。刘东生等从研究这份报告中有了很大的收获。

刘东生曾在贵阳地球化学研究所图书馆及其他图书馆中查阅了大量有关地方病和微量元素的文献。他曾借阅过一本《环境地质学》（*Enviromental Geology*）的书，本书中的内容基本上是工程地质学，但并非今天意义上的环境地质学。刘东生觉得既然已有人用过这个术语，就可以拿过来为己所用，赋予它新的含义，而用不着再另取新名。他根据自己大量阅读中外文书刊的心得笔记，归纳总结，撰写了述评性的重要文章——《环境地质学的出现》。此文于1972年发表在《环境地质与健康》杂志上。该文中明确指出，环境地质学就是研究人与环境相互关系的学科。人是生命的代表，是地球上物质演化高级阶段的产物，人类依靠地球其他组成部分作为自己生存的环境与资源，控制着生命的发展，但是反过来，人类又作用于、影响于环境，消耗着资源。如果人们违背科学规律，破坏环境，耗尽资源，就会断了自己的生存发展之道；相反，人们要力争做到长远生存和发展，也就是可持续发展，那就必须与地球其他组成部分和谐地发展、平衡地发展，就要研究清楚地壳岩石圈、大气圈、水圈、生物圈物质之间的关系和运动规律，就要科学地、有计划地保护环境与开发、利用资源。

刘东生在《环境地质学的出现》一文中指出，环境地质学在世界上，特别是在发达国家中的出现与存在，早已是客观的事实，我国以往对地方病的研究所取得的成就也属于这一范畴。我国科学家今天的任务是使这种研究从自发到更大程度的自觉，从分散、零星走向系统、全面，那就要成立专门机构，培养专门人才，召开专业会议，出版专业的刊物和教科书，等等。他们作为地质学工作者，立足于自己的本行，在环境科学这个大范畴中，还是要着重环境地质学这一分支学科的研究。他在这篇具有指导性意义的文章中，根据世界环境地质学研究的概况，全面阐述了环境地质学出现的背景、学科范畴、研究方向及发展前景，从而为我国环境地质学的发展奠定了坚实的基础。

1973年，刘东生等接到官厅水库的报告，报告中称该水库有死鱼现象，于是他们承担了官厅水库污染源的调查任务，并建立了我国第一个专门的环境污染化学分析实验室，就设在官厅水库。调查结果表明，是上游地区农田施放的农药不能降解，汇入水库，导致水库中鱼群大批被毒死。此项目的研究，为日后全国的环境调查发挥了先导作用。以后，刘东生又在时任北京市领导万里同志的邀请下和涂光炽、李长生等同志一起对环境工作进行了汇报，并承担了北京西部的城市环境评价工作；参加了由万国江、陈业材等领导的“京津渤区域环境研究”等项目的工作，包括河北、北京、天津所辖的从山区到海边的环境调查研究；做了全国肿瘤普查（主要在河北、四川、云南），出版了《中华人民共和国肿瘤分布图集》。刘东生还注意到了科学探险活动与环境研究的关系，在他领导的珠穆朗玛峰和南迦巴瓦峰等登山科学考察中，也都涉及环境评价、环境质量等问题。

刘东生于 1979 年从贵阳调回北京以后，仍关心我国环境地质地球化学的发展。他直接指导了以万国江、洪业汤、陈业材等为首的环境地球化学国家重点实验室的立项认证，亲自参加论证答辩，继而完成了可行性论证，并经国家计划委员会批准为利用世界银行贷款组建的我国重点学科发展项目之一。1991 年，国家计划委员会和中国科学院批准该实验室建立。就在刘东生当选为第 13 届 INQUA 主席后不久，中国科学院批准了环境地球化学国家重点实验室（State Key Laboratory of Environmental Geochemistry）的中英文名称和该实验室学术委员会成员及室主任万国江等的人选，1992 年又批准实验室对外开放。该实验室从组建到对外开放，都凝聚了刘东生的心血。

由于刘东生在我国环境地质学领域的卓越建树，1979 年他被调回北京后，中国科学院新成立的环境化学研究所要设立环境地质研究室，想调他去主持该室的工作；孙鸿烈主持中国科学院自然资源综合考察委员会工作时也想请他去该委员会负责环境地质工作；中国科学院古脊椎动物与古人类研究所也同样想请他去。但因种种原因都没调成，他终于还是回到了原先的工作单位——中国科学院地质研究所（今中国科学院地质与地球物理研究所），仍从事他多年来的黄土与第四纪研究工作。

环境地质研究是对黄土研究的第五次冲击波，与前几次冲击波一样，都使黄土研究大大地深入，有了更多新学科，如物理、化学、生物科学新理论、新概念、新方法的引进，打开了黄土研究更为崭新的局面。

三、新中国第一个访美科学家代表团

1971 年下半年，我国恢复了在联合国的合法席位。1972 年 2 月，美国总统尼克松访问我国。隔阂了 22 年多的中美两国关系开始解冻。之后，美国国务卿基辛格又多次来访，中美两国还设了联络处，两国外交关系在逐步改善。在这个大背景之下，中美各方面交往逐渐增多。

“文化大革命”期间，我国地震频发，较大的有1966年的河北邢台地震等。1967年在国家科学技术委员会内设立了京津地区地震办公室，1969年组建了中央地震工作小组（李四光为组长），1971年成立了国家地震局，下辖地球物理研究所、地质研究所、工程力学研究所、地震地质大队、地震测量队、地球物理勘探大队，等等。我国地震科学水平迅速提高，特别在地震预报方面取得了令世界瞩目的成就。最好的实例是1975年2月辽宁海城发生的7.3级地震，因成功地进行了短临预报，使损失减到了最小，引起世界地震科学界的轰动。当年6月，美国派了以普雷斯（Frank Press）为首的10人地震代表团，专门来考察海城地震预报的情况。普雷斯本人是著名的地质学家，曾撰写出版过《普通地质学》教科书。代表团较庞大，有研究地质、地球物理、有限元、地震测量等方面的专家。他们很佩服海城地震预报的成功。该代表团回国以后，普雷斯成了美国总统福特的科学顾问。他积极推动中美两国学者之间的交流访问，邀请我国派科学家代表团回访。

1975年，我国派遣了科学家代表团访问美国。这是新中国成立26年以来的第一个访美科学家代表团。团长是著名物理学家、北京大学原副校长周培源，成员10多人。刘东生以环境地质学家身份参加。

刘东生（左二）作为中国科学家代表团成员在美国参观

美国方面的接待十分隆重，福特总统在白宫椭圆形办公室接见了代表团全体成员。

代表团成员参观了著名的橡树岭国家实验室（是最早研制出原子弹的地方）、劳伦斯国家实验室，还去了加利福尼亚州洛杉矶的喷气推动实验室（Jet Propulsion Laboratory，JPL），是钱学森及其老师卡尔曼（Theodore von Kallmann）早年建立的。这些都属于顶尖级实验室。刘东生在华盛顿参观了美国地质调查局，见到西南联大比他高一班的同学、美籍华裔地质学家赵景德和同班同学李广源，在伍兹霍尔海洋研究中心（Woodshole

Oceanological Research Centre）见到美籍华裔地质学家吴景祯（1937 年毕业于北京大学地质系），彼此都十分高兴。刘东生等还参观了其他很多地质科学、海洋科学及石油能源科学的顶级科研机构，参观了埃克逊石油公司先进的实验室。之后，他们从得克萨斯州坐飞机到南方的墨西哥湾，看了海上采油的情况，还看了能潜 4000 米深的潜水器。陪同参观访问的普雷斯再三对他们说："我们美国很多科学家都还没有机会看到这么多的高级实验室、这样先进的科研成果，而你们都看到了。"

在总结这次访问收获时，曾呈奎副团长说："我们和美国有 30 年差距……"刘东生等人很同意这个说法，这和他以前访问英国时的看法差不多，通过广泛参观访问交流，学到了更多东西，找出了差距，承认差距，就更有信心奋发图强，竭力赶超。刘东生在国内曾读过很多英、美权威科学家的论文、教科书、专著、科研报告，尤其对自己研究领域的更是十分熟悉，现在见到了这些文献的作者，与他们面对面地交流，还参观了产生这些科研成果的研究机构、实验室，印象很深刻，更加强了他赶超的信心与决心。在英、美等国家，一个科学家不但要自己动手做实验，而且要在实验装置等方面进行创新性的设计。实验条件的创设、实验技术的高低，直接决定着实验的成败，也决定着实验结果能否真正达到预期的目的。以往我国搞基础研究的学者，往往对实际操作、实验技术注意不够，而今找到了差距，务求今后努力改进，迎头赶上。

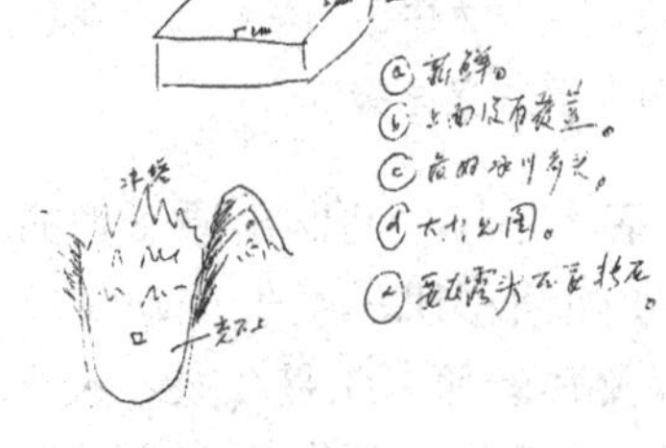

1975 年春，刘东生为高登义布置在珠穆朗玛峰地区采集环境样品任务的手迹

四、登山科学考察在继续

1975 年春天，刘东生曾委托中国科学院大气物理研究所的高登义与登山队员合作，采集了自珠穆朗玛峰顶到大本营不同高度的冰雪、土壤和生物样品。样品采回后，分别交中国科学院地球化学研究所、高能物理研究所、环境化学研究所和国家气象局气象科学研究院进行珠穆朗玛峰环境之本底研究。刘东生回北京后，还请了北京大学化学系的张青莲教授、中国科学

院高能物理研究所的何泽慧研究员做了高精度的测试工作。1990 年伊拉克发动侵略科威特的战争，科威特油田失火燃烧所造成的大气污染，都在从珠穆朗玛峰采集的样品中被高登义研究员测了出来并发表了文章。

刘东生自从 1964 年参加希夏邦马峰登山科学考察工作以来，对登山运动、登山队员就有着特殊的情结。他觉得登山运动使地质工作者离开了矿物、岩石、化石等狭隘的专业内容，从登山运动员的角度，放眼看看这雪岭冰峰，显然更加心旷神怡。登山运动是没有固定运动场、没有观众的运动。登山队员在自然界与死神搏斗，去攀登一座座高峰，生与死之间往往只有一步之遥。登山队员不能像文学家、诗人那样去细腻地、夸张地描述自然，抒发感受，但他们比文学家、诗人能更好地反映人与自然的关系。刘东生与广大登山队员，特别是在我国登山运动史上立下赫赫战功的英雄们，都结下了深厚的友谊。

刘东生筹划了 1975 年第二次攀登珠穆朗玛峰的科学考察。到 1977 ～ 1978 年他任托木尔峰中国科学院登山科学考察队队长时，在登山队员登上峰顶之后，仍带着科学考察队员一起从冰川末端往上，攀登到了相当高的地方。1982 ～ 1984 年，刘东生任南迦巴瓦峰中国科学院登山科学考察队队长时，仍然是将登山与科学考察结合进行。1989 年，经中国科学院上报、国家科学技术委员会批准，成立了中国科学探险协会，刘东生先后担任主席和名誉主席。登山科学考察实际上也是刘东生重大科学成就的一部分。

1990 年，国务委员宋健（左四）接见中国科学探险协会领导人刘东生（左三）等时合影

五、澳大利亚贵宾来访

“文化大革命”后期，澳大利亚国立大学地貌与生物地理系的负责人沃克教授率第四纪代表团访问了中国。他曾长期在以研究古植物和孢粉闻

名于世的英国剑桥大学戈德文实验室从事研究工作。他是澳大利亚当代第四纪地质学与地貌学的创始人。另一位鲍勒（Jim Bowler）教授，可以说是澳大利亚第四纪研究的开山鼻祖，他尤其以研究盐湖与第四纪沉积学为强项，曾发现了三万多年前蒙戈湖的古人类遗址。他一直与我国科学界保持着密切联系。

代表团团员中还有一位詹宁斯（Joe Jennings）教授，是岩溶喀斯特与洞穴学专家，他来华访问时，对广西、云南、贵州等地区的溶洞做了深入的研究。可惜他返国不久就在滑雪运动中不幸去世，他的工作未能继续。另有一位索恩（Alan Thorn）是人类学家，主要研究古人类，他认为澳大利亚土著人可能是从亚洲，乃至是从中国去的。他还筹拍过一部科学幻想影片来说明这个论点。还有一位霍普（Jennette Hope）女士，是古脊椎动物学家，她以往对中国第四纪古脊椎动物也有所了解，不过，澳大利亚是孤立的大陆，与其他大陆差别很大。

澳大利亚第四纪代表团到北京以后，见到中国地质科学院地质力学研究所的孙殿卿研究员，谈了第四纪冰川问题。该代表团一行在北京附近也考察了第四纪地质。此后，他们就去了西北黄土分布区，参观了黄土剖面，又去贵阳参观了中国科学院地球化学研究所。他们对中国的 ^{14}C、古地磁等工作很欣赏。中国的古地磁工作，把几个倒转、几个事件都测出来了。中国的黄土与古土壤划分，在世界上还是不多的，他们也很佩服。有些东西中国科学家做了，他们还没有做，所以很愿意与中国科学院合作，具体包括中国科学院植物研究所、地球化学研究所、盐湖研究所，等等。该代表团还去广西考察了喀斯特地貌，访问了相关的研究单位。他们最后提出进行澳大利亚和中国第四纪研究的合作。这个美好愿望在 20 世纪 80 年代初终于得以实现。

第六章 世界第四纪科学的巨匠

一、重返北京　筹备盛会

刘东生在“文化大革命”后期一直关注着青藏高原的科学考察工作。1975年，他与施雅风一起对以往的工作进行总结，提出新一轮青藏高原科学考察的设想，并希望由中国科学院自然资源综合考察委员会来主持。后来该会推荐由党委书记黎映霖和研究员孙鸿烈来领导，孙鸿烈组织、领导新的青藏高原科学考察取得了辉煌的成绩。这一轮科学考察在1978年基本告一段落，出版了《青藏高原科学考察丛书》《珠穆朗玛峰地区科学考察报告》共计数十册。这些科研成果全面阐述了青藏高原的形成、演化、自然地理分异、生物区系的演替、资源的开发利用等重大的理论和实践问题，丰富和发展了中国地学、生物学理论，为青藏高原地区的经济建设提供了科学决策的依据，获得了中国科学院自然科学奖一等奖和陈嘉庚地球科学奖。

中国科学院地学部副主任王遵伋和考察队的总负责人孙鸿烈考虑到在总结和发展大批研究成果的基础上举行国际性学术讨论会的问题，建议由中国科学院地学部、中国科学院自然资源综合考察委员会青藏科学考察队共同来发起青藏高原国际科学讨论会。这一提议很快得到钱三强副院长的支持。1978年，由中国科学院地学部主任尹赞勋牵头组成了一个会议筹备处的秘书组。

刘东生与胡长康的结婚照（1955年）

刘东生由于长期参加并领导了青藏高原的科学考察，也就于当年从贵阳来到北京，参加青藏高原国际科学讨论会的筹备工作。后来，组织上考虑到刘东生自从1968年调往中国科学院地球化学研究所以来的10多年间，一家人长期两地分居。刘东生的夫人胡长康是中国科学院古脊椎动物与古人类研究所的科研业务骨干、杰出的古哺乳动物学家。她参加过“陕西蓝田新生界及古生物”等重点课题研究，取得了重大成果，还担任过中国古生物学会副秘书长、中国古脊椎动物学会秘书长，为同行间的交流做出了有益的贡献。她不仅长期带着一子一女在北京，工作与家务双肩挑，而且对年逾古稀的刘东生的父母也非常孝敬，多有照顾。于是，领导决定将刘东生调回北京中国科学院地质研究所，这样，既能解决夫妻两地分居问题，也有利于他近期和长远的工作需要。

刘东生于1979年被调回北京中国科学院地质研究所。在调离贵阳之前，由涂光炽、于仙春二位同志介绍加入了中国共产党，这是他从1949年到1979年整整30年的愿望和追求，而今终于得以实现，他更坚定了为实现共产主义理想奋斗终生的崇高志向。从1979年回京起，经1980年青藏高原国际科学讨论会召开，直到1981年会议文章出版工作结束，几乎整整三年间，他全身心地投入这次科学盛会。这三年在他整个科学生涯中，也是关键的、重要的三年。

1998年北京大学百年校庆期间，刘东生（左三）与涂光炽（右一）及韩德馨（左一）、陈庆宣（左二）、孙殿卿（左四）、叶连俊（右二）五院士合影

1980年青藏高原国际科学讨论会秘书组的筹备工作包括很多方面。首先是会前会后科学考察旅行路线的问题，要对科学考察旅行路线进行详细踏勘和筹划。这是开好会议的关键，也是考察工作水平的试金石。

其次是邀请国外科学家的问题，要考虑邀请国际同行中有代表性的、与我国青藏高原关系密切的友人。

再次是准备学术论文的问题。这是开好会议的核心。刘东生等为了帮助青年作者写好论文，特地从广州请来罗开富研究员，起早贪黑地对论文进行修改。由于他们的努力，论文的质量都有了基本的保证。另外，他们让所有的论文作者在会前进行试讲，这可能在国内组织的国际学术会议中还是第一次，一方面考查和锻炼了作者的表达能力；另一方面又便于掌握、测算和控制宣讲论文的时间和讨论的时间。

最后是论文报告的时间和地点的安排问题。会议吸取了召开其他国际学术会议的经验教训，把开会地点和住宿地点集中在一个地方——京西宾馆，让所有的与会学者不但充分表达、宣讲自己的研究成果，而且还能让他们听到与自己专业有关的、感兴趣的所有报告，达到充分交流的目的。

刘东生等辛勤地为大会筹备忙活了一两年。在开会报到时，一位研究喜马拉雅植被和干旱河谷的专家施文福尔特应邀前来参会，可是一到首都国际机场，却没有见到大会来接待的人，不由得怒火中烧。他到机场附近的宾馆，按会议通知上的电话号码，打电话给大会筹备处，说他立即回去，不参加大会了。刘东生迅速赶往机场宾馆看望他，向他耐心地解释，并就接待组同志的疏忽向他赔礼道歉。精诚所至，金石为开。施文福尔特听后不但怒气全消，而且高高兴兴地随刘东生到宾馆会议代表住宿处住下，会议期间热情积极地交流，与中国科学家结下了深厚的友谊，还邀请了很多同志到他的国家访问进修。

二、成功的盛会　小平的关怀

1980 年 5 月 25 ～ 31 日，中国科学院组织的青藏高原国际科学讨论会在京西宾馆隆重召开，出席会议的有 180 多位中国科学家和来自 18 个国家的 77 位外国科学家。少数科学家参加了会前的科学考察旅行，而在会后则有较多外国科学家到西藏进行了为期 14 天的科学考察旅行。不少外国科学家以为我们对青藏高原知之甚少，甚至一无所知。来到大会，没想到中国的科学家（而且多数是年轻人）能取得如此大的成绩，他们非常震惊。

大会期间，会议领导机构收到了美国代表瑞普留下的一封信。他不仅是著名的鸟类专家，而且还是美国航天博物馆的创始人。他在信中写道："来中国一个最大的愿望就是见见邓小平先生……要向邓小平先生谈谈中国所取得的如此惊人的成就，表达我对邓小平先生的敬意……"他的这番话代表了与会各国学者的心声。他们的愿望自然得到了满足。

这次盛会自始至终得到党中央的亲切关怀，邓小平同志亲自出席了大会闭幕式。

根据原定计划，小平同志只参加接见和拍照，但当他听到外国科学家对中国学者所取得成就的轰动性评价后，兴奋不已，立即决定与到会科学家共进晚宴。消息一宣布，全场顿时欢呼雀跃。小平同志被人们簇拥着进入宴会厅。

小平同志一到餐桌前，外宾们就排着长队，和小平同志握手，有的在握过的手上热烈亲吻，这个空前的历史场面令所有的人都惊呆了。大会组织者猛然想起自己的职责，为了照顾小平同志的身体健康，防止他过分劳累，不得不组织人员疏散了一部分围住小平同志的人群。

过了若干年，人们回忆起那次会议的场景时仍激动不已。20 世纪 80 年代后期，刘东生访问意大利，去拜望百岁老寿星德西奥，他当年参加青藏高原国际科学讨论会时曾与小平同志谈笑风生。他指着家中显著位置上挂着的他与小平同志现场合影的大幅照片，对刘东生说："与他（邓小平）合影，很荣幸。他是个具有远见卓识的人。他对你们是宝贵的，对我们也是珍贵的……"

大会结束后，小平同志专门接见了刘东生等中国科学家。在接见大会上，刘东生汇报道有外国学者想在西藏考察时采集一些岩石标本带回去研究，请示这问题如何掌握，可否允许。小平同志说："我们的大山还在那里嘛！"意思是我国还有整座大山在那里，人家采点标本去研究也无所谓。王遵伋当时感慨地说："当时我们的思想还不太解放，胆子较小，听了小平同志的指示后，很快研究制定了外宾在中国采集标本的有关规定和办法，既满足了外宾的愿望，也未造成损失。"刘东生后来越琢磨越觉得小平同志的话耐人寻味。这不仅是允许不允许采集点标本的问题，我国有此宝山，外国人千里迢迢地都要来研究，我国科学家就更应当自力更生、自主创新，取得无愧于我们国家宝山的世界一流的科学成就。紧接着，刘东生还汇报了在西藏发现野生小麦的事，希望通过科学考察，使西藏农业生产发生重大变革。小平同志却说，还是不要轻易改变人家原来的东西，我国科学家的任务，就是要"吃透"西藏，在其原有基础上，按自身固有的规律，自主创新地向前发展。刘东生听了也很受启发，这似乎可以与环境保护课题中"人按照自然界固有的规律，与自然界和谐地共同发展"的观点有异曲同工之妙。

更使刘东生感动不已的，是小平同志的一句名言："我国人民要为科学家做好后勤工作。"他不但坐言，而且起行，在关键时刻更是真抓实干。

刘东生与参加会后科学考察旅行的中外科学家一行到了西藏日喀则，再往前走就要到边界，穿越喜马拉雅山，可以看到雪山、冰川和珍奇的动植物了。然而不巧，前边由于大面积塌方，公路交通完全断绝。外宾们就嚷开了：“我已与尼泊尔王国国王比兰德拉联系过，约好见面会谈……”“我还有重要的会议，若不能如期到尼泊尔加德满都转乘飞机，就可能误掉开会……”还有一些外国科学家也议论纷纷：“是不是过不去呀？”“有没有什么可能让我们过去呀？”“我们是否先回北京再回国呢？”刘东生等中国科学家也着急地考虑：“下一步到底怎么解决呢？”他们很快汇报到中国科学院国际合作局，方均同志马上报告了小平同志。小平同志立即批示，令空军派飞机支援，以保证大家穿越喜马拉雅山，顺利完成青藏高原科学考察。这真是令人难以相信的举措。小平同志对于青藏高原科学考察的重视和关怀令所有参加这次活动的人万分感动，有的甚至落泪。幸好，第二天公路塌方的地段被抢修好了，车队很快在工人们的保护之下得以通过。

过了危险区，中外科学家沿中尼（泊尔）公路行至中尼边界的友谊桥，不少外国科学家就向中国东道主告别了。在会议期间，他们和中国科学家，特别是会议组织者结下了深厚的友谊，对中国科学家取得的辉煌成就给予了肯定和赞誉，对中国政府和人民给他们的友好接待，特别是紧急关头的全力支持表示深深的感激和钦佩。很多中外科学家亲切地握手、拥抱，甚至潸然泪下。刘东生不由得浮想联翩，鸦片战争后，中国沦为半殖民地半封建社会，受到列强欺侮，而今我国人民在中国共产党领导下艰苦奋斗30多年，取得举世瞩目的成就，为世人翘首称赞，表明我国人民今天确实是很了不起，将近一个半世纪的沧桑巨变，使自己真正感到作为一个中国人的无比自豪。

1980年6月，刘东生（左）参加青藏高原国际科学讨论会会后科学考察旅行时，在西藏冰川地区与瑞士科学家甘塞尔合影

就在6月底，从喜马拉雅山南麓的尼泊尔，寄出了一封平凡而深情的信到北京，信中写道："作为青藏高原国际科学讨论会及会后对西藏地质考察的参加者，在中国的日日夜夜给我们留下了十分美好的印象。中国科学家高水平的研究成果令世人惊喜，会议组织工作无懈可击……尤其使我们兴奋的是，在北京期间受到邓小平先生的接见。中国科学界得益于他，是十分幸福的。"

会议结束后，刘东生又参加了会议论文集的编纂工作，最后出版了两大本英文的论文集，作为大会的记录留给后世。

在这次大会上，中外科学家结下了深厚的友谊，拓开了今后国际合作、协同攻关的渠道。刘东生于1981年被苏黎世瑞士联邦高等理工大学的许靖华教授邀请去访问交流，并与该校的黑勒教授合作，在英国著名学术刊物《自然》（*Nature*）上发表了关于以黄土和古土壤中的磁化率作为古气候变化指标的文章。

后来刘东生与孙鸿烈、郑度对于几代科学家在青藏高原工作的深切体会进行了精辟的总结，作了哲学意义上的提炼与升华。

首先，他们指出了青藏高原研究的"科学范式"：①长期基础研究的平台；②传播知识的过程，不同学科、不同科学家之间的知识传播、互相启发、交流和渗透，构成一个网络，它们相互依存、相互促进、协同发展，构成共同的科学认识；③出成果又出思想，如提出"青藏高原隆起及其对自然环境和人类活动的影响"，以及"青藏高原形成演化及其环境、资源效应"的思想，指出了新的研究方向，形成了新的课题。

这种科学范式产生了明显的结果，即"青藏效应"。这又包括四个方面。①探索自然奥秘的凝聚效应。来自五湖四海的科学家，走到青藏高原，组成大兵团，协同作战。②不同学科的相互渗透效应。青藏高原持续半个世纪的科学考察提供了时间，高原广阔的区域提供了空间环境条件，在研究中不断出现超越各自原先领域而向相邻学科的渗透，为开拓创新开辟了道路。③人才辈出的催化效应。青藏高原是个大学校，催化了人才的成长。广大科学工作者，特别是中青年一代，在这里经受了锻炼，增长了才干，在认识世界、改造世界的同时，也改造自我、超越自我，在成才之路上奔跑。他们中间出了20多位两院院士，还有数不清的获奖者、科研骨干、学术带头人。④实际应用的社会效应。青藏高原科学考察本身很大部分是属于自然科学之基础研究，然而也通过登山运动、旅游、夏令营、环境保护等社会文化活动，以及资源开发利用、农牧业发展等经济活动中科研成果的实际运用，而产生了巨大的社会效益和经济效益。

在上述"青藏效应"中，又蕴藏着五个方面的精神内涵。①强调创新意识，瞄准国际前沿。上述的新思想，形成了国家攀登计划和国家重点基础发展规划中的大课题，取得了具有国际影响的可喜成果。②立足实地，取得原创数据。通过布设考察路线，进行剖面观测、采样研究及半定位与定位试验站的观测研究等，取得了第一手资料、数据。③提倡协作，加强综合集成。对超越单一学科领域的问题，充分发挥集体力量和多学科的优势，组织综合研讨与论证，使课题任务圆满完成，并取得了创新成果。④结合实际，服务高原建设。主要是结合高原建设的需求和问题进行考察研究，为高原自然资源的合理利用、自然灾害的防治、生态与环境建设，以及区域发展等提供科学依据，促进合理决策，取得了社会经济效益。⑤持之以恒，献身青藏事业。青藏高原科学考察研究的连续稳定，不仅获得了系统的成果，也培养了一批"青藏高原学"专家，他们的事业与高原结下终生不解之缘。

1980 年年底，刘东生当选为中国科学院学部委员（院士）。

1991 年 6 月，中国科学院增选学部委员大会期间，地学部全体老学部委员合影，第三排左一是刘东生

三、兼任科协书记　促进国际合作

1982 年春，中国科学技术协会（以下简称中国科协）副主席、党组

书记裴丽生找刘东生谈话，希望他能去中国科协工作，主要是领导有关学会和学术活动。裴丽生早年是清华大学的学生，参加革命后，经历了抗日战争、解放战争的考验，成为科技界的高级干部，20世纪50年代即任中国科学院秘书长，是刘东生的老领导，十分仁慈厚道。刘东生觉得这是领导的信任和重要的工作，当即应允。那一届中国科协主席周培源是北京大学校长。1975年他率中国科学代表团访问考察美国时，刘东生是团员之一。刘东生与1982年在中国科协国际部的方均同志曾于1980年精诚合作，成功筹备了青藏高原国际科学讨论会，彼此也很熟悉。中国科协要调刘东生去，也许正是与他在这些国际学术交流中的出色表现有关。

刘东生虽然同意了裴丽生的请求，但又希望把个人组织关系仍留在中国科学院地质研究所，还要兼顾长期研究的黄土与第四纪。裴丽生答应了刘东生的请求，认为能兼顾更好。于是，刘东生担任了中国科协书记处书记，主要分管国际部，接待外国科学代表团的访问、考察，也安排中国科学代表团的出国访问、考察，有些也是对外国科学代表团来访的回访。

当时中国早已恢复在联合国的合法席位，中国科协也是国际科学联合会（International Council for Scientific Unions, ICSU）的成员，刘东生为国际学术交流不遗余力，做了很多工作，取得了很大成绩。中国科协也派人协助工作，如举办古代文物对外展览、国际恐龙化石展览及参加国际学术会议，等等。刘东生1982年出席在莫斯科召开的第11届INQUA会议，1984年出席在莫斯科召开的第27届国际地质大会，都具有双重身份，圆满地完成了任务。他特别感谢周培源主席、裴丽生副主席，以及书记处、国际部、学会部的同志对他工作的支持。

在中国科协工作的四年中，刘东生还兼顾第四纪研究工作。当时美国提出了“国际地圈生物圈计划”（IGBP）的设想，主要考虑二氧化碳含量增多造成的温室效应影响到全球环境。周培源主席曾经率团去英国剑桥出席国际科学联合会关于IGBP的大会，刘东生也参加了。美国的马隆（Malone）教授是最早提出这一设想的，最初还有障碍，以后逐渐为各国所接受。会上主要讨论了中国如何参加IGBP的活动。回国后请叶笃正研究员主持召开了IGBP中国国家委员会成立大会，刘东生也参加了。IGBP涉及全球气候变化，与第四纪研究息息相关。刘东生在这项工作中既为中国科协完成了工作任务，又促进了自己领导的第四纪研究。

四、从第一个研究室到“五足鼎立”

刘东生从贵阳调回北京不久，就接待了来访的日本第四纪科学代表团，一同接待的还有中国科学院地质研究所研究员张日东等。他们去到陕西洛川黑木沟黄土剖面进行野外考察。代表团中有一位日本信州市立大学教授乡原保真，已是70多岁高龄，身体健康状况不佳，患有心脏病。同行的中日科学家都劝他不要下到深沟里，让他在塬上等着，人们将标本采上来给他看。然而他却说：“来到了洛川不下去看看黄土剖面我死不瞑目。”大家劝阻不成，就一路小心翼翼地扶着他，慢慢地往下走，他很高兴地把剖面的黄土层从头观察到尾。刘东生等很感慨，外国科学家对中国的黄土如此顶礼膜拜，自己身为中国科学家把黄土研究做深做透就更是责无旁贷的了。

刘东生调回北京中国科学院地质研究所以后，仍坚持他早期的主攻方向——黄土与第四纪研究。但原班子只剩吴子荣、郭旭东、赵希涛三人。大部分人已随刘东生在1968年一同调往贵阳地球化学研究所。刘东生要做黄土与第四纪研究可以说又要从零开始了。一开始，他们附设在地层研究室内，四个人只有半间办公室（与地层研究室其他同志合用一间大办公室）。但他们不讲条件，无私奉献，埋头努力工作。吴子荣为中国第四纪研究委员会机构和《中国第四纪研究》刊物的恢复付出了极大的努力，由于辛劳过度而在花甲之年就过早谢世了。后来，老同志陈明扬、周昆叔、高福清、刘椿、袁宝印等陆续归队，地质研究所也给了他们招收研究生的指标，他们的研究队伍又逐渐壮大起来。

刘东生不仅积极领导、恢复、壮大了原中国科学院地质研究所的第四纪地质研究室，而且一直深切关注着他早先创立的中国科学院地球化学研究所第四纪与现代沉积物地球化学研究室（后为第四纪地球化学研究室），以及由该室派生出的两个新机构——中国科学院广州地球化学研究所第四纪地球化学研究室和中国科学院西安黄土与第四纪地质研究室。1954年年底成立的中国科学院地质研究所第四纪地质研究室，实际上是中国地质学发展史上第一个专门从事第四纪研究的机构，在当时也是唯一的一个。该室成立伊始，刘东生虽不是名义上的室主任，但实际上主要是他在负责，随着他被调往中国科学院地球化学研究所，原第四纪地质研究室的同志亦大部分去了贵阳，以后他在那里参加并领导了环境地质的研究，根据该所从事地球化学研究的特点，去那里的同志逐渐专门从事环境地球化学研究，刘东生也一直关心并亲自领导，同时积极促进成立该所的环境地球化学国家重点实验室。该室的组建、开放和日后的进一步发展，都标志着刘东生在我国开创的环境地球化学事业已经充分活跃在国内外科学的前沿。

该室的工作很有特色，最早是李长生、洪业汤等人从微量元素方面对克山病、大骨节病等进行研究，从现代很多元素与地方病的关系方面进行研究，郑宝山还研究氟中毒现象。这些研究对人类健康意义极大，是非常重要的。人们又进一步注意整个环境的变化，如温室气体使气温升高，这就超出了引发地方病的范围。刘东生及其领导的研究群体，在中国环境科学初创时期做了非常重要的工作。他们在北京西郊所做的工作，以及万国江等人在京津渤地区所做的环境模型、环境评价等工作，都是经典的研究样板。该室其后所做的环境地球化学研究、特种元素及其他元素地球化学演化与机制的研究，都非常出色。

1989 年，中国科学院地球化学研究所第四纪地球化学研究室大部分同志去了新成立的中国科学院地质新技术研究所（就是后来的广州地球化学研究所），并成立了该所之第四纪地球化学研究室，现发展为同位素年代学与同位素地球化学重点实验室。该室的建立和发展，同样受到刘东生的直接指导。

随刘东生去贵阳地球化学研究所的同志，也有一部分如安芷生等人去了西安。1984 年，刘东生创建了中国科学院西安黄土与第四纪地质研究室，担任室主任（安芷生为副主任），并为该室科研方向的制定、实验室的建设和开展国际合作等精心操劳。该室科研硕果累累，深受国内外同行赞誉，在国家组织的三次国家实验室、开放实验室评审中名列 A 类。以后安芷生继任该室主任。2000 年，该室升格为中国科学院地球环境研究所，刘东生为名誉所长，安芷生为首任所长，后由刘东生的学生郭正堂继任，郭正堂于 2006 年任期届满后返回北京中国科学院地质与地球物理研究所。

1978 年，为了地震科学研究及防震减灾事业发展的需要，原中国科学院地质研究所分出将近一半人员，成立了国家地震局地质研究所。刘东生领导的原第四纪地质研究室老成员中，分到新所去的有朱海之、王克鲁、王挺梅、张景文、张仲禄、胡碧茹、焦文强、盛学斌、蔡灵铎、孙建中、丁梦麟，等等。到新所之后，朱海之与王挺梅等研究过活动构造、活动断层；朱海之、蔡灵铎、胡碧茹等研究过地震灾害；焦文强、蔡灵铎、张景文、张仲禄等主要做 ^{14}C 年代测定；原随刘东生调往贵阳的卢演俦，在改革开放初期考取丁国瑜研究员的研究生进入国家地震局地质研究所，

毕业后也主要从事 ^{14}C 年代测定；孙建中与王克鲁等也较多地从事年代测定工作；丁梦麟等以后主要从事开发工作。他们的工作与事业传承下来形成的科研群体，就是今天的中国地震局地质研究所新构造年代学实验室（国家重点实验室）。

综上所述，1954 年成立的中国科学院地质研究所第四纪地质研究室，经过将近半个世纪的发展，变成五个单位。值得特别指出的是，衍生出去的四个单位，已蓬勃发展起来。1979年，刘东生调回北京，他通过培养一代代的硕士、博士研究生，形成了人才梯队，又结合国家经济形势和科学事业发展的需要，获得充足的经费支持，加快了硬件设施的建设，因此发展很快。而今中国科学院地质研究所第四纪地质研究室变为了中国科学院地质与地球物理研究所新生代地质与环境研究室。该室在古生物、矿物、沉积、时间序列、古气候等方面进行了多学科的全面研究，研究手段包括同位素、古地磁等，涉及的地质年代从现代、第四纪，上溯到新近纪的中新世，乃至古近纪的始新世，目前又开始研究人类世（anthropocene），也就是近代人类成为主要地质营力的时代。这个研究室具有很大的宽容性和包容性，体现为对人才、学科实践的最大兼容，原中国科学院地质研究所第四纪地质研究室完成了国家任务又派生出很多新分支，是有很多新生长点的母体。

刘东生对科学的全局、主流十分明确，充满坚定的信心。回顾中国第四纪科学的发展历程，他认为它一开始并不是非常活跃、非常火爆的热门学科，在中国科学院、国家地震局、国土资源部或其他部门中也不是非常前沿、非常尖端的学科。然而，在近几十年里，它却从一个相对默默无闻的、相对冷门的学科不断发展，形成“分进合击”的大好局面，取得累累硕果。在这当中，刘东生自然功不可没。这就正如刘东生的同事、学生所精辟总结的，他的成功要素在于机遇 + 执着 + 勤奋，也就是说，在黄土、第四纪这种一开始并不火爆的研究对象上执着追求，持之以恒，锲而不舍。

现在这五个单位分别是中国科学院地质与地球物理研究所新生代地质与环境研究室、中国科学院地球化学研究所环境地球化学国家重点实验室、中国科学院广州地球化学研究所同位素年代学与同位素地球化学重点实验室、中国科学院地球环境研究所、中国地震局地质研究所新构造年代学实验室。从表面上看，已没有了第四纪的名称。但第四纪仍然是研究的核心和起源，只是研究内容大大地扩展了。以往称第四纪地质为表层地质学，在地球系统科学中，它就是研究地球环境中岩石圈、大气圈、水圈和生物圈各圈层的相互作用。可以说，它们表面上是五个单位，实际上各个研究机构还是从不同的侧面在做第四纪研究的工作。

第四纪研究的发展过程是一段很值得纪念的历史。这半个多世纪是中国地球科学发展壮大的年代。过去一提起第四纪，国际上首先就是讲大冰期、冰期、间冰期。我国第四纪研究虽然与冰川结合并不多，然而我国科学家结合水土保持研究了黄土，结合地震研究了新构造，结合地方病防治研究了微量元素地球化学，结合环境保护研究了环境地质，现在更与整个环境发展趋势、环境数据库等结合，在全球气候与环境变化方面成为国内重要的研究单位，在国际上也占有一席之地。我国科学家工作的准则就是与国家的需求（也是全世界的需求）相结合，与整个科学事业的需求相结合。

五、中澳合作同研讨　第四纪学得双赢

自从澳大利亚第四纪科学代表团成功访华后，中澳双方在第四纪科学上建立了深厚的友谊。刘东生调回北京不久，中澳双方就签订了关于第四纪研究的合作协议，时间为四年（1980 ～ 1984 年），有的部分又延长了两年，涉及中国科学院的地质研究所、地球化学研究所、植物研究所、古脊椎动物与古人类研究所、盐湖研究所及后来成立的地球环境研究所等单位。

中澳合作的第四纪研究项目很多，都取得了很大的成绩，如孢粉学研究等方面。沃克教授设计了在湖泊沉积物里打钻的设备，中国科学院地质研究所的工厂很快生产出来了，很好用，在滇池、洱海都打了很深的钻，在水下湖底进行的淤泥取样和孢粉取样都很成功。中国科学院植物研究所研究员孙湘君从沃克教授那里学来的最现代化的孢粉统计方法也用上了，研究成果很快发表。沃克当年提出的做玛珥湖研究的设想，中国科学家后来与德国合作也实现了。上海同济大学教授汪品先做“国际地圈生物圈计划”研究工作也用了最现代化的孢粉统计法，科研成果发表后也深受外国科学家赞赏。后来，中澳双方又在东北全新世泥炭里采集孢粉，进行过课题研究。再如古人类研究。澳大利亚科学家索恩曾去了广东韶关附近的马坝人遗址，了解了很多情况。他表示欣赏一种假说，认为澳大利亚的古人类是从亚洲过去的，也许当年的马坝人乘上竹筏漂流过去，可能是通过郑和下西洋那条航线，从广东沿海经过印尼婆罗洲、爪哇，最后到了澳大利

亚。澳大利亚考古发掘也发现了一些红木船，似乎又是一个佐证。

澳方友人也根据实际需要，做了一些更广阔的第四纪范围的研究工作。如鲍勒教授去青海与中方人员合作研究盐湖时，也为青海的矿产资源勘查和经济发展规划做了不少工作。

中澳双方合作的方式是双向的交流，澳方人员来华与中方人员合作，采得的标本、资料一律留在中国，双方人员共同研究，写成论文联名在国际著名学术期刊上发表，或者出版论文集（也有一部分成果尚未完全出版）。澳方朋友对此常常说："可以比较容易地把你们的东西介绍到西方去，也很容易地把西方的东西介绍给你们。"

除了澳方朋友来华以外，中国也派出大量人员去澳大利亚的有关大学、研究机构学习和工作，与他们一起到有关地区考察，一起从事课题研究。这当中，他们的突出贡献是为中方培养了大批人才。中国科学院植物研究所的孙湘君研究员，早年留学苏联归来，当时已担任该所孢粉研究室主任，已是十分成熟的中年科研骨干，也培养了不少年轻的接班人。她去澳大利亚后，很虚心地向沃克教授及其他同行专家学习，把西方先进的古植物学、孢粉学研究方法引进国内，使我国科学家的工作更上一层楼，对中国古植物学、孢粉学的发展起到了决定性的作用。

刘东生早年的研究生安芷生在改革开放之初到澳大利亚跟随鲍勒做了一些工作，进步很快。他在第四纪近代盐湖、古土壤微形态学等方面从那里的国际一流专家处学到不少东西。夏佩尔教授利用两个多星期的时间专门向安芷生讲解了当时第四纪研究中的若干问题。虽然这些问题安芷生以往也都接触过，但不像夏佩尔认识得那么深刻，而且又高度概括，从全球研究的最前沿看问题，切中要害，使人一目了然、豁然开朗。夏佩尔对科学资源和财富毫无保留地、诲人不倦地无私援助，使安芷生获益匪浅。安芷生于1991年当选为中国科学院学部委员（院士）时，年仅50岁，在同一批当选的地学部学部委员中是比较年轻的（仅次于黄荣辉和徐冠华），这主要归功于刘东生的长期教导和安芷生本人坚持不懈的努力，而鲍勒、夏佩尔等国际友人的无私援助也有一定的作用。

中国科学院于1955年成立学部，选聘了第一批学部委员（院士），1957年选聘了少量学部委员（院士），1980年以后又选聘了人数较多的第三批学部委员（院士）。可以认为这三批学部委员（院士）堪称中国现代科学各学科各科研团队的第一代领军人物。从1991年起，学部委员（院士）增选已制度化，每两年（奇数年）增选一次，至今已选了十多批，这些可以说是前述第一代领军人物的学生、团队骨干或第二代、第三代领军人物。安芷生是1962年毕业于南京大学地质系并被刘东生招收的第一位研究生。他是刘东生的学生和科研团队骨干中脱颖而出的第一位院士、科研团队骨干和第二代领军人物。

长期在刘东生身边工作的袁宝印，早年毕业于北京大学，也是较成熟的中年科研骨干。鲍勒访华时，他与中国科学院盐湖研究所的张彭熹、黄琪等陪鲍勒考察了青海盐湖，学到很多东西。他又去澳大利亚留学及合作研究两年之久，收获也很大。

从地质科学的中外合作研究历史来看，最早也是从第四纪研究开始的。安特生年轻时参加过北极和南极的考察，后担任瑞典地质调查所所长，1914年应聘来华，任北洋政府农商部矿业顾问。他领导探明了北京附近宣化龙烟地区中元古界长城系串岭沟组里分布广泛且易开采的层状鲕粒赤铁矿，即著名的宣龙式铁矿，为北京钢铁工业的发展提供了很好的原料基地。这是他的首战成功。他更大的功劳还在于对中国新生代、第四纪地层、古脊椎动物、古人类化石及考古学的研究。他发现过山西保德的三趾马红土、河北阳原泥河湾的第四纪沉积（以法国地质学家桑志华、德日进等为主），以及河南渑池仰韶的彩陶（仰韶文化），等等。

达尔文在19世纪发表了其旷世名著——《物种起源》，又出版了《人类的由来及性选择》一书，指出人是由猿进化来的。但是，从猿到人的中间环节在达尔文时代还没找到，称为“失去的一环”（a missing link），大家纷纷在各处寻找。19世纪在印尼爪哇发现猿人化石后，人们把眼光转向了亚洲。安特生通过在中药铺收购的“龙骨”化石，顺藤摸瓜，早在1919年就发现了北京西南约50千米的周口店龙骨山这一化石产地。1923年，与安特生一同工作的奥地利古生物学家师丹斯基（Otto Zdansky）在周口店采集物中发现第一个类似人类臼齿的东西。

1927年，农商部地质调查所所长翁文灏及前任所长、名誉所长丁文江一起，与美国石油大王洛克菲勒（Rockefeller）基金会谈判中美两国合作学术交流事宜，协议在当年共同发掘周口店遗址，由中方负责主持、管理（雇佣工人等），美方提供经费，并聘请专家在现场负责科研业务指导。中方由农商部地质调查所技正李捷主持现场发掘，美方聘请的专家有瑞典的步林、法国的德日进、加拿大的步达生，等等。当时签订的协定里明文规定：一切发掘材料、研究成果首先要在中国学术刊物上发表，然后才能在国外发表；研究工作管理的最后决定权在中国；所有发掘出来的材料，包括人类化石材料，全部留在中国，为中国所有。这样，既不损害所有权国家的利益，又能揭露自然界的奥秘。这是中国近代科学史上第一个与外国进行科技合作的样板。从丰富的1927年发掘材料当中，步达生发现了两颗人牙，定名为新属新种——“北京中国猿人”（中国猿人属北京种），拉丁文学名是 *Sinanthropus Pekingensis*。

1928年年初，李捷辞职去上海，进入李四光刚创办的中央研究院地质研究所任研究员。留德归来的青年古脊椎动物学家杨钟健被地质调查所派来接替李捷，主持周口店现场发掘工作。刚从北京大学地质系毕业不久的裴文中也参加了发掘工作。

1929年，农矿部地质调查所与美国洛克菲勒基金会主办的北平协和医学院解剖系合作，成立了新生代研究室，就设在协和医学院内。由丁文江任名誉室主任，该院解剖系系主任步达生任室主任，杨钟健为副主任。当年12月2日，裴文中在周口店发现“北京中国猿人”第一个头盖骨化石，震惊中外。“北京中国猿人”一度改名为“北京猿人”（*Pithecanthropus Pekingensis*），现为“北京直立人”（*Homo erectus Pekingensis*）。1931年，高中毕业而自学成才的有为青年贾兰坡进入地质调查所，被派到周口店发掘现场。1934年，步达生逝世。德国古人类学家魏敦瑞（Franz Weidenreich）继步达生之后从事研究，后来发表了很多研究成果。1935年裴文中赴法国留学，贾兰坡负责发掘现场。1936年，贾连坡连续发现三件“北京人”头盖骨化石。可惜在太平洋战争爆发后，珍贵的古人类化石标本遗失了，但周口店遗址在第四纪科学、古人类学上的价值却影响长存。这一段中外合作的历史为后人树立了很好的榜样。

在周口店中外第四纪研究合作之后的半个多世纪，中国又与澳大利亚从事第四纪研究的合作。中国以前者为典范，然而某些方面又超过了前者。例如，裴文中、贾兰坡等虽然在周口店现场边干边学，受到过步林、步达生等人的培养，然而这并不在签订的合同之内。在中国与澳大利亚的合作中，澳方在培养中国青年科学家方面不遗余力，特别在玛珥湖、同位素等研究上培养的人才与日俱增，发挥了很大作用。澳方与中方精诚合作，还延伸到在国际会议、国际组织中对

1984年，刘东生（中）与本书作者潘云唐（右）等在周口店参观北京猿人展览馆

中国的全力支持。刘东生回顾这中澳合作的全过程，无限感慨，盛赞这是“白求恩式的国际合作”，衷心感谢澳方“白求恩式的对中国的支持”。

中澳两国在第四纪研究上有了几年的合作，中澳科学家之间建立了深厚的友谊。1987 年，刘东生去澳大利亚国立大学接受了名誉科学博士学位。澳大利亚科学家为我国培养人才的工作此后一直在进行。中国去澳大利亚留学做研究生的人很多，有的学成归国，有的暂时留澳工作，成绩都相当出色。这一切确实使人感到友谊之树长青。

刘东生荣获澳大利亚国立大学名誉科学博士学位（1987 年）

六、新时期的力作——《黄土与环境》

刘东生于 1979 年调回北京前后，都始终牢牢抓住自己事业的基点——黄土与第四纪研究。他通过指导地球化学研究所的第四纪地球化学研究室和各个研究群体，特别是恢复重建起来的中国科学院地质研究所第四纪地质研究室，都在这方面研究上取得了很大进展。他感到有必要再进行新的总结，写成著作。书的题目，经过反复推敲，最后与“国际地圈生物圈计划”联系起来，定名为《黄土与环境》。

刘东生在 20 世纪 50 年代刚从事黄土研究时，看到偌大的黄土高原不断被剥蚀，不断流失，造成黄河每年输沙量达 16 亿吨，到了下游，由于淤积而垫高河床，造成悬河，酿成水灾。当时作为他们研究对象的黄土，是灾害的来源，因而人们在思想上只能被动承受。当时首先要做的主要是水土保持，为此他做了黄土分布、厚度、矿物成分、颗粒粗细、物理性质等方面的研究，完成了几本书。《黄河中游黄土调查报告》是对每个地区、每个点上考察的成果总结，主要论述地层厚度、物质成分，等等。《黄河中游黄土》是对前者更进一步总结、提高的论述。《中国的黄土堆积》则全面论述了我国黄土的分布（不仅限于黄河流域），从黄土高原向西，经甘肃河西走廊，直至新疆，向东直至山东半岛，向北直至河北、东北，向南直至宁镇山脉（南京镇江之间的第四纪“下蜀黄土层”），都有黄土的踪迹。还有一本书是《黄土的物质成分和结构》，是在面上调查、描述基础上进行实验测试工作的成果。以上四本书是20世纪五六十年代黄土研究第一期的硕果。到了20世纪七八十年代，刘东生领导他的研究群体，进行了黄土研究第二期的工作，这时对黄土的认识已有了深刻的变化，黄土已不像原来那样是灾害的根源，是消极被动的包袱累赘，黄土本身蕴含着古代气候变化、生物变化、水文变化的丰富科学信息。刘东生完成了《中国的黄土堆积》一书后也曾想过，在中国以外，黄土在苏联、欧洲、美洲等地又是怎样的呢？该所、室领导彭会和于仙春也很关注此问题，也说研究完中国黄土再研究世界黄土，进一步探讨黄土在全世界的意义。当时全世界的第四纪科学也正由传统的、经典的研究向着现代的、综合的全球变化研究转变，主要体现在由以往的黄土物质成分、结构特征、地层划分、地域分带、地貌形态、沟谷发育、植物分带等的研究转向与古气候、古环境关系等的研究上。

1981年，刘东生应当时瑞士籍华裔地质学家许靖华教授之邀，到苏黎世瑞士联邦高等理工大学访问。他带去了陕西洛川黄土剖面一个钻孔的系统样品，在该校古地磁实验室里，在地质部贾同铭协助下，做了黄土磁性地层学的研究和磁化率测定，发现黄土与古土壤之磁化率明显不同。黄土磁化率低（磁化弱），代表干寒气候，古土壤磁化率高（磁化强），代表暖湿气候，二者交互成层，从第四纪早期（约260万年）到现在，共有30多个交互层，这就代表了30多个气候旋回。经研究，它与国际上深海沉积物氧同位素变化曲线的结果

1981年，刘东生（右）与中国科学院地质研究所所长张文佑在瑞士苏黎世湖畔

完全可以对比。20 世纪 80 年代初，在刘东生的主持和亲自参与下，中国科学院地质研究所第四纪地质研究室与中国科学院地球化学研究所第四纪地球化学研究室合作，对陕西洛川黑木沟黄土剖面再次进行测量采样，并采用各种新手段、新方法（包括上述古地磁测试）进行全面、深入的研究，构建了黄土剖面的时间标尺，建立了 260 万年以来古气候变化系列及古气候变化模式，并最终树立了洛川黑木沟黄土经典剖面。在这种情况下，总结与综合最新研究成果，编撰《黄土与环境》一书就是大势所趋、高屋建瓴、瓜熟蒂落、水到渠成了。

说起该书的指导思想，可以回味当年彭会处长所说的中国第四纪研究的“红、黄、黑”。“红”是指南方的红土、红色风化壳。刘敏厚自从作为帕甫林诺夫教授的研究生毕业以后，又去苏联留学，苏联科学院、苏联地质保矿部、莫斯科奥尔忠尼启则地质勘探学院他都访问过。他最终是在对口的苏联科学院地质研究所做格罗莫夫教授的研究生，主要研究第四纪脊椎动物化石，划分第四纪地层，也向孢粉学权威格里丘克教授学习孢粉地层学知识。他取得博士学位回国后，到中国科学院地质研究所想继续做脊椎古生物地层划分。刘东生等觉得在杨钟健、侯德封的以往第四纪地层划分的基础上，大的方面已没更多的工作需要做了，于是建议他研究南方红土。刘敏厚在刘东生劝说下，还是与杨理华、郑洪汉去南方调查了红土。所谓“黄”自然就是指黄土。所谓“黑”是指更新世泥炭，特别是东北三江平原等地的沼泽泥炭。

说起《黄土与环境》一书的写作思路，主要是刘东生等多年工作后对黄土有了新的认识。关于这一点，他说了一些看法。第一，作为地质工作者，黄土这种物质、这个地质体是可认识的，自然界与黄土有关的矛盾是可认识的，这完全符合唯物主义原理，即世界的物质性和物质世界的可知性。第二，人与自然界的黄土暂时产生了矛盾，就是黄土地区的地方病、水土流失给人类造成的危害，二者都有人的因素加入自然界的黄土中来，这是复杂的矛盾现象，这个矛盾还不能完全解决，解决此矛盾之前，首先需要认识黄土。第三，人们目前还未认识产生矛盾的关键是什么，也许问题就不能解决，等到人们的认识提高了，才可能解决，所以应当暂时把人的因素排除在外，好好研究黄土本身记录的自然规律是什么。第四，人们要根据地质学的原理及其相关知识，去进一步认识黄土的特殊矛盾。在黄土高原的地层中，黄土和古土壤多次重复出现，一层黄，一层红，30 多次反复出现，这在南方红土里、在三门系地层里、泥河湾第四纪沉积里是看不清楚的。这就是黄土中所显示的特殊矛盾。通过寻找化石、孢粉分析、黄土颗粒分析、微形态分析等手段，正是为了更好地揭露和认识黄土的特殊矛盾、特殊规律。第五，刘东生回想在西南联大念书时，主讲岩石学的王恒升教授讲到从他瑞士留学时的导师尼格里（Paul Niggli）教授那里学来的“岩石发生史”课程的知识。岩石都是在一定的环境下，在某种温度、压力等条件下产生的，而今则要通过对岩石的成分、结构、构造等特征的研究去追索它发生的历史、产生的环境和条件。现在，刘东生及其研究群体也正是通过显微镜观察、化学分析等手段，去研究“黄土发生史”。通过对黄土和古土壤的研究，认清它们反映的气候变化，黄土代表干寒，古土壤代表温湿。以古地磁分析作为代用指标（parameter），黄土与古土壤有不同的磁化率，黄土与古土壤的磁化曲线正好可与深海沉积物氧同位素曲线相对比。这样一来，对黄土的认识就比早期的“视觉地质学”（visual geology）深刻，进入了“实验地质学”（experimental geology）的新阶段。第六，刘东生等由于发现了黄土和古土壤的特殊规律，揭示了黄土的发生史，就进入了对黄土的新认识。回想 20 世纪 50 年代初，他们的认识远未达到这一步。杨钟健当时提出红色土的 A、B、C 三层，都还没有气候变化的概念，而今他们进入了新的认识阶段，黄土地层是地地道道的地质时代气候环境的文献库、数据库。

这部大作的酝酿，从刘东生还在贵阳地球化学研究所时就已开始，到他返京之后，新老同志一起分工合作，首先完成了一个框架。这本书与以前五本书的不同之处就在于对黄土的新认识，虽然以中国黄土为实际研究对象，但增加了与深海沉积物氧同位素研究的对比，突出了它指示环境变化的功能。

这本书是集体创作的产物，充分体现了群体的力量，集中了每个人的智慧，为黄土的新风成说打下了基础。过去对黄土与古土壤关系的看法以为，有黄土时就有古土壤，有古土壤时也就有黄土，它们互相交错叠置在一起。这就让人们去思考它，把风成作用从黄土高原顶部黄土序列（大约几万年）扩展到了两三百米厚的整个黄土序列（大约 260 万年）。旧风成学说只强调搬运作用过程，而新风成学说则对物源、搬运、搬运时候的风力情况、沉积时候的环境面貌，以及沉积以后的变化这个全过程都进行了阐述。黄土是几百万年一次次沙尘暴的叠加，它的沉积过程同时记录了环境变化的信息。因此，黄土的新风成学说就为从黄土沉积中提取环境变化信息奠定了基础。

对于冰期与间冰期的认识，也有可喜的发现和值得注意的教训。刘东生等在 1961 年曾对黄土剖面做了地层划分，依颗粒变化画出一条曲线，黄土颗粒要粗些（多为粉砂级），古土壤要细些（含更多的黏土），曲线一凸一凹，贯穿黄土剖面始终，共有几十个周期（旋回）。当时还是经典的四次冰期-间冰期理论统治一切，虽已见到这一现象，但并没有把它作为科学上的重大发现来很好地阐述一下，经过20世纪七八十年代科学的发展，深海沉积物氧同位素研究结果得到国际上承认，知道第四纪不只是四次冰期气候冷暖旋回，还有更多冰期-间冰期的波动，而今黄土的最新研究成果与之遥相呼应、彼此对照，共同建立了第四纪气候演化的“多旋回学说”。这一学说让人们在全球与区域尺度上，了解环境是怎么变化的，为什么会变化。这也就是“全球变化”的概念。“全球变化”的国际对比标准是中国黄土沉积、深海沉积和极地冰芯。在写书的过程中，作者群体的认识共同提高。1954～1966年，王挺梅、朱海之、王克鲁、文启忠、杨理华、吴子荣、高福清、丁梦麟等人在黄土研究初始时期有大量的野外观察和记录，特别是北京大学、南京大学、长春地质学院等单位合作者们也有很多辛勤劳动的成果；1966年以后贵阳地球化学研究所时期，刘敏厚、郑洪汉、文启忠、陈明扬、沈承德、陈承惠、安芷生、韩家懋、贾蓉芬等人为了把中国黄土的认识系统化和全球化付出了艰苦的努力，特别是那时安芷生付出了巨大的精力和智慧。所有这些，形成了全书的主线、核心思维，即三个方面的主题：新风成说、环境演化多旋回说和全球变化。

《黄土与环境》一书于1985年出版，获1989年中国科学院自然科学奖一等奖，获1991年国家自然科学奖二等奖。该巨著还创下了地质学领域中国文献SCI收录最多的纪录。此书继20世纪60年代出版的关于黄土研究的五本

《黄土与环境》

《黄土与环境》英文版 *Loess in China*

书之后，全面体现、集中反映了刘东生和他们研究群体的学术思想。

在该书写作过程中，大家觉得应该再出版英文版，于是请地球化学研究所郭其悌为首的几位同志共同完成了一个简化的全译本，但是只出版了精编本。后来德国的施普林格出版社（Springer-Verlag）根据中国的英文本，由刘东生审校，出版了在国外发行的英文版（*Loess in China*）。第一版出版后，在英国、美国等国反响很大。

如果说，一本调查报告、三本科研专著、一本论文集（共五本书）集中反映了刘东生学术活动第一阶段（即20世纪五六十年代）的成果，那么，《黄土与环境》则集中反映了他的学术活动第二阶段（即20世纪七八十年代）的成果。

七、窗口与喉舌——《中国第四纪研究》

1957年，中国第四纪研究委员会成立时，刘东生任秘书长。次年，该委员会机关刊物——《中国第四纪研究》（1989年更名为《第四纪研究》）创刊，刘东生任主编。该刊为不定期出版物。在中国当今众多地质学刊物中，它也算是历史较悠久的“老大哥”了。它是迄今在传播中国第四纪知识、发展中国第四纪科学上起了很大作用的核心刊物。

创刊之时，《中国第四纪研究》的拉丁文名称是 *Quaternaria Sinica*。当时只认为出版该刊是“学会”这种横向组织的工作，是志同道合的友人们凭着兴趣、责任心来做，就像刘东生初到北碚中央地质调查所时，跟黄汲清出野外，就帮着义务校对《中国地质学会志》的校样一样，大家完全是业余的，从自发到自觉自愿。1989年以前，《中国第四纪研究》都是不定期出版的，没有固定编制，刘东生是兼职主编，实际主持领导编务，大部分工作都由他一人承担。稿子少时，一年出一期；稿子多时，一年出两期。工作量大时，就找一些同志来帮忙，或去第四纪地质研究室“抓差”，这一时期王克鲁做的协助工作最多。“文化大革命”以后魏兰英专门负责此刊物，她为此刊的组稿、编辑、校对等工作花了很大力气。很多同志也都乐意义务参加编辑工作。

20世纪80年代末，是该刊一个重要转折时期。贵阳地球化学研究所的宋云华原是学地质的，大学毕业后曾在科学出版社做过编辑工作。她表示愿意继续从事编辑工作，刘东生就与中国科学院地球化学研究所所长欧阳自远商量，借调宋云华到北京。于是宋云华编审于1988年来到中国科学院地质研究所，主要负责第四纪研究刊物的编辑。用她自己的话来说，她把刊物当成自己的孩子一样，一点一点地呵护，让它尽快成长。她在工作中严谨负责的精神，全室内外有口皆碑，赞扬之声不绝于耳。很多人受到她的影响，工作都有了很大改进。

2006年，刘东生（左三）与宋云华（左一）、刘秀铭（左二）、韩家懋（左四）在中国科学院地质与地球物理研究所办公楼前合影

20世纪80年代末正是刘东生的第四纪研究在国内外学术舞台上大展宏图的时期，在办学术刊物上也就有了一个飞跃。首先是经大家讨论，刊名改了，就叫《第四纪研究》，这样做可以使刊物不再带有区域性，有利于发表若干理论性著作，而且也利于外国科学家发表文章。其次是改成了定期刊物，这本是刘东生多年的夙愿。该刊终于改成了定期出版，初为季刊，一年四期。由于该刊越办越红火，后来由季刊改为双月刊，一年六期，周期更短，容量更大，更能发挥国内外学术交流的作用。

刘东生有很明确的办刊方针。首先是科学的普遍性。这个刊物虽然是中国第四纪研究委员会的机关刊物，而且挂靠在中国科学院地质研究所第四纪地质研究室，但绝不能把它办成所刊、室刊，它应当属于中国和全世界的第四纪科学家。刘东生鼓励本所、本室的同志多投一些文章到其他刊物上发表，为的是尽量留出一些版面让所外的同志乃至国外同行来发表他们的成果。在安排稿件时，也尽量平衡科研、教学、生产三方面。

随着我国在世界第四纪科学界地位的提高，该刊的确也吸引了大批国外学者来发表大作，扩大了该刊的国际影响，我国港澳台地区的学者和国际同行都争相订阅此刊。

刘东生第二个突出的办刊方针是三方面结合，即来稿与组稿（约稿）相结合，长稿与短稿相结合，记叙性稿与讨论性稿相结合。尤其是第一个结合，在稿源十分丰富的情况下，他们并非是随便选一些文章凑成一期出版就行了，而是注意国内外学科动态，有意识地进行“专题组稿”。例如，汪品先教授主持了我国深海第四纪沉积物的钻探，就约他写这方面的稿子。最能体现这点的实例是该刊物1993年第2期（“关于数学模型在第四纪研究中的应用”专号），正如该期后记中所写的：“当这期稿子正要发稿时，我们看到了美国第四纪协会1993年第1期通讯上登出1994年6月将在明尼苏达大学召开两年一度的全美第四纪大会，其主题是模型（模型数学家）与第四纪记录（数据持有者）的相互关系。……倒觉得我们有点得风气之先了。”长稿与短稿相结合，多设些栏目，使刊物变得丰富多彩，不显得呆板。有些在偶然情况下见到本刊的读者，也能抓紧时间读完一篇短稿而有具体的收获。记叙性稿与讨论性稿相结合，既能为研究者罗列丰富的实际材料，又能为他们提供精辟的理论见解，使大家能有更全面的收获。

刘东生第三个突出的办刊方针是“百花齐放，百家争鸣”，让各种见解都有发表的机会。例如，荷兰大气化学家克鲁岑在阐述他所提出的人类世概念时认为，从1784年瓦特发明蒸汽机开始，就进入了人类世，但也有人认为从农业起源开始就进入人类世了。因此，邀请持有不同观点的作者写文章，请有关专家审阅，再把两方面的观点都刊出，这样就可以活跃学术气氛。

刘东生第四个重要的办刊方针就是重视科学文化、科学传统。与世界很多刊物一样，该刊也很重视人物纪念等，如适逢李四光、杨钟健、侯德封、黄汲清等先生百年诞辰，该刊都分别发表了纪念文章，有很多还是刘东生亲自写的，很好地介绍了他们一生的工作成就与贡献，弘扬了他们的光辉业绩和道德风范，对于科学文化的传播与继承，教育广大人民群众，特别是年轻一代，有很大的作用。

刘东生在办刊上还有另外两个特色。为了保证“专号”的学术水平，从1993年第2期起，他就提出请国内知名专家任一些专号的特邀编审，每位特邀编审对论文把关都十分严格，正由于特邀编审与编委会成员都花费了很多宝贵时光，所以使“专号”水平能得到保证和提高。另外，作为主编，刘东生不但坚持读每一期稿件，有的重点文章还反复看，并且亲自执笔编写每一期的后记，不仅概括介绍每篇论文的精髓，而且指出该专题领域的研究动态与发展趋势。这就像有些刊物的“导读”一样，给读者以启迪，也使该期主题更加突出。读者们一致肯定：“‘后记’的形式非常好，起到了画龙点睛的作用。”

刘东生为《第四纪研究》刊物真正是全身心地投入，可以说是呕心沥血。他常常在出差或出国之前后几天，专程去编辑部过问工作情况，千叮咛，万嘱咐，希望万无一失。有一次，他要去美国夏威夷，临行前头绪万千，他却在去医院看病时抓紧候诊排队的时间，写完了《第四纪研究》该期后记的最后一部分。临走时他把写好的后记完整地交到宋云华处时，宋云华和在场的同志都为他“言必信，行必果”的认真负责精神感动得久久说不出话。正是他的这种精神，感召了周围的同志，大家协力同心，把该刊办得好上加好。

作为中国第四纪科学的大师，刘东生曾无限深情地谈起自己的感慨：

《第四纪研究》这个刊物，从1957年筹备、1958年创刊到现在，将近半个世纪了，我自始至终没离开过它，也做了大部分工作。正如我大半生从事黄土与第四纪研究是从不起眼的、非火爆的研究慢慢一步步干出来的一样，这个刊物也是在一开始不引人注意的情况下办起来的，即使遭到风吹雨打，我独自一人也还是将它坚持下来了，在人们不太注意它的存在时，它存在下来了。它就像路边的马兰草一样开出紫蓝色的绚丽的花。我们在东北、华北、西北出野外都能碰到这种马兰草，在乡间小路上，在过往车辆碾压的辙迹旁边，它们在十分艰难的条件下，倔强地生长，它们的根很深，拔不起来，叶子很坚韧，不容易弄断，不懂事的小孩也不去破坏它，过往行人也不太注意。到时候它却突然绽放出紫蓝色的鲜花。我们的刊物就是像马兰草一样存在下来了。我觉得科学工作者就应当坚持不懈、坚忍不拔。要相信一分耕耘一分收获，只要坚持不懈就能结出硕果，能把刊物办起来，起到宣传的作用，达到交流的目的，就能引起有关方面的重视，能为我们的工作提供较多的经费，创造方便的条件，使我们出的成果更多。这就是我们的收获，使我们悟出了人生的意义，享受了人生的乐趣，因此感到万分欣慰。

八、思念海外挚友　培养接班后代

刘东生十分明白，一个人的成功离不开整个社会环境条件，其中同事、朋友的亲密协作也是非常重要的。他取得事业上之成功的同时，也十分思念自己的同事和友人。那些海外华人中的同行友人更常常令他魂牵梦萦。这当中，有他的学长、同学，也有比他年轻的晚辈后生。他多次与这些人接触，有很多工作上、业务上的联系，不少人对他有很大帮助。他也深深了解那些友人。他知道，他们青年时期出国留学，由于种种具体原因滞留海外，然而他们的思乡爱国之情却与日俱增，有的甚至比我们身在国内的人更深刻。他们很想念国内的亲人、友人，国内亲友也同样很想念他们。刘东生心里随时回荡着一句无比亲切的话："不可忘记他们。"他经常对人们提起的海外赤子同行友人主要有以下几位。

李庆远先生，浙江宁波人，是著名地质学大师翁文灏的外甥，与中国科学院院士、著名土壤学家李庆逵是亲兄弟。他 1934 年毕业于清华大学地学系，曾留校任助教，在清华大学时期就发表过关于黄土、海岸线等方面的文章。曾在经济部资源委员会工作。他在联合国教育、科学及文化组织和亚洲经济开发署工作时，在他的倡议、筹划和具体领导下，创办了东南亚沿海岸矿业资源组织。该组织总部在泰国曼谷。这一出色工作，为东南亚矿产资源勘查做出了很大贡献。苏联的阿列克谢耶夫、中国的王凤翙都曾在他手下工作，对他都很钦佩。1992 年，中国地质学会成立 70 周年纪念大会在北京召开，李庆远和著名地质学家阮维周、毕庆昌等特地赶来参加。刘东生与他们见面畅谈，十分愉快。

彭琪瑞先生，早年进入清华大学地学系，1938 年毕业于西南联大地质地理气象系，曾在北碚原中央地质调查所工作。抗日战争末期曾去广西调查铀矿。抗日战争胜利后，在南京珠江路中央地质调查所与刘东生是邻居，十分友善。1948 年，他去了美国，在芝加哥大学获博士学位。新中国成立之初，他积极要求回国，1956 年归国后，在中国科学院地质研究所与刘东生再度共事。他主要从事矿物学研究，在中国科学院学部委员（院士）何作霖的研究室里做了很多工作，出了很多成果，同时又为刚复办的北京大学地质地理系地质专业的学生主讲矿物学课程，深受学生欢迎。他热情诚恳，助人为乐，对刘东生这样的老同事、老朋友更愿帮忙。他于 1961 年去了香港，任教于香港大学。20 世纪 80 年代初，刘东生去香港参加一个国际会议，再次与彭琪瑞欢聚。1985 年彭琪瑞因病于香港逝世。

赵景德先生，抗日战争初期在西南联大地质地理气象系读书，1941 年毕业，比刘东生只高一级。他毕业后去了位于重庆的四川省地质调查所。后来，该所所长侯德封资助他去美国留学，在芝加哥大学做地球化学研究生，获博士学位后到美国地质调查局工作。1975 年，刘东生参加中国第一个访美科学代表团。在美期间，美国政府请赵景德陪同刘东生等访问各地。他在矿物、岩石、地球化学方面很有成就，第一个发现冲击变质石英，很有名望。在阿波罗登月计划中，他担任顾问，1969 年首次载人（阿姆斯特朗等）飞船登月时，曾指导宇航员做了很好的宇宙地质工作。他是地质界海外华人回国访问最早（20 世纪 70 年代末）的一位。他在微量分析研究中也很有成就，访问中国科学院地球化学研究所时，与谢先德等人合作做过微量分析研究，也与中国科学院地质研究所张培善等去白云鄂博含稀土金属铁矿进行过考察研究，取得了很好的成绩。中国地质学家多次访问美国地质调查局都受到他的盛情接待，他对中美地质学学术交流做出了重大的贡献。

许靖华先生，江苏南京人，1948 年毕业于南京中央大学地质系。1953 年获美国洛杉矶加州大学博士学位。以后长期在苏黎世瑞士联邦高等理工大学任教授，曾任国际沉积学家协会主席及国际地质科学联合会（International Union of Geological Sciences，IUGS）海洋地质委员会主席、国际岩石圈委员会第七工作组主席。1984 年获美国经济古生物学家协会童霍菲奖章及英国伦敦地质学会沃拉斯顿奖章，1985 年获中国科学院名誉教授称号。他发表的文章很多，内容涉及沉积学、构造地质学、地史学，等等。曾经是他老师的黄汲清先生也很欣赏他的成就。1980 年是苏黎世瑞士联邦高等理工大学百年校庆，他特推荐黄汲清去接受了该校名誉博士衔。他多次回国访问讲学，从事合作研究，对祖国地质事业的发展帮助极大。1981 年他邀刘东生去苏黎世瑞士联邦高等理工大学访问，时间长达半年。刘东生在那里主要做黄土剖面的古地磁研究，收获很大，对他也十分感激。许靖华的知识面广，对石油普查勘探也有不少贡献，除学术著作外，也写过很多科普著作、科学史著作、科学家传，等等。

1982 年，刘东生（右二）与许靖华（左一）考察陕西洛川黑木沟黄土标准刻面

刘东生刚从贵阳调回北京中国科学院地质研究所重新开始第四纪科学和黄土研究时，身边的人员仅三四名，加上陆续归队的也不过十来人。改革开放以后，有了充足的科研经费，刘东生有了较多的招收研究生的指标。刘东生的主要研究对象是第四纪，这是最晚、最新的地质年代，一直包括现在我们人类生活的时期，所以其拓展空间极其巨大，包括自然科学和社会科学，形成了很多新的交叉学科、边缘学科，特别是其中的环境科学更成为当今很重要的热门、优势学科。刘东生正是利用这一学科拓展优势，广泛地、多层次地、多方向地招收研究生。据不完全统计，他从1978年开始招收两名硕士研究生，直到病重前一年还在招收博士生、博士后科研人员，24年时间，共招收了硕士生12名、博士生30名、博士后科研人员8名。研究生中还有国内兄弟民族青年，也有外国青年。这些研究生毕业后很多都继续求学，都取得了很大成就，成为科研团队的骨干或领军人物，产生了几位当选为中国科学院院士的顶尖级科学家。

2003年中国科学院地学部新当选的10位院士中，有刘嘉麒和朱日祥，他们是刘东生的学生和科研团队骨干中，继安芷生后第二位和第三位当选为院士的。

刘嘉麒于1965年从长春地质学院毕业后继续攻读该校的研究生，后因“文化大革命”终止了学习。1978年研究生制度恢复后，刘嘉麒考取了中国科学院地质研究所所长侯德封的研究生，主攻方向为地球化学中年轻的同位素地质年代学。后投到刘东生名下做博士生，研究方向与硕士时期大同小异，而且更加精细。1986年，刘嘉麒以优异的成绩通过了论文答辩，获博士学位，并以与博士论文相关的工作——“在中国东北地区新生代火山岩年代学研究中做出卓越成就”而被中国矿物岩石地球化学学会授予首届“侯德封地球化学奖”。他留所工作先后任研究室主任、所长，始终坚持实践第一，奋斗在科研第一线。在领导和参与科研工作、发表研究成果的同事，他还积极进行科普活动与创作，发表了很多科普作品，像刘东生那样“还知于民”。

朱日祥于1981年考取中国科学院地球物理研究所的硕士研究生，毕业后留所工作。刘东生了解到朱日祥从事的专业是古地磁学，对于地层划分对比的用处是很大的。于是，刘东生于1986年招收朱日祥为博士生，副导师是刘东生同研究室的古地磁专家刘椿研究员。1989年，朱日祥以优异成绩通过论文答辩获博士学位，后到中国科学院地球物理研究所做博士后研究。20世纪末，中国科学院地质研究所与中国科学院地球物理研究所合并，朱日祥即任中国科学院地质与地球物理研究所副所长，后任所长。2005 年，朱日祥当选为第三世界科学院院士，后兼任该院地球科学奖励委员会主席。2011 年，朱日祥当选为美国地球物理联合会会士。

丁仲礼于 1982 年毕业于浙江大学地质系，后考入中国科学院地质研究所读研究生，所学专业为第四纪地质，导师便是刘东生。1985 年获硕士学位后，攻读博士学位，并参加了刘东生领导的第四纪科学与黄土科研课题，1988 年获博士学位后留所工作。2005 年当选为中国科学院院士。2008 年任中国科学院副院长。2014 年任中国科学院大学校长，在科教融合、培养创新人才的伟业中做出了重大贡献。

1985 年 7 月 11 日，中国科学院授予瑞士许靖华教授名誉教授证书仪式后合影，出席者有许靖华夫妇（前排右五、右六）、郭文魁（前排左二）、李春昱（前排左三）、傅承义（前排左四）、孙鸿烈（前排左七）、黄汲清（前排左八）、程裕琪（前排左九）、叶连俊（前排左十）、田在艺（后排左四）、刘东生（后排左六）、崔克信（后排右三）等

郭正堂于 1983 年毕业于北京大学地质系第四纪地质专业，获学士学位后即留学法国。1985 年在波尔多第一大学获第四纪地质及史前学专业硕士学位，1990 年获皮埃尔 - 玛丽居里大学环境地质系及国立农学院土壤科学系联合授予的理学博士学位。回国后，在中国科学院地质研究所做博士后研究，师从导师刘东生，2013 年当选为中国科学院院士，2015 年在日本名古屋举行的国际第四纪研究联合会第 19 届大会上当选为该会副主席。

在中国科学院老一辈院士（第一代领军人物）中，像刘东生这样门下的学生、科研团队骨干当选为中国科学院院士多达五位之多的实在是极其罕见。

1995 年，秦小光博士后出站报告会后评委与相关人员合影，前排左起：杨华蕊、刘嘉麒、陈述彭、秦小光、刘东生、张德二、方勤；后排左起：田兴有、丁仲礼、袁宝印、李继亮、汪集旸、鄂莫岚、从柏林

九、走进 INQUA

改革开放初期，随着第四纪研究工作的恢复，中国第四纪研究委员会也于 1979 年恢复了活动。它就像中国地质学会、中国古生物学会、中国矿物岩石地球化学学会等一样，是横向联系的学会组织，它与地质、煤炭、冶金、建材、铁道、水电等部门有着密切的联系，它不但涉及矿产资源开发，而且关系到很多工程建设。还有很多高等院校、科研部门的学者们在从事相关的工作。以前，通过这个委员会，邀请过苏联、波兰、德意志民主共和国、匈牙利、捷克斯洛伐克等国学者来做短期访问、讲学，中国专家也被派出去访问、讲学。国际交往多，就要求委员会更好地走向世界，发挥交流作用。世界各国对中国第四纪研究委员会是非常重视的。如前所述，1957 年成立中国第四纪研究委员会时，苏联第四纪研究委员会主席苏卡切夫院士等到会祝贺。当年格拉西莫夫院士主持召开第三届全苏联第四纪科学讨论会时，也邀请我国参加，刘东生在会上认识了狄里克教授，他于 1961 年主持在华沙召开的第六届 INQUA 会议时，也邀请我国前去参加。那时我国尚未加入 INQUA，因为这些学术团体都属于联合国教育、科学及文化组织之下的国际科学联合会，而那时我国尚未恢复在联合国的合法席位。

刘东生等应邀去波兰参加第六届 INQUA 会议之前，曾向中国第四纪研究委员会主任李四光、副主任杨钟健、侯德封做临别的请示，问到如果会上有人提出要到中国来开 INQUA 会议时，该如何表态。他们回答说，这事一定要非常慎重。一方面，中国科学家希望 INQUA 会议到中国来开，这表示中国在第四纪研究上已有一定的实力、水平和成就。人家也许已知道中国第四纪研究搞得怎样，很想亲自来看看，毕竟地学是一门有区域性特色的科学。中国科学家希望自己在第四纪研究方面得到国际上的承认和重视，而不是被忽略。中国科学家确实应该争取走进世界科学家的行列中去。另一方面，又要有政治头脑，要坚持“一个中国”的立场，防止别有用心的人借机搞“两个中国”，所以又不能大张旗鼓地宣传欢迎将来 INQUA 会议到中国召开。

就在第六届 INQUA 会议上，刘东生、孙殿卿等中国科学家的报告受到很大重视，产生了很大影响。他们在会上会下都广交朋友。美国科学家对中国科学家极为友好，在野外地质旅行时主动来找他们。很多国家的科学家提到希望将来在中国召开 INQUA 会议，如英国的佐伊纳教授等表达的愿望特别强烈。这反映出中国第四纪研究之蓬勃发展，人们都想开开眼界，多看些新东西，多了解新知识。

在那次会议上，决定了第七届 INQUA 会议在美国召开，当时我国与美国无外交关系，我国科学家也没有接到美国方面的会议通知。以后第八届 INQUA 会议在法国巴黎召开，第九届 INQUA 会议在新西兰召开，第十届 INQUA 会议在英国召开，我国正在“文化大革命”、改革开放初期，中国第四纪研究委员会停止了活动，所以没能去参加。

1979 年中国第四纪研究委员会召开大会、恢复活动，继续出版了刊物。当时我国在联合国的合法席位已得到恢复，很多学术团体都积极努力，争取恢复到相应的国际学术团体中去。1976 年，第 25 届国际地质大会在澳大利亚悉尼召开，由于大会执行主席中澳大利亚、法国等国科学家的大力帮助，我国派许杰、李廷栋等六人出席该次大会，中国地质学会在国际地质科学联合会中的合法席位得以恢复。为加入 INQUA，他们找了 INQUA 的主席、新西兰克利斯大学地理系教授桑斯，还找了 INQUA 秘书兼财务——比利时布鲁塞尔自由大学教授帕普。后来，有关方面邀请帕普来我国访问，中国科学院副院长钱三强等接见了他，并直接谈到了中国加入 INQUA 的问题。帕普同时是比利时地质调查所所长，他在比利时自由大学办了“国际第四纪基础理论与应用研修班”（International Fundamental and Applied Quaternary Research）。这次专请帕普来访，不仅解决了中国第四纪研究委员会加入 INQUA 的问题，而且后来派了数十名从事第四纪科学基础理论与工程实践研究的年轻学者去他那个研修班进修，并取得学位。帕普访华期间，刘东生等在北京大学礼堂为他和同时访华的澳大利亚学者鲍勒举行了一次报告会。他们以后考察了中国第四纪科学的著名地点，又会见了尹赞勋、孙殿卿等著名科学家，参观了我国若干科研机构、实验室。帕普对我国第四纪科学的水平、人才阵容等都有了很鲜明的印象和很深刻的了解。他公开表态，认为中国应当尽快加入国际第四纪研究的行列中来，而且相信中国很快就会成为 INQUA 的成员。中国第四纪研究委员会随即召开会议，研究 INQUA 会章，决定以中国第四纪研究委员会作为团体会员加入 INQUA，成为 INQUA 的会员国。

1982 年，第 11 届 INQUA 会议在苏联莫斯科召开，这是苏联代表积极争取来的。半个世纪以前的 1932 年，第二届欧洲第四纪研究委员会学术会议在莫斯科召开。苏联代表在会上提出，叫欧洲第四纪研究委员会范围太小了，代表性太小了，应该扩大为世界性的联合会。这一建议得到采纳，以后就变成了 INQUA。为了纪念苏联代表的贡献，所以在会议 50 周年时，在莫斯科召开了第 11 届 INQUA 会议。这个组织选出的领导机构（执行委员会，以下简称执委会）是相当强的，按照国际组织惯例（成文的与不成文的），为了考虑代表性，要按地区分配委员席位。

以刘东生为首的中国代表团出席了第 11 届 INQUA 会议。第三世界国家很多，不一定保证都能选为执委会委员。然而，桑斯和帕普却认真考虑了中国加入 INQUA 之后在执委会中的代表问题。所以，INQUA 执委会上决定并在大会上不仅宣布了中国加入 INQUA，而且提出要选一位代表亚洲地区的科学家进入执委会。桑斯委婉地谈到第四纪研究的全球性时强调，东亚已有了很漫长时间、很广泛地区的第四纪研究，它的重要性必须考虑，缺了这一部分将是很大的损失。由于桑斯很策略性地推荐，各国代表团团长会议选出了下届执委会，法国第四纪研究委员会主席、里昂大学教授富尔（Faure）当选为主席，刘东生当选为副主席，副主席中还有苏联的阿列克谢耶夫、加拿大的拉特（N.W.Rutter）等，秘书司库则是瑞士的施吕希特。

十、当选第 13 届 INQUA 主席

中国从 1961 年以非正式成员国身份参加第六届 INQUA 会议到 1982 年正式加入 INQUA，经过了 21 年的漫长历程，而刚加入 INQUA，刘东生就被选为副主席，这说明了我国第四纪科学研究的积蕴已很深厚，也就是瓜熟自然蒂落，水到自然渠成。在泰国有一个太平洋地区地质研究联合会，为泰国、越南、柬埔寨等国的地质矿产调查做了大量工作。美籍华裔地质学家李庆远是其组织者之一。他们很欢迎国际会议到泰国举办。第 26 届国际地质科学联合会主席、德国海洋地质学家赛博尔德（Seibold）到泰国曼谷去主持召开国际地质科学联合会的执行委员会会议。INQUA 主席富尔请刘东生以特邀代表身份去出席该会议。富尔正积极构想将 INQUA 从国际地质科学联合会独立出来，成为直属国际科学联合会的、与国际地质科学联合会并列的组织。因为 INQUA 刚成立时，不仅与地质科学密切联系，而且与考古学、史前历史学（protohistory，prehistory）等有关学会（社会科学性质的）息息相关，它实际上跨越了自然科学与社会科学两大范畴。而独立出来之后，对从传统的、经典的第四纪地质学向现代的、综

合的第四纪科学这个新学科转变也更加有利。然而按规定，INQUA要想独立出来首先要得到国际地质科学联合会的同意。刘东生在国际地质科学联合会执委会上，特别着重阐明了INQUA执委会和富尔主席的意见。请求国际地质科学联合会同意INQUA分离出去，并推荐成为国际科学联合会的直属组织。但是，国际地质科学联合会执委会却有异议，赛博尔德说，INQUA的主要负责人富尔、刘东生、阿列克谢耶夫等都是地质学家，还是留在国际地质科学联合会中更好。他又客气地、委婉地说，此事还要与他们的秘书长（法国人）研究。刘东生为此专程去法国，找到富尔主席，并一起去找那位秘书长研究。富尔还直接与国际科学联合会联系商量，可惜最后还是没有达成共识。直至2006年在安芷生任INQUA副主席时，经过努力终于在国际科学联合会大会上决议通过INQUA为成员。

1987年7月31日到8月9日，第12届INQUA会议在加拿大渥太华召开，刘东生率中国代表团出席了会议。在这次会议上，他不但连选连任副主席，而且积极活动，争取第13届INQUA会议在中国北京召开，竞争对手是荷兰、比利时、卢森堡三国。荷兰有较标准的第四纪地层剖面，在年代学及第四纪下限的研究上有一定优势。上述三国又长期参加INQU A会议，熟悉情况，有很强的活动能力。我国科学家凭借研究实力，展示自己的工作成就，特别提到INQUA会议还从来没有在亚洲大陆开过，这点自然很有吸引力，但竞争的形势还是十分严峻的。

到了投票时，中国仅以一票的微弱优势险胜，赢得了第13届INQUA会议的主办权。世界走向中国，中国又更进一步地走向世界。

从加拿大回来，刘东生全力以赴投入第13届INQUA会议的筹备工作之中。因为有了1979～1981年组织青藏高原国际科学讨论会工作的经验，又得到很多朋友、同事、学生无私热情的帮助，这当中特别需要指出的是同济大学教授汪品先、中国科学院地质研究所研究员刘嘉麒、中国科学院黄土与第四纪地质研究室研究员安芷生等，所以这次会议筹备工作进展得很顺利。

在柏林INQUA大会上，刘东生作了唯一的大会学术报告

1991年8月2～9日，第

13 届 INQUA 会议在北京亚运村国际会议中心胜利召开。这是 INQUA 在中国乃至亚洲首次举行的会议，与会的各国代表共达 1000 多人。刘东生在大会上作了长篇学术报告。按照 INQUA 的章程，副主席可以连任两届，刘东生已连任了第 11 届、第 12 届副主席，到了第 13 届，或者选上主席，或者离职。国内代表都一心一意推举刘东生为主席。以色列的代表雅龙教授对刘东生说："我们在国际学术团体中给您找更好点的位置吧！您可否把竞选 INQUA 主席一事让出来？您最好是支持选澳大利亚的鲍勒教授任主席吧，以前还没有南半球的科学家担任过这项职务呢！"刘东生当时就表示："亚洲的科学家以前也没有人担任过这项职务，亚洲也是很重要的。我作为候选人是由中国第四纪研究委员会选出的，我个人无法改变这个决定。"很多代表都觉得刘东生应被选为主席。在执委会开会的最关键时刻，鲍勒教授站起来发言："这次会议东道国的刘东生教授成就很大，他担任主席最合适。"最后，刘东生以压倒多数的优势当选为第 13 届 INQUA 执委会主席。这是中国第四纪科学完全走向世界的极好标志。

刘东生在第 13 届 INQUA 大会上致开幕词

刘东生（左四）当选 INQUA 主席后与职委会成员在北京合影

我国于1979年申请加入INQUA；1982年在第11届INQUA会议上被批准为INQUA成员，刘东生当选为副主席；1987年在第12届INQUA会议上，刘东生连任副主席，还争取到了第13届INQUA会议的承办权；在1991年我国主办的历史上最成功的第13届INQUA会议上，刘东生又当选为主席，成为世界第四纪科学的领袖。12年间，真是一步一个台阶，这是我国第四纪科学在30多年艰苦奋斗中取得辉煌成就积累下了深厚的底蕴所致，也就是平常人们所说的“有为才能有位”“实至而后名归”。

1995年，两届INQUA执委会成员在柏林合影：1991～1995年INQUA执委会主席刘东生（左七）及其他成员（左一至左六）；1995～1999年INQUA执委会全体成员（包括前主席刘东生）（右一至右七）

刘东生于1982年、1987年担任第11、第12届INQUA副主席；1991年担任第13届INQUA主席；1995～1999年作为前主席留在执委会内。他在INQUA执委会长达17年的工作中，为全世界第四纪科学的充分交流与合作做出了卓越的贡献。

就在这1991年，刘东生又当选为第三世界科学院院士，真正是双喜临门啊！

第七章

探索未有穷期

一、领导科学探险　亲近地球多极

1991年11月，刚刚荣任第13届INQUA主席不久的刘东生，为了更好地领导国家“八五”攻关项目“南极更新世晚期环境演变”，踏上了南极考察的新征途。他在中国南极长城站住了两个多月，每天冒着大风，在永久冻土地带的多边形土、石环周围的粗糙石头上，为研究南极的第四纪地质孜孜不倦地工作。当他们完成任务胜利凯旋后回忆起那段生活时，刘东生轻松自如地说：“南极虽然冷，风也大，走路也累，环境确实艰苦，但人们在那里从来不生病，不患感冒……”他始终是以苦为乐，以苦为荣，洋溢着革命乐观主义的激情。中国科学探险协会成立时即担任主席的刘东生，以身作则，为广大科学家、探险家树立了光辉的榜样。

1996年年初，刘东生与中国科学探险协会常务副主席、中国科学院大气物理研究所研究员高登义相约于8月间同去北极考察。当年8月上旬至中旬，刘东生出席了在北京召开的第30届国际地质大会后，于18日到达挪威斯瓦尔巴群岛的卑尔根，与高登义会合。他们一同应邀出席了卑尔根大学50周年校庆活动，22日，到达朗伊尔城（Longyearbyen）的尤尼斯（UNIS）大学。他由一名学生陪同，于24日考察了当地的一号冰川。为了安全起见，那位学生在前面，高登义走在后面，把刘东生夹在中间。那位学生多次要搀扶这位79岁的老科学家，都被刘东生婉谢。他凭着多年的野外工作、登高探险的经验，安全地爬上了一号冰川。他们考察了冰川及其周围的地形地貌，又采集了一些化石，最后安全返回。27日上午，刘东生应邀在尤尼斯大学作学术报告。他讲了从中国黄土沉积物来反演20万年以来全球气候环境的变化，受到热烈欢迎。几位挪威教授表达了自己的钦佩之情：“刘教授的研究工作是创举！”“刘教授如此高龄，思维和英语表达还如此清楚，佩服！”

刘东生在第30届国际地质大会上作大会报告

1996年，刘东生当选为欧亚科

2000 年 3 月 10 日，在孙殿卿（右一）90 寿辰庆典上，刘东生（左二）将在北极考察采回的标本作为礼品赠予，右二为孙枢

学院院士。1998 年，他又成为中国科学院资深院士。

榜样的力量是无穷的。2001 年冬天，高登义组织的科学探险考察队再次到达斯瓦尔巴群岛的一号冰川末端。面对这陡峭的山坡，有人问道："高队长，还要往上爬吗？"高登义答："1996 年，79 岁高龄的刘东生主席，就是沿着这个坡爬上去的。我们比他老人家年轻好几十岁，我们还不能爬上去吗？"话音刚落，小伙子们个个生龙活虎一般，很快都爬了上去。

在 1997 年 2 月举行的中国科学探险协会第二次会员代表大会上，刘东生再次连任主席。在 2001 年纪念中国科学探险考察 50 年时，他热情地撰文，回顾中国科学探险取得的重大成就，深情赞扬立下丰功伟绩的英雄志士。他总结了科学探险的两点精髓：

① 在科学上，发现未知，增强人类对自然的认识，为社会发展解决生活中和现实中存在的问题服务，如青藏高原科学考察；

② 在精神上，鼓舞人们集体地敢于攀登高峰、勇于克服困难、志在必胜的精神，排除无谓冒险，如中国历次的珠穆朗玛峰登山活动和登山科学考察。

2001 年，孙鸿烈、刘东生、叶笃正、李文华（前排左三至左六）等北极考察科学指导委员会委员在"中国科学探险考察五十年纪念"会上合影

在2003年中国科学探险协会的第三次会员代表大会上，刘东生当选为名誉主席。

2004年9月，刘东生又踏上了新的征途。他应邀担任由中国科学院新疆生物地理研究所等单位组成的中国科学院罗布泊科学考察队的顾问，与夫人胡长康一同去新疆罗布泊地区考察。

这个科学考察队由29人组成，包括地质、地貌、环境、生态、考古等15个学科的专家。2004年9月2日，他们从巴音郭愣蒙古族自治州首府库尔勒出发，向东南行，经塔里木河下游的英苏村，到达阿尔金山北麓的若羌，再向东北，进入罗布泊地区，考察了干涸湖底、湖岸、龙城雅丹地貌、古楼兰遗址等，于9月12日胜利返抵乌鲁木齐，总共历时10天，行程3000多千米，顺利完成了考察任务。

作为科学考察队的学术顾问，刘东生以他坚忍不拔的敬业精神和不辞劳苦、英勇奋斗的崇高风范鼓舞着全队的士气。有一天，科学考察队队员连续坐车13小时，行程320千米，很多中青年科学考察队员都因汽车行走在干涸盐壳的崎岖道路上而被晃得筋疲力尽时，大家关心地问起刘东生，他却说："一路上哪个地方我都是第一次来，一路走就是在一路学习，都新鲜，也就不觉得累了。"每一处停车驻足，他都拿出一个本子不停地写写画画。他能把眼前的景物勾勒、速写得很逼真、很形象，并对大家说："我这是受到当年瑞典探险家斯文·赫定的影响，一路做些速写记录，有助于记忆。"途中，他和所有科学考察队员一样，一口干馕、一口矿泉水，就着一点咸菜、一根火腿肠，他说："野外生活就是这样，蛮好！"在干旱土路上颠簸得难受而怨声越来越多的科学考察队司机们，看到若无其事的

2004年9月，刘东生与夫人胡长康在新疆楼兰古城遗址

刘东生，不禁感叹道："老爷子真厉害！"

刘东生在考察中，与大家一起认真观察、采集。他对在罗布泊科学考察史上第一次使用了便携式光谱仪、大地导电仪（不同深度含盐量测量仪）、卫星全球定位系统等先进设备很感兴趣，并且说："相对于过去地质科学考察的'老三件'（铁锤、罗盘、放大镜），现在的地质科学考察工作已经进入了一个新时代。"

通过考察，他们得出结论，塔里木河下游及罗布泊地区近年生态恶化的主要原因很明显是过度的农垦，以至于生态用水和农业用水之间形成尖锐的矛盾。近几年，有关部门已五次通过塔里木河和孔雀河等，向罗布泊地区进行生态应急输水，但此工程亦面临一定困难，为了彻底恢复和改善塔里木河下游生态，就必须对周围水源（特别是塔里木河和孔雀河）进行全流域的综合治理。刘东生特别提出：

> 用管道输水的方法还是可以考虑的，虽然造价高些，但可以很大程度地减少蒸发和渗漏。例如，如果（不用管道）向下游输送1.3亿立方米的水，但在途中却损失了3000万立方米，哪个更划算呢？

他们在这次考察中赞同夏训诚、王富葆等的意见，以及关于若干重大传统问题的宝贵的科学结论。他们否定了斯文·赫定在20世纪提出的"罗布泊是游移湖"的观点，明确指出："罗布泊不是游移湖。"他们也对罗布泊在卫星影像上的"大耳朵"形象做了详尽的分析和揭秘。他们还发现罗布泊西北的龙城雅丹地貌并非是以往认为的单纯的风蚀平行槽谷，而是在洪水作用基础上再经风的侵蚀作用最后形成的，也就是属于"复合类型"的。他们还发现了红柳枯枝落叶层与沙层交替沉积形成的"红柳沙包年层"，以及在古楼兰遗址湖相沉积物中发现的"炭屑层"。刘东生认为，高分辨率测年手段和丰富环境信息载体对第四纪科学研究有重要意义。

由于20世纪末的钾盐开发、探险旅游热的促进，在那里启动了现实可行的"新楼兰工程"——建设了一个新的罗布泊镇，在2002年1月获准成立。这个与21世纪同步发展的"华夏第一镇"，以其拥有最大的面积、最小的人口密度、最富的钾盐等资源成为全国之冠。刘东生赠给这个新镇的郭镇长一部由美国带回来的便携式GPS以表祝贺，希望这一过去被认为荒无人烟的大漠变为中西交通、开发和发展史上的一个里程碑，在GPS上留下痕迹。刘东生在罗布泊看日出时，想起了德日进在我国宁夏贺兰山看日落时的感叹："东方文化过去很繁荣，但是现在西方文化代替了东方文化。”如今，刘东生不禁自豪地感叹：“东方文化像日出一样又升起来了。”

与刘东生相处多日的随队记者们把这位卓越科学家的风范精辟地概括为“好奇＋睿智”。他们说刘东生“用自己的行动传达出一种声音——一种超越于外在的无形的特质，那是由科学家的内在品质和精神铸成的东西。它是永恒的。”

二、石笋微层揭奥秘　玛珥纹泥谱新章

作为中国乃至全世界从事第四纪研究的科学家，刘东生时刻密切关注国内外的研究动态，尽力开拓第四纪地质与环境研究的新领域。

刘东生很早就注意到世界上很多国家的一些学者提出的喀斯特洞穴碳酸钙沉积物（石钟乳、石笋等）与树木年轮相似地具有年层结构与指示古气候环境的功能。他也积极地期盼并指引中国第四纪地质学界、喀斯特（岩溶）研究的年轻学者去赶超这方面的国际先进水平。1979 年，他的研究生、毕业于中国科学技术大学的陈跃，研究了洞穴沉积的 ^{14}C 年龄等。1994 年，在南京大学大地与海洋科学系取得博士学位的谭明，早年一直专攻喀斯特地貌学和水文学。他主动致函向刘东生请教，希望能到刘东生身边来做洞穴碳酸钙环境效应的博士后研究工作。刘东生接信后十分高兴。尽管他们研究所里的计划内博士后名额有限，但刘东生也毅然决定用自己主持的课题经费资助谭明进入博士后流动站，专门研究洞穴碳酸钙的古气候记录。

刘东生对谭明，不仅从学术思想、研究方法上多方指引，而且非常具体地为他设计研究方案。当谭明最初在对石笋进行孢粉、沉积结构分析、稳定同位素古温度研究等方面进展甚微时，刘东生及时为之拨正航向，指出重点在于寻找石笋微层。1995 年，谭明在参加北京房山区石花洞环境保护研究项目中采到了较好的石笋样品。经过切面磨光后，在北京中国石油勘探开发科学研究院实验中心经荧光 - 偏光两用显微镜反复观察，终于发现了一系列立体感很强的、层面层内结构都非常清晰的微生长层，拍出了很多极好的照片。刘东生又及时安排秦小光博士参与合作，基本确定了石笋微层的年层性质，并绘出了石笋微层从现在起上溯到 1130 年前的

连续层厚变化曲线。据此结果，刘东生与谭明、秦小光等共同撰写了一篇论文——《洞穴碳酸钙微层理在中国的首次发现及其对全球变化研究的意义》，于 1997 年 2 月发表。后来，他们成立了洞穴沉积古气候实验室。自 2003 年以来，在刘东生的指导下，研究小组用石笋层厚序列重建了北京 2650 年来的夏季温度，是目前中国最长的逐年温度纪录。

石笋和洞穴沉积的研究，不仅在中国科学院地质与地球物理研究所取得了很大的成绩，而且也促进了第四纪沉积物的研究向着精细到年（季）的趋势发展，也就是说，在国内，某种程度上也可以说在国际上，开展了微结构、微形态和微年代学的研究。这一工作在国内逐步得到推广。令刘东生引以为荣的是，自己在年纪已大的时候，能看到它的蓬勃发展。

德国艾费尔地区有许多湖泊，它是富含热液和蒸气的火山爆发冲破原来的地层或岩层而形成的塌陷盆地，随后积水成湖，称之为“玛珥”①。在火山学的分类上，它属于一种特殊类型，特征就是热液、蒸气的一次性突然爆炸，与富含岩浆、多次喷涌的“维苏威式”“乌尔堪诺式”等迥然不同，更不同于“冰岛式”的裂隙喷发。以往也有人仅仅根据它的地貌特征，将“Maar”译为“低平火山口”。刘东生等反复研究，将其译为“玛珥湖”。

玛珥湖是小型的封闭湖盆，四周有被爆炸抛掷的岩块构成的近圆形环状墙垣，底部较平坦，水较深，有利于纹泥的形成和保存。这种纹层与冰川学中冰川尾端外缘冰水沉积的纹泥一样，可以作为“年层”，据此建立可靠的时间系列，而且可以为综合的古气候环境研究提供多种替代指标，同时还可以用来研究植被稳定性及其演化，以及诸如重金属污染、酸雨作用、流域区侵蚀率等近现代环境变化过程。

刘东生领导的科研群体，对中国的玛珥湖之时空分布、地质特征做了全面研究，指出中国从南到北各气候带都有玛珥湖群。在广东雷琼地区，自新生代特别是第四纪以来，发生过八期强烈的火山活动，早期形成的玛珥湖多已为沉积物填满，成为干枯型，而晚期形成的玛珥湖仍有湖水。山东临朐山旺是著名的古生物化石保存极佳的地区，被誉为地质历史的“万卷书”，经研究，它是干枯型玛珥湖，它保存了纹泥沉积，对恢复大约 1600 万年前中新世的古地理气候环境有很大作用。东北吉林东南部龙岗山脉两侧，也有很多玛珥湖，当地称为“龙湾”。

刘东生等对雷琼地区湛江西南 14 千米处的湖光岩玛珥湖底沉积物钻探岩芯进行研究，做了地球化学分析测试，发现在岩芯地层柱上，总有机

---

① Maar，其拉丁文原意就是“海”，这里用来称呼火山口湖。

碳（TOC）、总无机碳（TIC）、生物硅（BS）、总氮（TN）在过去1400年间有一定的变化规律。TIC的变化能反映沉积/蒸发速率的变化，从而也能反映碳酸盐浓度的变化。TOC、BS和TN的低浓度，具体反映出了该玛珥湖曾有过公元670～760年（初唐至盛唐时代）和公元880～1260年（晚唐至元朝）两次干旱期，这也与该区地方史志文献的记载相吻合。他们进一步发现，中世纪温暖期（MWP，公元1000～1300年，即北宋初期至元代中叶）是干旱期，而小冰期（LIA，公元1550～1850年，即明代中叶至清代后期）是潮湿期，并且，MWP干旱期在时间上可与中国的古里亚冰盖和秘鲁的奎尔卡亚冰盖的低沉积率证据相对比，也可与美国大平原地区的月亮湖高盐度相对比。

刘东生等进一步把玛珥湖纹泥的研究延伸到了大约1.3亿年前的早白垩世。我国东北辽宁义县四合屯是著名的“热河生物群”的典型产地之一，那里在早白垩世可能有玛珥湖沉积。他们经研究后，写成《中国东北辽宁省四合屯地区早白垩世的玛珥湖沉积环境及其与化石保存的关系》一文。文中指出，在该地区早白垩世曾经有很多小且深的玛珥湖，而不是连成一片的大湖。显微地层学研究发现有很发育的生物层理（包括富有机物和贫有机物旋回）和碎屑层理（主要由黏土和粉砂质相间构成旋回）。纹泥沉积表明那些玛珥湖是分层湖，其底部以缺氧环境占优势，有利于化石和纹泥的保存。如果纹泥是按年的旋回形成的，那么古鸟类等动物的繁荣时期仅延续了大约6000年。由化石层与大量木炭层、火山灰层共生可以推测出发生了灾变事件，结果导致鸟类和其他脊椎动物在短暂的繁荣后趋于消失。此文于2000年6月在北京召开的第五届古鸟类与进化国际大会暨辽西热河生物群研讨会上宣读，受到与会者的广泛关注和好评，后收入该会论文集（英文），于2002年出版。

刘东生早年领导创建的中国科学院地球化学研究所环境地球化学国家重点实验室，在20世纪90年代及21世纪初承担了该所的若干重点研究项目，如“大气微量气体生物源的测定及源汇识别方法研究”“云贵湖泊现代沉积地球化学过程及环境信息的辨识与提取”“广西百色、河池石灰岩山区生态农业建设和脱贫途径战略研究”“Karst生态环境保护和治理技术研究”，等等。通过研究，在水陆环境系统的地球化学过程、区域—全球变化的地质地球化学环境记录、地球化学环境影响与环境效应、碳酸盐岩区域生态环境脆弱性与地球化学敏感性等领域取得了重大进展，揭示了环境地球化学过程机理，认识了全球变化、环境质量与人体健康的关系。特别是他们在放射性核素示踪环境物质迁移、稳定同位素提取环境变化记录、温室气体“源”“汇”，以及砷、硒地方性疾病病因等方面的研究成果，获得了积极的国际反响，达到了国际先进水平，乃至国际领先水平。

三、开拓考古地质学　阐述智圈人类世

作为人类社会发展史上重要演化进程之——古代文明的起源一直是学术界普遍关注并进行深入研究的重大课题。刘东生指导曾经是他博士生的吴文祥对中国古代文明的演进过程进行了尝试性的研究。

他们援用美国著名人类学家卡内罗（Robert L.Carneiro）古文明演进的限制理论，同时结合全新世气候变化，探讨了以夏朝建立为标志的中国古代文明为何产生于中原地区，以及中国古代文明形成时间为何较两河（幼发拉底河和底格里斯河）流域美索不达米亚古文明和尼罗河流域埃及古文明晚等重要科学问题。

限制理论认为，战争是古代文明产生的动因，而战争主要源于环境限制和人口压力。在一种限制的环境中，人口增长导致的人口压力不能通过迁徙至其他地区的方式解决，最终将导致资源短缺，人口和资源之间的失衡，二者之间矛盾不断升级必将引起不同社会团体之间旨在争夺土地资源的战争，战争的结果则促进文明或国家社会的产生。

他们根据古气候学证据，证明5500aBP前后发生了重大气候转变，如太平洋地区沉寂已久的ENSO气候开始重新活动，阿尔卑斯山地区冰川开始活动，非洲发生了“撒哈拉干旱”事件。该气候事件标志着世界许多地区全新世最适宜期的结束，并对世界不同地区的文明演进产生了重大的影响。在两河流域，该气候事件导致寒冷和干旱，致使两河流域南部美索不达米亚平原周围地区不再适合人类居住，人口被迫向此迁徙集中，同时其东、南、西三方的伊朗山脉、阿拉伯高原的大沙漠边缘则形成地理限制。在这种限制的地理环境中，人口压力的不断增加导致战争冲突升级，促进了社会复杂化过程，并最终导致该地区古代文明的产生。类似的文明形成机制也发生在尼罗河流域。5500aBP气候事件导致撒哈拉地区湖泊干涸，绿洲消失，沙丘活动，原有居民迁徙至适宜居住的尼罗河河谷及下游三角洲地区，导致该地区人口压力增加。同时分布在尼罗河流域东、南、西、北面的阿拉伯沙漠、努比亚沙漠、利比亚沙漠和地中海形成了地理限制，

人口压力导致战争，最终也促进了埃及古代文明的形成。

5500aBP前后，中国的古代社会也发生了较大的变化，主要表现为龙山文化开始取代仰韶文化，社会群体内部开始出现贫富分化和社会地位的分化，社会开始复杂化，首次出现了中国古代文明的一些要素，标志着文明的起源，但并未像两河流域和尼罗河流域一样形成文明社会。究其原因，他们认为主要是当时在中国并未形成限制条件，人口未发生大规模迁徙，未能形成足够的人口压力，所以在这次重大气候事件期间并未形成文明社会。

有趣的是，在4000aBP前后，又发生了一次世界范围内的气候突变事件。该突变事件导致了尼罗河流域埃及古文明、两河流域美索不达米亚古文明、印度河流域古印度文明及爱琴海地区古希腊文明发生衰落，欧亚大陆发生民族大迁徙。在中国，该气候事件在导致中原周围地区龙山时代五大新石器文化衰落的同时，却加速和促进了中原地区以夏朝建立为标志的中国古代文明最终产生。

关于这一时期中国古代社会发生重大转变的原因，他们认为与4000aBP气候突变有关。该气候事件叠加在由轨道因素变化引起的全新世东亚季风的长期变化之上，使东亚夏季风降雨带北撤南迁，从而形成中国东亚季风区的一种南涝北旱的环境格局。这种环境致使中原周围地区都不适合当时先民的居住和生产，导致其文化衰落，并形成了一种独特的地理限制条件。而中原地区以其独特的地理位置而可能成为当时人类最适宜的避难场所。他们认为中原地区在4000aBP气候事件期间地理位置的优越性主要表现在两个方面：一是降温时期农业潜力的优越性。4000aBP的降温虽可导致这个地区旱作农业的减产，但不至于像在甘青地区、内蒙古岱海等地区一样农业系统发生彻底崩溃，其旱作农业依然可以维持；二是该地区位于中国地貌二级阶梯和三级阶梯之间的过渡带，地貌位置相对较高，与东南部地势较低的冲积平原地区相比，先民不至于遭受洪涝灾害的毁灭性打击。该气候事件导致中原周围地区居民向中原地区迁徙，增加了该地区的人口压力，并最终通过战争的机制促进了我国以夏朝建立为标志的古代文明的产生。

以往有关人类文明衰落、社会崩溃的原因，主要被归结为“内因”，即战争、人口压力，等等。尤其是在极“左”的年代，“阶级斗争为纲”的大棒更是挥向所谓“反动的外因论”，包括“地理环境决定论”“地缘政治论”，等等。今天，随着古文化演化事件的高精确度年代的测定和全新世高分辨率古气候演化序列的建立，上述认识逐渐有所改变，环境与古文明兴衰之间的关系日益受到重视。刘东生、吴文祥等的研究工作，树立了自然科学与社会科学相结合、为社会科学服务的极好样板。

德日进在20世纪30年代发表了《智慧圈的形成》（一种可接受的有关人类历史的生物学阐释）一文。他认为，生命是运动的，是朝着既定方向发展的，随着时间的推移，地球上客观地出现了越来越多的意识。他把会思维的、有意识的物质构成的地球圈层叫作“智慧圈”，与岩石圈、水圈、大气圈、生物圈共同组成地球表面五大圈层。苏联地球化学权威韦尔纳茨基也提到了“智慧圈”。

德日进认为，人所形成的智慧圈使人们面对今天的现实，同时又憧憬着美好的未来。他早就提出了“研究过去的目的只是为了未来”的口号。荷兰大气化学家克鲁岑以研究南极上空的臭氧空洞而获得泰勒环境成就奖（1989年）和诺贝尔化学奖（1995年）。他对德日进的上述口号作了很好的发挥。他和另一位地质学家斯特默（E.F.Stoermer）在21世纪伊始提出了一个关于地质时代的崭新概念——人类世。他们认为，自从产业革命完成以来，人日益成为一种重要的地质营力，其对地球表层所造成的影响极大。人们有意识地去消除这种影响并恢复到以前的环境，还需要上万年的时间。他们因而把人类世的时间跨度定为1784年至未来一万年。

刘东生十分赞成克鲁岑等的提法。他认为，人类对地球环境有多方面的影响。人类可能百年或数百年内用尽地球若干亿年积蓄的化石燃料（煤、石油、天然气等）；50%的陆地表面因人类活动而改变，并伴随着生物多样性、营养物质循环、土壤结构、气候状况等多方面的变化；用作氮肥的人工合成氮比陆地生态系统的自然合成氮要多；淡水的一半以上已被人类利用；温室气体中其他微量成分的含量在大气中也在增加；海洋和海岸带的生境变化甚大，大约有一半的红树林和滨海湿地消失了；有22%的渔业已属于掠夺式的过度捕捞。在人类世的具体时间跨度上，一位学者拉迪曼（W.Ruddiman）提出应从农业社会开始，这就往前提了五六千年。而刘东生却主张从全新世初期新石器时代开始，这就往前提了一万年。他主要认为，人类大规模改变环境的作用从全新世之始，即新石器时代起就很显著，那时已有密集分布的遗址，暗示着人口数量激增，农业和畜牧业逐渐成为主要生产方式。当时已有若干较为进步的文化，如北方的大地湾文化（距今7000多年）、南方的河姆渡文化（距今6000～7000年），这些都是全新世（亦即人类世）最好的典型地质历史事件。

刘东生也初步拟定了人类世研究的远景规划：①人类世应从什么时候作为开始？②短尺度的气候转型问题研究；人口发展、迁徙和分布的研究，如一万年以来中国人口的分布、发展与自然环境的关系，特别是与农业发展及城市兴起的关系之研究；大江、大河的发展和变化之研究；一万年以来旱涝关系发展的研究；海岸线的形成和发展、三角洲形成的研究。③人类世以来中国古环境的演化和各类型古环境图之编绘，等等。

刘东生极力倡导并呼吁加强对人类世的研究，尤其寄希望于年轻一代学者。他吁请中国第四纪研究委员会及有关单位共同考虑在适当条件下召开全国的人类世学术研讨会。各学科的研究者共同努力，开拓新的领域、新的思想和新的方法，以解决我们未来所面临的新问题。

四、追昔抚今展宏图　还知于民论黄土

作为中国和世界的第四纪科学家，刘东生常从科技史学家、科技管理专家、科技战略家的角度，对第四纪科学的历史加以回顾，总结经验教训，预测和指导未来的发展。

2001 年，刘东生与孙继敏、吴文祥著文讨论了中国黄土研究的历史、现状和未来。谈到黄土自然成因的问题，他们追索到了公元 1 世纪《前汉书》作者班固关于“雨土”的记载，以后说到庞佩利的湖积论（水成论）、李希霍芬的原始风成论、奥布鲁切夫的二元论、格拉西莫夫的洪积论与“区域形成概念”。谈到黄土的人地关系、人文学研究，他们也肯定了安特生对黄土地层中仰韶文化（彩陶文化）的发现、梭颇对黄土地区地方病及生态条件之研究，以及德日进把黄土研究向哲学高度的升华。

在分析黄土研究的现状时，他们提出发现研究、比较研究和目的研究三个层次，并以目的研究为重点，提出了黄土的“地质生态系统”这一概念。他们在黄土的全球分布形成机制问题上主张“一元论”观点。借用生物进化论中一种新的学说——点断平衡理论，来解释中国黄土高原的黄土与古土壤在时间上的连续和物质上的间断二者的转换与连续的关系。关于黄土的地貌形态问题，他们认为是在巨厚黄土沉积层基础上，受到地壳运动（主要是新构造运动）的影响，再加上后期的侵蚀而形成的，而弄清人类活动前后的“古代侵蚀”和“现代侵蚀”则需要“高分辨率”的研究来划分，这对于人们致力于黄土高原生态环境与生物多样性的可持续发展研究意义很大。关于黄土地区若干地方病问题，他们提出“地质生理学”（geophysiology）的概念，由此出发，开展地球系统、黄土的代谢作用和

元素循环（也就是黄土区域地球化学）的研究来加以解决。在黄土地区的城乡建设上，要研究好黄土的湿陷性和脆弱性，以便积极防治，这对于抵御滑坡、崩塌等地质灾害及水土流失，从而维护城镇基本建设和保证农业可持续发展具有重大意义。

他们尤其注意面对新千禧，尤其是第三个千禧（Third Millennium）的挑战。他们认为要处理好环境资源与发展的对立统一关系，既不能牺牲环境，浪费资源，以求发展，更不能只顾全环境与资源，消极保守而牺牲发展。与保护环境、节约资源同步进行的合理发展，才是可持续发展。在科学研究活动中尤其要在科学家、决策人（政府官员）和资助者（实业家）之间架设起充分沟通的桥梁，这主要依靠信息和传媒。他们强调指出了新千禧黄土研究中新技术、仪器、设备及新方法（如数学模型）的采用，也着重指出各兄弟分支学科的横向集成，彼此“符合”（consilience）、协作和交流的必要性。他们巧妙地借用了南宋理学大师陆象山（九渊）的名言：“宇宙内事乃己分内事，己分内事乃宇宙内事”，并将它改为“全球变化研究乃我们分内事，而我们分内事也是全球变化之大事也。”这充分体现了他们“以天下为己任”的博大胸襟。

2003 年，刘东生发表了《第四纪科学发展展望》一文。他首先回顾了我国第四纪科学百年来的发展历程。欧美近代科学在 19 世纪已基本定型，我国近代科学在那时还相当落后。欧洲“第四纪”（Quaternary）为法国学者德努瓦耶（J.P.Desnoyers）在 1829 年提出的命名，地质学的鼻祖之一——英国的莱尔在 1833 年又命名为了“更新世”（Pleistocene）。而中国第四纪科学的起步，则以安特生的《中国北方新生代》1923 年出版为标志。因此，从第四纪科学来看，我国一开始落后于西方大约 100 年。

20 世纪前半期到 1949 年新中国成立，是中国地质科学，包括第四纪科学在内的奠基阶段。以中国地质科学的先驱和创始人章鸿钊、丁文江、翁文灏、李四光为首的几代地质学家们，通过理论研究与实际应用结合，广泛争取社会团体、企事业单位支持，适度采用“全盘西化”措施，研究成果及时转化为全球性的信息，与国际学术界充分交流，使中国地质学界在国际地质学坛占有了一席之地，也使中国地质科学，包括第四纪科学在内，与国际水平的差距由 100 年缩短为 50 年。

从新中国成立到现在，包括 20 世纪后半期至跨入新世纪新千禧的 50 多年里，刘东生等中国第四纪科学家结合大规模国民经济建设的需要，积极开展第四纪科学的调查与研究，发挥了区域特色，努力追赶国际先进水平，在“得天独厚”的中国黄土（世界最大面积、最大厚度）研究上勇敢突破，又培养了大批专业人才，形成了业务骨干的梯队，到而今中国第四纪科学家已基本上与国际同行处于同一起跑线上。有些方面各有千秋，互有先后。

综上所述，中国的第四纪科学（也包括整个中国地质科学）在几代人的努力下，在大约100年的时间里，走完了西方国家200年以上的历程，消除了100年的差距，到今天基本上可与国际同行平起平坐，一决高下。这当中，尤其是后一半时间（新中国成立以来的50多年），刘东生及其领导下的科研群体是功不可没的。

回顾以往，正是为了展望将来。面对新世纪、新千禧的机遇和挑战，刘东生响亮地提出，要以人为本，务实社会需求，要做到人与自然和谐，创造好人与地球共同的历史，要勇于提出自己的新理论。他特别强调“科学与艺术”的结合。他说：“我们需要像艺术家一样去幻想，去塑造。在科学（幻想）的道路上，没有成功和失败，只有启示和纪念。”他也深深地明白，群众需要第四纪研究，所以必须加强科学普及工作，让公众理解第四纪，理解黄土，从而提高全民科学文化素质。他在文章最后满怀激情地写道：“中国已经进入一个历史上从未有过的兴旺发达的新世纪。科学的春天在20世纪开端，到21世纪，必将是‘山花烂漫，莺歌燕舞’。”

刘东生十分关心科学在广大人民群众中的普及，尤其要将自己执着追求了近半个世纪的黄土研究的重要成就介绍给大家。

2002年9月5～8日，刘东生出席了在四川成都举行的中国科协2002年学术年会。9月6日上午，刘东生在大会主会场——四川大学大礼堂，为听众作特邀报告，介绍了几代科学家研究黄土和黄土高原的历史和现状，总结了100多年来的重大成就，也透露了最新的研究进展与信息。

刘东生最后说：

那么，我们今天处于一个什么样的位置呢？我们正处于一个可能出现的两个情景中间。这就是我们从干旱化和风力作用所认识的地质全球变化的情景。它是一种放大了的人类全球变化（从工业革命以来的含有人类活动的全球变化）。人类全球变化从现有记录来看应是一种加速了的全球变化。但我们可以控制其速度和规模以取得合理的可持续发展。

五、两次全面总结　四大辉煌成就

1997年11月6日上午，在北京八大处的西山饭店大礼堂举行了“刘东生院士从事地质研究工作五十五周年暨八十华诞庆祝大会”，共有400多人出席。许多中国科学院院士都参加了大会。中国科学院院长路甬祥院士、中国工程院院长宋健院士、国家环境保护总局局长解振华、国家科学技术委员会副主任徐冠华院士等派代表致词、宣读贺电或打来祝贺电话。另外，大会宣读了来自全国各地各有关单位和个人的数十封贺信、贺电。刘东生在发言中衷心地感谢大家的盛情祝贺，并十分谦虚地说，他只是做了自己应该做的事，一切成绩归功于党，归功于祖国人民，尤其要归功于自己科研群体的广大合作者、同事和学生。

2004年8月14～15日，也就是在刘东生荣获2003年度国家最高科学技术奖大约半年之后，在北京外国专家大厦举行了“刘东生学术思想座谈会”。刘东生在开幕式上讲话，他向来自全国各地的第四纪科学工作者表示热烈欢迎，愿在这次盛会上和大家一起回顾中国第四纪科学的发展历程，总结经验教训，找出存在的问题，明确努力的方向，为开创中国第四纪科学发展的新局面而奋斗！

刘东生的学生、中国科学院地质与地球物理研究所所长丁仲礼介绍了刘东生的学术成就及获得国家最高科学技术奖的过程。几位先生分别介绍了刘东生各个阶段的工作经历及其学术思想的形成。中国科学院院士丁国瑜、安芷生、刘嘉麒先后谈了北京中国科学院地质研究所第四纪地质研究室的初创、中国科学院西安黄土与第四纪地质研究室的成立和发展、改革

2004年8月，“刘东生学术思想座谈会”部分代表在分会场合影，前排左起：宋云华、洪业汤、丁国瑜、胡长康、刘东生、万国江、陈业才、潘云唐

开放时期北京中国科学院地质研究所第四纪地质研究室的重建。文启忠、沈承德谈了“文化大革命”后第四纪研究的发展。洪业汤、万国江谈了中国科学院地球化学研究所环境地球化学学科的创立。在后来一天多的时间里，在大会发言和小组座谈会上，大家充分表述了对刘东生学术思想的领悟和崇敬，以及对刘东生长期给予的教导、栽培和扶掖的无限感激。

这次会议最大的收获是对刘东生整个学术思想体系做了最好的归纳和总结。在基础研究领域，刘东生的学术思想、理论贡献分为以下四个部分。

第一，从20世纪50年代起，刘东生率领科研群体，在黄土高原完成了10条大剖面的野外考察，在综合研究黄土区域地层特点、沉积学特征的空间变化、化学组成和矿物学组成的基础上，确立了从粉尘的搬运、沉积过程到后生演化的一套完整的“黄土的新风成理论”，在国际上获得认可，平息了100多年间困扰科学界的黄土“风成论”与“水成论”之争。

第二，从20世纪50年代起，刘东生通过黄土-古土壤序列的研究，发现黄土代表寒冷干旱的气候环境，古土壤则代表暖湿的气候特点，而黄土剖面由许多黄土与古土壤层交替而成，最多可达30多次，反映了第四纪环境变化的多旋回特点，这就向主导了20世纪前半期古气候学的彭克和布吕克纳提出的四次冰期理论提出挑战，最终建立了第四纪古环境演化的“多旋回理论”。

第三，通过对黄土剖面的系统研究，刘东生重建了第四纪260万年以来环境演变的历史，成为迄今全球唯一完整的陆地沉积记录，并可以与深海沉积物岩芯、极地冰芯的记录对比，建立了全球变化的国际对比标准。

第四，作为高山科学考察的组织者、领导者，刘东生对青藏高原的希夏邦马峰、珠穆朗玛峰、托木尔峰及南迦巴瓦峰等地区进行了大规模科学考察，对高山栎的发现与青藏高原的隆起、雅鲁藏布江缝合线的发现和印度板块与欧亚板块的碰撞，以及三趾马化石的发现与古环境演变之研究做出了重要贡献。他于1966年提出了“青藏高原的隆起对自然环境及人类活动的影响”的研究方向，其中，自然也包括了影响中国西北地区气候干旱与黄土高原的形成。这就把青藏高原的研究与黄土高原的研究有机结合起来，也就把地球固体岩石圈的演化与地球表层圈的演化结合起来，把内营力地质作用与外营力地质作用的演化结合起来，从而开辟了地球系统科学的新的研究领域。这一重要指导思想使我国青藏高原研究迅速走向国际前沿。他与中国科学院院士施雅风、孙鸿烈、郑度等学者经过长期努力，将这一地球系统科学的概念发展成为中国人对地球“第三极”的科学观——“青藏高原地球系统科学观”。

六、泰勒环境成就奖　中国黄土谱新章

在当今世界科学评价体系中，诺贝尔奖的获得者自然是大家一致公认的世界级顶尖科学家。然而，诺贝尔奖属于自然科学的只有三种：物理奖、化学奖和生理学或医学奖。这只包括了自然科学的一部分。为了补偿这种不足，以后相继出现了很多关于数学、天文、生物、地球科学的奖项，其中就有泰勒环境成就奖。该奖项是由已故美国关心环境科学的企业家约翰·泰勒（John Taylor）与爱丽丝·泰勒（Ellis Taylor）夫妇于 1973 年设立的，专门授予对发现和解决世界范围的环境问题做出重大贡献的科学家，自 1974 年起每年评选一次。2002 年 4 月 1 日，管理该奖项的美国洛杉矶南加州大学宣布，当年的该奖项由美国哥伦比亚大学教授华莱士·布洛克和中国科学院资深院士、中国科学院地质与地球物理研究所研究员刘东生共享。

刘东生得此大奖，主要由于他在认识和运用中国黄土沉积研究古气候并了解全球性环境变化方面的开创性成就，此外也因为他领导的环境地质、地方病病因研究等方面的重大功绩。这是此奖项设立 20 多年来首次颁给从事古环境研究的专家。刘东生获此荣誉，一方面说明中国的科学研究整体上得到了国际的公认，因为环境问题和其他学科不同，需要整个社会各方面的高水平基础；另一方面也表示对几十年来中国黄土高原研究在整体上取得的科学成就之赞赏。

2002 年 4 月 9 日下午，刘东生与夫人胡长康乘飞机抵达洛杉矶，下榻在四季酒店。

第二天上午，刘东生在南加州大学电视系摄影棚内接受该系师生的采访。和他一起接受采访的是与他一同荣获泰勒环境成就奖的哥伦比亚大学教授华莱士·布洛克。两位老朋友见面，自然十分高兴。他们寒暄一阵后，采访开始了。布洛克回答完了关于全球二氧化碳排放等问题后，话筒放到了刘东生面前。美国大学生们抛出了连珠炮式的问题，诸如“中国黄土研究的现状如何？”“克山病的研究与防治情况怎样？”刘东生一一作答。采访者不时发出一阵阵掌声和赞扬之声。4 月 11 日上午，刘东生第一次和泰勒环境成就奖组委会的委员们见了面。这些委员们多半来自南加州大学、哈佛大学等名校。环境科学领域内的科学大师们欢聚一堂。

刘东生在泰勒奖颁奖典礼期间在美国南加州大学讲学

2002 年 4 月 12 日，刘东生在美国洛杉矶接受泰勒环境成就奖

当天下午举行了学术报告会。刘东生在报告中用诙谐生动的语言，谈了中国黄土与环境科学研究的艰苦历程、辉煌成就和发展趋势，紧紧地吸引住了听众，阵阵掌声就是最好的证明。

4 月 12 日傍晚，在四季酒店大厅，刘东生和华莱士 · 布洛克站在泰勒环境成就奖的领奖台上。当印着泰勒夫妇头像的金质奖牌挂到刘东生胸前时，会场上响起了经久不息的掌声。

2002 年 4 月 12 日，刘东生夫妇与布洛克夫妇获得泰勒环境成就奖后合影

刘东生与孙子刘康迩（左）、外孙王伊文（右）在泰勒环境成就奖颁奖仪式后合影

七、国家最高科技奖　地学战线首争光

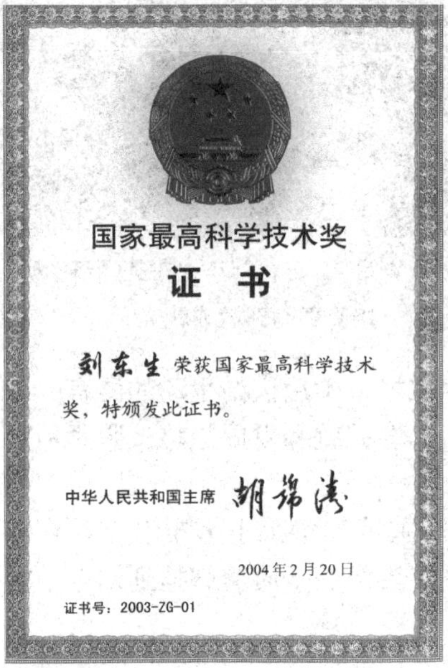
国家最高科学技术奖
证　书
刘东生 荣获国家最高科学技术奖，特颁发此证书。
中华人民共和国主席 胡锦涛
2004年2月20日
证书号：2003-ZG-01

刘东生荣获国家最高科学技术奖证书

2004年2月20日，中共中央、国务院在北京人民大会堂隆重举行了国家科学技术奖励大会。时任中共中央总书记、国家主席胡锦涛向获得2003年度国家最高科学技术奖的刘东生颁发了证书和奖金。此次获此奖项的一共两人，另一位是中国工程院院士、“神舟五号”载人宇宙飞船总设计师王永志。

刘东生获此殊荣并非偶然。刘东生获此殊荣，除前述四大成就外，还有在黄土高原水土保持与生态重建、科学考察探险等方面的卓越贡献，而且他以前曾获得过国际和国内的很多重要奖项，更为他这次摘取最辉煌的桂冠创造了充分的条件。他是中国地球科学家中获此殊荣之第一人。

颁奖大会上，有关领导发表了热情洋溢的祝词。颁奖会后，刘东生和王永志接受了电视台的专场采访。刘东生早年在西南联大的同班同学、中国科学院院士陈梦熊到会，谈起刘东生大学阶段忠心爱国、刻苦求学的故事，还特别提到刘东生在野外地质观察时，能画出很好的素描，为后来的科研工作打下了坚实的基础，使人们深受教育和感动。刘东生却总是谦虚地说，自己仅仅做了应该做的一部分事情，今后还要继续努力，把工作做得更多更好，一切成绩都应归功于党、国家和人民，更应归功于自己的师友、同事、学生——科研群体中的每一位合作者，个人的作用终究是很有限的。

八、主编科技专家传　客观公正评学人

刘东生客观、清醒地衡量自己，却善待一起团结协作的其他人，他尤其不遗余力地弘扬科学技术专家的丰功伟业和高风亮节。

1986年在北京召开的中国科协第三次全国代表大会上，作出一项重要决议——为中国科学技术专家立传，当即着手建立了庞大的编纂机构。中国科协副主席钱三强亲自挂帅，担任《中国科学技术专家传略》总编纂委员会主任委员。传略分为四大板块（编），即基础科学的理学编和应用科学的工程技术编、农学编、医学编，分别设立第二级编纂委员会。往下按专业细分为卷，每卷再设立第三级编纂委员会。第二、第三级编纂委员会邀聘各行各业的专家为编委。在全国各地成百上千的科学家传记版本中，这也许要算最庞大的系统工程了。

当时担任中国科协书记处书记的刘东生，积极热情地投入了这项系统工程中。他在三级编纂委员会都担任了重要职务——总编纂委员会委员、理学编编纂委员会副主任、地学卷编纂委员会主编。除了在总编纂委员会和理学编编纂委员会会议上积极出谋划策掌握大政方针外，刘东生对地学卷的编辑工作抓得更紧，事无巨细地把好关。

在地学卷领导班子的组成上，他邀集了对人物传记很关心、很有兴趣而且情况也较熟悉的中国科学院院士吴传钧、涂光炽、顾功叙、谢义炳、陈述彭、刘光鼎，以及中国地质科学院地质力学研究所研究员杨新孝、中国科学技术出版社编审罗秀文、中国科学院研究生院教授潘云唐，组成编委会，由吴传钧任副主编。后来，顾功叙院士、谢义炳院士、杨新孝研究员相继去世，又增加了中国科学院院士陈运泰、李廷栋、谢学锦、孙枢、翟裕生为编委。刘东生主持召开了多次编委会，讨论编写体例、入传人的人选标准及先后缓急程度（一般按出生年月排序）、材料的收集整理、约稿对象、内容的详略取舍等，都让大家充分发表意见。

在讨论人选标准时，他非常全面、客观和公正。本来大家都认为两院院士这样顶尖级的科学技术专家必选无疑。但对于一些人是否入编，不同单位往往持不同态度。例如武衡院士，他于抗日战争前在清华大学地学系学地质，1937年抗日战争爆发后参加革命，在陕甘宁边区抗日民主根据地还从事过地质教育与地质调查找矿工作。新中国时期，他成为科学事业的管理者、领导者，在中国科学院、国家科学技术委员会等部门担任领导职务。他在规划科学事业、筹建科研机构等方面贡献很大。有一些科学家传记丛书编委会却没有收编他的传记篇目，认为他仅仅是官，不是真正的科学家。刘东生则坚决反对这种看法和做法。他说："管理本身也是科学。又懂专业又从事管理和领导的人，对科学事业贡献往往并不亚于在具体科学研究岗位上的人！"最后，《中国科学技术专家传略·理学编·地学卷》第二册中编入了武衡的传记。

刘东生在对于“科学技术专家”的理解上，眼界十分开阔，不仅看到成就辉煌的大科学家，也看到他们身边的技术辅助人员。他说：“杨钟健是了不起的古脊椎动物学家，但是不要忘记王存义长期为他做化石采集、修理、装架工作（如禄丰龙）。如果没有王存义，也许杨钟健的成就不会那么伟大。”因此，他提倡“传中有传”的写法。该丛书总编委会后来提出实行各卷的主编负责制。刘东生对地学卷的领导更加强了。他亲自参加讨论每篇传记的导言，字斟句酌，反复推敲，一直修改到大家都觉得满意为止。在地学卷前言起草阶段，编委会每次开完会时，他都忘不了提醒执笔人一句：“根据刚才的讨论，再修改一次吧！”他又亲自对每次修改稿把关，这样反复多次，前言终得以顺利通过。

截至2007年9月，此丛书共出版了32卷58册、2772篇、2333.5万字。出得最多的是“理学编·化学卷”，共四册。“理学编·地学卷”，共出了三册，123篇，132万字（册数与“理学编·物理卷”和“农学编·园艺卷”并列第二）。刘东生的卓越领导功不可没。

九、生命不息常奋进　黄土情节永记心

刘东生及其领导的科研群体半个多世纪对黄土的研究，使中国黄土科学在诸多学科的竞争中一直处于领先地位。中国的黄土高原成了世界黄土学者向往的研究样板。中国黄土成为一部古环境信息的经典百科全书。

2005年，在“黄土研究50年座谈会”上，刘东生（左七）与同志们合影

刘东生指导他的学生孙继敏，由国家杰出青年科学基金会项目资助，对在中国和全世界都堪称经典的陕西洛川黑木沟黄土剖面进行深入的再研究，并于2002年发表了《洛川黄土地层的再划分及其L_9、L_{15}古环境意义新解释》一文。

2003年10月，在北京召开了第三世界科学院第14届院士大会、第九次学术会议暨建院20周年纪念大会、第三世界科学院科学组织网络第八届大会。为了迎接上述大会的召开，中国科学院领导组织专家撰写本门学科最新进展的文章，并将这些文章结集出版，即《中国科学进展》（路甬祥主编），其中就有刘东生写的《全球变化与中国干旱环境研究》一文。

1998年刘东生与中国科学院院长路甬祥（左二）亲切交谈，右一为安芷生，左一为刘嘉麒

刘东生在该文中论述了中国干旱地带形成的历史和分布的格局。中国环境格局在中新世发生重大变化，晚中新世至上新世（距今650万年至340万年）时期中国干旱带分布已与现代相似，上新世（距今340万年至260万年）时期，干旱带更向东扩展，发育了世界上最大的中纬度沙漠，并在其外围形成了世界最大、最厚的黄土堆积区域——黄土高原。第四纪（距今260万年）以来气候波动幅度较大，标志着一个冬季风系统和较大的大陆干燥度。与青藏高原剧烈隆升有关的两次气候转型事件，导致主导周期的变化。新中国半个多世纪生产建设取得的重大成就，体现在人口剧增、耕地面积扩大和灌溉面积猛增、粮食产量提高上；然而，同时也带来一些地区土地荒漠化和水环境质量恶化的危机，需要认真对待。

刘东生在文章中着重强调了中国干旱-半干旱区可持续发展的战略。他尤其援引了中国古代“天人合一”“人需则天、顺天、应天”的哲学思想，指出“人类应当将自己置于天地间的一个较合适的地位，恢复人与自然的和谐统一，达到人与自然的和谐相处，以利于人类自身的生存和发展”。这就指明了中国实施西部大开发必须与生态环境建设相协调的方针。

刘东生还提出了两个重要的思路：一是充分发挥环境圈层间生态系统的调节养护关系，例如，盆地环境“核心部位”生态系统相对较脆弱，周边山区环境“屏障部位”相对较稳定，其间的过渡缓冲部位就要很好地输送物质和能量，从而充分起到相互调节养护的桥梁作用；二是在区域开发中，要考虑自然环境生态系统的承载能力（譬如占据主导地位的水文因素），借此调控人为活动的类型和规模，也就是要在真正做到人与自然和谐的基础上，使自然环境生态系统的承载能力得到最充分、最合理的利用。

刘东生最后更引申出全国的“东西部环境一体化建设”和建立全世界生态环境安全管理体系的思想，因此，它不但对全中国，而且对全球（尤其是干旱-半干旱地区分布较多的第三世界国家）都有重大的指导意义。

2005年5月，已88岁高龄的刘东生再次来到甘肃秦安，对郭正堂等人发现的中新世2200万年来形成的黄土与古土壤层的地质进行探讨。然后又到陕西的黄土高原地区进行考察。2006年6月，他还去贵阳出席了中国科学院地球化学研究所成立40周年庆祝大会。

2005年5月，刘东生与甘肃秦安2200万年黄土的发现者郭正堂（左一）及吴乃琴（左三）、韩家懋（左四）、吕厚远（左五）在秦安剖面前合影

十、九旬再传新捷报　洪堡奖章赠英雄

2006年9月，中国第四纪研究委员会第九届学术年会在南京举行。大家都在期待着我们的第四纪科学大师、该委员会名誉主任刘东生院士的光临。然而，一个不好的消息令大家伤心不已——我们敬爱的刘东生先生

已被确诊为淋巴癌而住进了医院。先生的疾患，牵动着万千人焦急的关切之心。

刘东生积极配合医生的治疗，确曾击退绝症的进攻，出院回家静养休息。

静养期间，刘东生仍坚持工作。他在病榻前给丁文江的侄子——清华大学教授丁海曙回信，崇高评价了他送上的《丁文江图传》，再次盛赞丁文江对中国近现代自然科学，特别是地质科学事业的丰功伟绩。刘东生在病中还为他倡导编撰的《翁文灏古人类学与历史文化文集》写了两篇序言。

2007 年 5 月 17 日，全球最大的两个地球科学联合会之一——欧洲地球科学联合会（European Geosciences Union General Assembly，EGU）宣布，授予中国科学院院士刘东生以洪堡奖章，同时还宣布授予中国科学院院士汪品先以米兰科维奇奖章。他们二位是首批获得 EGU 奖章的中国科学家。

2007 年 8 月 27 ～ 30 日，在中国科学院地质与地球物理研究所隆重举行了“第三届亚历山大·冯·洪堡国际会议：东亚季风的过去、现在和未来”（由该所与 EGU 共同组织）。出席大会的有来自 12 个国家的代表和学生约 130 人。刘东生院士抱久病稍愈的身体光临盛会。此外还有中国科学院院士汪品先、安芷生、符淙斌、丁仲礼等，以及 EGU 名誉主席拜尔热（A.Berger）、EGU 创立主席法边（P.Fabian），等等。

在 27 日上午的大会开幕式上，拜尔热宣布刘东生获 EGU 洪堡奖章，当即由法边向刘东生颁奖，刘东生成为中国第一位荣获 EGU 洪堡奖章的科学家。刘东生发表了热情洋溢的讲话和答谢词，全场响起雷鸣般的掌声，热烈庆贺这位九旬老寿星再获殊荣，并衷心祝愿他早日痊愈，在科研领域再创新高，再立新功！然而，这竟是刘东生最后一次在公众场合露面。

刘东生在洪堡奖章颁奖大会上致答谢词

十一、光辉耀苍穹　寰宇同怀念

2008 年 1 月 8 日，《国家最高科学技术奖获奖人丛书（第二辑）》新闻发布会在北京举行，刘东生夫人胡长康教授代表他出席。刘东生在医院看到了夫人带回去的这套书（其中包括他的传记——《揭开黄土的奥秘：刘东生》），自然也很欣慰。

大约两个月后的 3 月 6 日，一颗伟大的心脏停止了跳动，德高望重的刘东生院士走完了他为科学事业鞠躬尽瘁的最后历程。

3 月 17 日，在北京八宝山殡仪馆的第一告别厅外，排起了几百人的长龙，人们满面愁容、泪痕犹新，向着庄严肃静的横幅——“刘东生院士永垂不朽”，和着凝重哀婉的乐声，缓步走进厅堂，向这位科学大师作深情的告别！

路甬祥向刘东生家属表示亲切慰问

澳大利亚友人 Jim Bowler 专程赶来告别

刘东生亲手创办的《第四纪研究》继续高水平出版

而今，我国第四纪与黄土科学事业兴旺发达，人才辈出，硕果累累，捷音频传，是对刘东生院士在天英灵的最好慰藉！

刘东生逝世后不久，挂靠在中国科学院地质与地球物理研究所的中国第四纪科学研究会根据刘东生的遗愿，设立刘东生地球科学基金，按有关规定成立刘东生地球科学基金管理委员会，负责基金的管理工作，该项基金为非公募基金（其主要来自刘东生所获 2003 年国家最高科学技术奖之一部分），是非盈利性质的，基金用于奖励青年地球科学工作者，设刘东生地球科学奖学金（Liu Tungsheng Scholarship for Earth Sciences）等奖项。设立刘东生地球科学奖学金的目的是奖励在第四纪、新生代古生物、青藏高原和环境地质研究领域显出潜质的国内外青年学子。此奖学金每两年评选一次，从 2009 年起，在奇数年评选。每届获奖人数不超过 3 人。中国第四纪科学研究会向每位获奖人颁发证书和奖金 2 万元，获奖人按国家有关法律法规缴纳税金。

2009 ～ 2015 年，共评选了 4 届，历届得主如下：

2009 年：
李高军（男，南京大学）
李宗省（男，中国科学院寒区旱区环境与工程研究所）
刘羿（男，中国科学技术大学）
2011 年：
方克艳（男，兰州大学）
晏宏（男，中国科学技术大学）
董志文（男，中国科学院寒区旱区环境与工程研究所）
2013 年：
郭东林（男，中国科学院大气物理研究所）
丁明虎（男，中国气象科学院）
王圣杰（男，西北师范大学）
2015 年：
何毓新（男，浙江大学）
燕青（男，中国科学院大气物理研究所）
王欢业（男，中国科学院地球环境研究所）

2009 年 3 月 6 日，由中国科学院地质与地球物理研究所和中国第四纪科学研究会联合举办的刘东生先生逝世一周年纪念大会在北京召开，大会举行了“刘东生星”（58605 号小行星）的命名仪式。国家天文台党委书记刘晓群宣读了“刘东生星”命名公报；全国政协原副主席钱正英向中国科学院地质与地球物理研究所颁赠“刘东生星”命名证书；中国科学院副院长李静海院士向中国科学院地质与地球物理研究所颁赠“刘东生星”

“刘东生星”

朱日祥所长从钱正英手中接过“刘东生星”命名证书

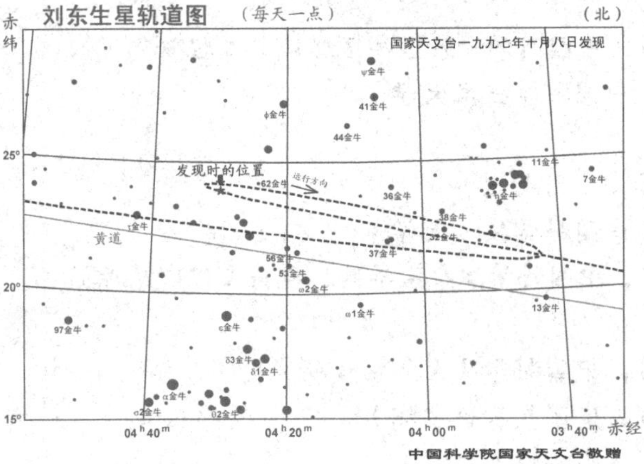

“刘东生星”运行轨道图

运行轨道图。

2009 年 11 月 22 日上午，中国科学院古脊椎与古人类研究所向中国科学院地质与地球物理研究所赠送刘东生先生铜像暨铜像揭幕仪式在地质与地球物理研究所刘东生原工作室举行。该所所长朱日祥院士主持仪式。中国科学院副院长丁仲礼院士、中国科学院古脊椎动物与古人类研究所所长周忠和院士及刘东生院士夫人胡长康教授共同为铜像揭幕，并分别致辞。此铜像是中国科学院古脊椎与古人类研究所工程师赵忠义历时一年多精心制作完成的。中国科学院地质与地球物理研究所领导和刘东生院士的生前好友、同事、学生等数十人参加了仪式。

刘东生逝世后，中国科学院地质与地球物理研究所将该所旧办公室三层中间的大办公室（即刘东生生前办公处）建成“刘东生先生纪念展室”。2010 年 3 月 6 日刘东生逝世两周年纪念日上午 9 时，即在该纪念展室举行了隆重的揭牌仪式，同时举行了刘东生院士个人藏书捐赠仪式。出席仪式的有中国科学院院士、副院长兼国家科学图书馆馆长李静海，中国科学院士、中国科学院地质与地球物理研究所所长朱日祥，以及中国科学院院士孙枢、滕吉文、郑度、叶大年、刘嘉麒、翟明国等，中国科学院地质与地球物理研究所所内外有关人士近百人参加。

刘东生院士塑像

揭牌仪式由中国科学院地质与地球物理研究所党委书记李广山主持，所长朱日祥院士致开幕词。刘东生夫人胡长康教授向国家科学图书馆常务副馆长张晓林交付了刘东生院士个人藏书捐赠目录，张晓林向胡长康颁发了图书捐赠证书。朱日祥所长与胡长康教授共同为“刘东生先生纪念展室”揭了牌。全体与会人员都列队参观了整个展室。

刘东生院士赠书

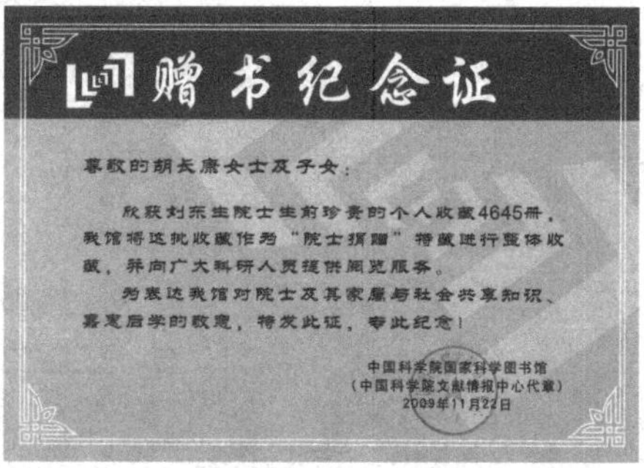
赠书纪念证

尊敬的胡长康女士及子女：

欣获刘东生院士生前珍贵的个人收藏4645册，我馆将这批收藏作为“院士捐赠”特藏进行整体收藏，并向广大科研人员提供阅览服务。

为表达我馆对院士及其家属与社会共享知识、嘉惠后学的敬意，特发此证，专此纪念！

中国科学院国家科学图书馆
（中国科学院文献情报中心代章）
2009年11月22日

赠书纪念证

仪式进行期间，李四光的外孙女邹宗平（李四光纪念馆负责人之一）向该纪念展室赠了《李四光传》《李四光画传》等图书。《揭开黄土的奥秘：刘东生》的作者潘云唐出席此仪式时，将该书赠予纪念展室。

《中国国土资源报》等媒体记者参加了此仪式。后来于 3 月 9 日在该报附属的《地质勘查导报》第 2 版（要闻版）刊登了详细报道。

为弘扬中国科学院地质与地球物理研究所刘东生院士对国际第四纪科学事业的杰出贡献，INQUA 决定，从第 18 届大会开始，设立“刘东生奖章”，以表彰全世界在第四纪科学领域内取得重大成就的科学家，此奖章为该联合会的终身成就奖。该奖章为圆形，正面中心为刘东生西服领带标准像，其上面是半圈英文字：LIU TUNGSHENG MEDAL，意为“刘东生奖章”，缩写为 L. T. M。背面圆形中心区是六角形的雪花图案，上面大半环是英文字：INTERNATIONAL ASSOCIATION FOR QUATERNARY RESEARCH，即“国际第四纪研究联合会”，下面是其简称 INQUA。

2011 年 7 月 11 日，INQUA 第 18 届大会在瑞士伯尔尼举行。在大会开幕式上，时任主席契瓦斯（Chivas）宣布：美国科学家史蒂芬·波特（Stephen Porter）获首届“刘东生奖章”。首次获此奖的史蒂芬·波特为美国华盛顿大学教授，主要从事冰川、冰原和极地研究，取得举世瞩目的成就。他于 1995 年、2003 年分别当选为 INQUA 第 14 届和第 16 届主席，还与中国科学家安芷生院士等精诚合作，在中国黄土的研究上也有较大的国际影响，曾于 2010 年获中国科学院“国际科学合作奖”。

2015 年 7 月 25 日～ 8 月 2 日，第 19 届 INQUA 大会在日本名古屋召开，中国代表团成员郭正堂当选为 INQUA 第 19 届副主席。他也是刘东生领导的中国第四纪科学与黄土科学研究团队第二代领军人物中当选为中国科学院院士的第五位。

附录一　刘东生年谱

1917 年　11 月 22 日，出生于辽宁省沈阳市一个铁路职工家庭。

1929 年　从奉天省立第二小学毕业。

1930 年　秋，顺利考入南开中学。

1931 年　在天津与家人失去联系，但仍积极参加抗日救国学生运动。

1933 年　秋，到南京参加第六届全国运动会，因饮用水水源污染患伤寒，由于重病不得不休学。

1937 年　7 月，高中毕业。

8 月，到南开中学同学童遐龄家住，在童遐龄父母创办的“江西小学”教书一年。

1938 年　7 月，免试入读西南联合大学。

1939 年　夏，到云南宜良县可保村过暑假。

1941 年　开始准备毕业论文，到昆明西北武定和禄劝两县做地质调查，填绘大比例尺地质图，还采集到大量泥盆纪鱼类化石。

1942 年　夏，如期从西南联合大学地质地理气象学系毕业。

1944 年　离开昆明到成都，参加战地服务团。

1945 年　夏，离开成都到西安，从事接待盟军工作。

1946 年　2 月，由西安到重庆，考入经济部中央地质调查所工作。

7 月 7 日，到达南京，至珠江路 700 号经济部中央地质调查所报到；协助侯德丰校对《中国地质学会志》和《地质评论》。

1947 年　利用工作空隙到中央大学生物系旁听，进修现代生物学知识。

1948 年　3 月，在《中国古生物学会会讯》创刊号上发表《中国脊椎动物化石研究之概况》。

1950 年　4 月，东北地质矿产调查总队正式组成，与侯德封、关士聪等组成清原工作队，在辽宁清原金铜矿区调查地质矿产。

1952 年　秋，参加全国地质工作会议筹备工作，开始接触第四纪地质问题，并产生浓厚兴趣。

1953 年　年初，受李四光委派，与徐煜坚一起去内蒙古白云鄂博实地调查冰川遗迹。

春，与徐煜坚组成白云鄂博铁矿狼山考察队。

冬，到中国科学院地质研究所报到。

1954 年　年初，被借调到水利部黄河梯级开发的坝址考察队工作。

《中国自然地理图集》编制工作开始，提出把中国第四纪地质图（第四纪沉积物分布图）纳入这一地图集的建议；完成了第一幅中国第四纪沉积物分布图（1∶10 000 000）。

1955 年　下半年，任中国科学院地质研究所第四纪地质研究室主任。

12 月 24 日，与胡长康结婚。

1956 年　10 月 15 日，女儿刘丽在北京出生。

1957 年　1 月 15 日，中国第四纪研究委员会成立，刘东生任秘书长。

5 月 13 日，应苏联第四纪研究委员会主席格拉西莫夫院士的邀请，与裴文中代表中国第四纪研究委员会赴苏联参加第三届全苏第四纪科学讨论会。

5 月，《中国第四纪研究》编辑委员会成立，与袁复礼、裴文中一起担任主任编辑。

11 月，筹备组织的第一届全国第四纪学术大会在北京召开。

1958 年　6 月，中国第四纪研究委员会主办的刊物《中国第四纪研究》第一卷第一期由科学出版社出版。

1959 年　3～4 月，陪同侯德封所长到海南岛检查、指导矿砂队的工作。

11 月，参加在人民大会堂召开的全国先进集体和先进工作者代表大会，获全国先进生产者称号。

1961 年　8 月下旬，与孙殿卿赴波兰参加第六届 INQUA 大会，在会上作报告《中国的黄土》，震动了国际第四纪学术界。

1962 年　9 月，招收首位研究生安芷生。

与张宗祐在《地质学报》联名发表《中国的黄土》一文，正式提出中国黄土岩石地层划分方案。

《黄河中游第四纪地质调查报告》出版。

1963 年　4～5 月，任希夏邦马峰科学考察队副队长，与队长施雅风一起带领科学考察队随中国登山协会登山队，对希夏邦马峰进行科学考察。

1964年　5月，主编的《第四纪地质问题》由科学出版社出版。

8月20～31日，出席在北京举行的1964年北京科学讨论会。

12月，主编的《黄河中游黄土》由科学出版社出版。

1965年　主编的1：4 000 000《中国黄土分布图》（与北京大学联合编制）出版，这是中国黄土最权威的分布图，一直沿用至今。

1966年　1月，任在贵阳新成立的中国科学院地球化学研究所第四纪地球化学研究室主任。

3月，率中国科学院西藏综合考察队100多名科学考察队队员再次进藏，中心议题是青藏高原隆起的过程及其对自然界和人类活动的影响。

7月，专著《黄土的物质成分和结构》由科学出版社出版。

1970年　到黑龙江克山进行关于地方病的水土病因调查。

1973年　6月，作为中国科学技术代表团成员，赴英国参加国际环境保护和控制污染学术会议，并进行为期一个月的科学考察活动。

承担官厅水库污染源调查任务，建立了中国第一个专门的环境污染化学分析实验室。

1978年　2月24日，当选第五届全国政协委员后，出席第一次会议。

3月18日，出席在北京举行的全国科学大会，"中国黄土"研究获全国科学大会奖。

3月，赴北京参加青藏高原国际科学讨论会的筹备工作。

组织总结1975～1978年青藏高原科学考察成果，出版《青藏高原科学考察丛书》《珠穆朗玛峰地区科学考察报告》共计十余册。

1979年　8月，从贵阳中国科学院地球化学研究所调回北京中国科学院地质研究所（今中国科学院地质与地球物理研究所），继续从事黄土与第四纪研究工作，同时筹建地质研究所第四纪地质研究室。

10月，参与创建中国环境科学学会，在第一届全国代表大会上当选为理事会副理事长。
加入中国共产党，成为中共预备党员。

1980 年　5 月 25 ～ 31 日，青藏高原国际科学讨论会在京西宾馆召开，任会议秘书长，这次会议是中国改革开放初期地球科学界最重要的一次国际学术会议。
11 月 26 日，当选为中国科学院学部委员（院士）。
冬，带团访问澳大利亚，商谈中澳合作第四纪研究事宜。

1981 年　《环境科学学报》创刊，任常务副主编；应邀出任 *Quaternary Science Reviews* 编委。
赴苏黎世瑞士联邦高等理工大学访问。

1982 年　3 月 30 日，中国科学院地质研究所第四纪地质研究室恢复，任室主任。
春，任中国科学技术协会书记处书记，主管国际部。
8 月 1 ～ 9 日，参加在莫斯科举行的第 11 届 INQUA 大会，中国在此次大会上正式成为 INQUA 国家会员，刘东生当选为 INQUA 副主席，成为中国第一位在 INQUA 执委会任职的科学家。
参加南迦巴瓦峰的科学考察活动，担任南迦巴瓦峰中国科学院登山科学考察队队长。
任国际大地测量与地球物理联合会中国国家委员会秘书长；任国际岩石圈中国国家委员会主席；任 IGCP 中国国家委员会委员，PAGES 工作组组长。
专著《中国的黄土》及相关研究项目荣获国家自然科学奖二等奖。

1983 年　当选第六届全国人大代表。

1984 年　获竺可桢野外科学工作奖。
8 月 4 ～ 14 日，出席在莫斯科召开的第 27 届国际地质大会。
任《中国科学》《科学通报》编委。

1985 年　3 月，中国科学院批准成立西安黄土与第四纪地质研究室，任室主任。
10 月，专著《黄土与环境》由科学出版社出版。
当选为中国科学院地学部常委。

1986 年　“青藏高原隆起及其对人类活动与自然环境影响的综合研

究”获中国科学院科学技术进步奖特等奖，排名第一。

担任《中国科学技术专家传略》总编委会委员、“理学卷”编委会副主任、“地学卷”编委会主编。

1987年　5月，赴澳大利亚接受澳大利亚国立大学颁发的名誉科学博士学位。

7月31日～8月9日，率团出席第十二届INQUA大会，会上连任INQUA副主席，北京获第十三届INQUA会议的主办权。

出任《环境科学学报》主编。

1988年　当选为第七届全国人大代表。在第七届全国人大第一次会议上当选为常委会委员。

“青藏高原隆起及其对人类活动与自然环境影响的综合研究”获国家自然科学奖一等奖，排名第一。

1989年　1月21日，担任中国科学探险协会主席。

《黄土与环境》一书荣获中国科学院自然科学奖一等奖；荣获陈嘉庚地球科学奖（个人奖）。

1991年　8月2～9日，出席第13届INQUA大会并当选为新一届INQUA主席。

8月，专著《黄土与环境》荣获国家自然科学奖二等奖。

9月，当选为第三世界科学院院士。

11月，参加南极科学考察队，完成了第四纪地质考察工作。

1996年　当选为欧亚科学院院士。

8月上旬至中旬，出席在北京召开的第30届国际地质大会。

1997年　7～10月，赴美国夏威夷考察。

荣获中国南极探险研究特别奖。

1998年　主持的国家自然科学基金委员会重大项目“我国北方干旱半干旱区15万年来环境演变的动态过程及发展趋势”荣获中国科学院自然科学奖一等奖。

成为中国科学院资深院士。

1999年　4～5月，乘“实验3号”科学考察船参加南沙群岛考察。

2000年　主持完成的国家自然科学基金重大项目“我国干旱半干旱区15万年来环境演变的动态过程及发展趋势”获国家自然科学奖二等奖。

2001年　第七次踏上青藏高原的雪峰冰川。

2002 年　4 月 1 日，荣获泰勒环境成就奖。

2004 年　2 月 20 日，在北京人民大会堂参加国家科学技术奖励大会，荣获 2003 年度国家最高科学技术奖。

9 月，赴罗布泊地区考察，历时 10 天，行程 3000 多千米。

2005 年　5 月，到甘肃秦安进行地质考察。

2007 年　5 月 17 日，欧洲地球科学联合会授予刘东生洪堡奖章。

9 月，荣获国际欧亚科学院卓越科学贡献金质奖章。

2008 年　3 月 6 日，在北京逝世，享年 91 岁。

2009 年　3 月 6 日，在中国科学院地质与地球物理研究所隆重举行了“刘东生星”命名仪式。

2010 年　3 月 6 日，在中国科学院地质与地球物理研究所举行了“刘东生先生纪念展室揭牌暨个人藏书捐赠仪式”。

2011 年　7 月 11 日，在瑞士伯尔尼召开的第 18 届 INQUA 大会上，宣布设立“刘东生奖章”。美国科学家史蒂芬·波特在大会上获首届“刘东生奖章”。

附录二　刘东生主要著述目录

[1] 刘东生. 1948. 评杨钟健著“中国云南禄丰之似哺乳爬行动物”. 地质论评，13（3-4）：240-243.

[2] 刘东生. 1948. 中国脊椎动物化石研究之概况. 中国古生物学会讯,（1）：8-13.

[3] Liu Tung-sheng.1948.Note on the first occurrence of acanthodians from China.Palaeontological Novitates,（4）：1-6.

[4] Young C C, Liu P.T.Notes on a mammalian collection probably from the Yüshê Series（Pliocene）, Yüshê, Shansi, China. Contributions to the National Research Institute of Geology, Academia Sinica, 1948, No.8, In commemoration of sixtieth Birthday of Professor J. S. Lee M. sc., D. sc.（国立中央研究院地质研究所丛刊，第83 号——李四光教授六旬寿辰纪念册，1948 年11 月），273-291，pls.1-VI.

[5] 刘东生. 1949. 评魏敦瑞著“猿，巨人及人”. 地质论评，14（1-3）：75-79.

[6] 杨钟健，刘东生. 1949. 安阳殷墟之哺乳动物群补遗. 中国考古学报,（4）：145-153.

[7] Young C C,Liu P T.1950. On the mammalian fauna at Koloshan near Chungking. Bull. Geol. Soc. China,30（1）：43-90.

[8] 刘东生. 1951. 山东莱阳恐龙蛋化石发现的经过. 科学通报，2（11）：1157-1162.

[9] 刘东生. 1952. 狼翅鱼的分类新法和对于地层划分的意义. 科学通报，3（1-2）：77-81.

[10] 刘东生. 1955. 青海东部海相三叠纪地层新知. 地质知识,（5）：23-24.

[11] 刘东生，黄万波，王挺梅. 1957. 三门系地层的新构造运动// 中国科学院地学部编. 中国科学院第一次新构造运动座谈会发言记录. 北京：科学出版社：164-169.

[12] 刘东生，潘江. 1957. 南京龙潭泥盆纪鱼化石. 中国古生物学会讯,（10）：30.

[13] Liu Tungsheng. 1957.A new Cretaceous palaeoniscoid fish from Yumen of the Chiuchuan Basin, western Kansu. Vertebrata PalAsiatica,1（2）:103-133.

[14] 刘东生. 1958. 黄土野外工作方法的若干问题（一）. 地质论评，18（5）：368-374.

[15] 刘东生. 1958. 黄河中游山西陕西一带黄土的初步观察（节要）. 中国第四纪研究，1（1）：255-257.

[16] 刘东生，潘江. 1958. 南京附近五通系泥盆纪鱼化石. 中国古生物志，新丙种第15 号. 北京：科学出版社：1-41，图版1-X.

[17] 刘东生，王挺梅，王克鲁，等. 1958. 山西陕西黄土分布图. 科学记录，2（5）：145 -151.

[18] 张宗祜，刘东生. 1958. 中国第四纪沉积物类型分布图的拟制（节要）. 中国第四纪研究，1（1）：30-32.

[19] Liu Tung-sheng（刘东生），Wang Ting-mai（王挺梅），Wang Keh-loo（王克鲁）, et al. 1958. Chinese loess map of Shansi and Shensi Regions. Science Record, New Ser,（5）：167-174.

[20] 刘东生. 1959. 新黄土和老黄土. 地质月刊,（5）：22-25.

[21] 刘东生，朱海之. 1959. 三门系地层的划分的一些意见// 中国第四纪研究委员会编. 三门峡第四纪地质会议文集. 北京：科学出版社：63-68.

[22] 刘东生，朱海之. 1959. 三门峡水库第四纪地质会议讨论片断. 地质科学,（6）：178 -181.

[23] Liu Tung-sheng, Wang Ting-mai, Wang Keh-loo,et al. 1959. Die Verbreitung des Löβ in den Provinzen Shansi und Shensi（Gebiete des mittleren Hoangho, China）.Geologie,8（2）:123-130.

[24] 刘东生，丁梦麟，高福清. 1960. 西安蓝田间新生界地层剖面. 地质科学,（4）：199-208.

[25] 刘东生，吴子荣. 1960. 介绍H.И. 尼古拉耶夫著“关于研究中国新构造的若干理论和方法问题”. 地质科学,（5）：269-272.

[26] 刘东生，刘宪亭，唐鑫. 1962. 湖南临澧鲈形类一新属. 古脊椎动物与古人类，6（2）：121-129.

[27] 刘东生，刘敏厚，吴子荣，等. 1962. 气候标志及中国第四纪地

层的划分. 中国地质,(6):1-9.
[28] 刘东生，张宗祜. 1962. 中国的黄土. 地质学报，42(1):1-14, 附图Ⅰ-Ⅲ.
[29] 刘东生. 1963. 第四纪研究现状及工作方法（摘要）. 华北地质科技情报,(1):7-12, 附表1.
[30] 刘东生，陈明扬，黎兴国，等. 1963. ^{14}C 方法测定绝对年龄及其应用. 地质快报,(24):1-8.
[31] 刘东生，高福清. 1963. 含于钙质结核中化石的醋酸处理方法. 古脊椎动物与古人类，7(3):278-285.
[32] 刘东生，李玉清. 1963. 记陕西蓝田等地点的利齿猪化石. 古脊椎动物与古人类，7(3):291-304.
[33] 刘东生，李玉清. 1963. 河南洛阳东沙坡层的中新世脊椎动物. 古脊椎动物与古人类，7(4):352-356.
[34] 刘东生，刘宪亭，苏德造. 1963. 鄂尔多斯中华弓鳍鱼的发现及其在地层上的意义. 古脊椎动物与古人类，7(1):1-30.
[35] 刘东生，等. 1964. 黄河中游黄土. 北京：科学出版社：1-234.
[36] 刘东生，刘敏厚，吴子荣，等. 1964. 关于中国第四纪地层划分问题// 中国科学院地质研究所编. 第四纪地质问题. 北京：科学出版社：45-64.
[37] 刘东生，王克鲁. 1964. 中国北方第四纪地层的某些问题// 中国科学院地质研究所编. 第四纪地质问题. 北京：科学出版社：65-76.
[38] 刘东生，杨理华，陈承惠. 1964. 中国第四纪沉积物区域分布特征的探讨// 中国科学院地质研究所编. 第四纪地质问题. 北京：科学出版社：1-44.
[39] 施雅风，刘东生. 1964. 希夏邦马峰地区科学考察初步报告// 一九六四年北京科学讨论会论文集. 北京：科学出版社：277-287.
[40] 施雅风，刘东生. 1964. 希夏邦马峰地区科学考察初步报告. 科学通报,(10):928-938.
[41] Liu Tungsheng,Chang Tsunghu.1964.The "Huangtu"(loess) of China. Report of the VIth International Congress on Quaternary, Warsaw(1961), Lódz, Vol.IV:503-524.
[42] Shih Ya-feng, Liu Tung-sheng.1964. Preliminary report on the Mount

Shisha Pangma scientific expedition, 1964. Contributions at the 1964 Peking Science Symposium，Gen：117, 279-292.

[43] Shih Yafeng, Liu Tungsheng. 1964.Informe sobre la expedicion cientifica al Monte Shisha Pangma.Trabojos en el simposio de Pekin de, Gen：117, 505-506.

[44] Shih Yafeng,Liu Tungsheng. 1964.On the multi-disciplinary scientific expedition in Mt.Xixiapangma region. Kexue Tongbao,（10）：928-938.

[45] 刘东生，等. 1965. 中国的黄土堆积. 北京：科学出版社：1-244.

[46] 刘东生，等. 1966. 黄土的物质成分和结构. 北京：科学出版社：1-132.

[47] 刘东生. 1966. 代表第三系小组总结发言// 中国科学院古脊动物与古人类研究所编. 陕西蓝田新生界现场会议论文集. 北京：科学出版社：288-290.

[48] 刘东生. 1972. 环境地质学的出现（国外环境地质与健康研究简介）// 中国科学院贵阳地球化学研究所《环境地质与健康》编辑组编. 环境地质与健康,（4）：2-12.

[49] 刘东生，李长生（执笔）. 1972. 环境地质介绍// 中国科学院地球化学研究所编. 地质参考资料，215-221.

[50] 刘东生. 1973. 当前环境科学中的若干课题// 中国科学院贵阳地球化学研究所《环境地质与健康》编辑组编. 环境地质与健康，（1）：4-8.

[51] 环境地质实验室，刘东生（执笔）. 1973. 环境污染问题与地学工作者的任务. 地球化学,（1）：1-4.

[52] 杨理华，刘东生. 1974. 珠穆朗玛峰地区新构造运动. 地质科学，（3）：209-220.

[53] 刘东生. 1975. 磷肥与环境保护问题// 中国科学院贵阳地球化学研究所《环境地质与健康》编辑组编，环境地质与健康,（2）：7-13.

[54] 刘东生，安芷生，文启忠，等. 1978. 中国黄土的地质环境. 科学通报,（1）：1-9,26.

[55] 刘东生，李传夔，翟人杰. 1978. 陕西蓝田上新世脊椎动物化石. 地层古生物论文集（7）. 北京：地质出版社：149-200, 图版23-33.

[56] 刘东生. 1979，普及提高环境科学水平为人民造福. 环保科技，（1）：1-2.
[57] 刘东生，汤英俊，黄万波. 1979. 中国第四纪下限问题的讨论// 中国科学院古脊椎动物与古人类研究所编. 中国第四纪研究委员会第三届学术会议论文集：古脊椎动物、古人类与古文化、古气候，1-16.
[58] 刘东生，文启忠，郑洪汉，等. 1979. 三十年来的中国黄土研究// 中国科学院贵阳地球化学研究所编. 第三届全国第四纪会议论文集. 6-8.
[59] 刘东生，文启忠，郑洪汉，等. 1979. 黄河中游黄土的古气候记录和第四纪气候旋回// 中国科学院贵阳地球化学研究所编. 第三届全国第四纪会议论文集. 1-5.
[60] 刘东生，陈庆沐，余志成，等. 1980. 我国地方性氟病的地球化学问题. 地球化学,（1）：13-22.
[61] 刘东生，文启忠，郑洪汉. 1980. 罗马尼亚的第四纪地质. 出国参观考察报告（罗马尼亚、扎伊尔、塞浦路斯、英国地质地球化学）. 北京：科学技术文献出版社：39-48.
[62] 刘东生，文启忠，郑洪汉，等. 1980. 中国黄土的古气候记录及其反映的古气候演化// 国际交流地质学术论文集（5）: 水文地质　工程地质　第四纪地质　地貌. 北京：地质出版社：77-82.
[63] 刘东生，郑洪汉. 1980. 国外第四纪研究// 中国科学院地球化学研究所编. 七十年代地质地球化学进展. 贵阳：贵州人民出版社：372-383.
[64] Liu Dong-sheng, Wen Qi-zhong, Zheng Hong-han. 1980. Palaeoclimatic records in loess of China and its reflection of the ancient climate evolution.Résumés-Abstracts de 26 Congrés Geologique International,Paris, vol. 11：669.
[65] 刘东生，文启忠，郑洪汉，等. 1981. 黄土物质成分与结构与水土保持的关系. 水土保持通报,（1）：16-19.
[66] 刘东生，余志成，姚在永. 1981. 云南省环境质量模型与克山病的分布的关系. 地球化学,（2）：142 -150.
[67] Liu Tungsheng. 1981.Geological and Ecological Studies of Qinghai-Xizang Plateau—I：Geology, Geological History and Origin of Qinghai-Xizang Plateau. Beijing：Science Press & New York：

Gordon and Breach, Science Publishers, Inc. 1-974.
[68] Liu Tungsheng. 1981. Geological and Ecological Studies of Qinghai-Xizang Plateau —II：Environment and Ecology of Qinghai-Xizang Plateau. Beijing：Science Press & New York：Gordon and Breach, Science Publishers, Inc. 975 2138.
[69] Liu Tung Sheng, Gu Xiong Fei, An Zhi Sheng, et al. 1981. The dust fall in Beijing, China on April 18, 1980. Geol.Soc.Amer.Special Paper, 186：149-157.
[70] Liu Tungsheng, Sun Hunglieh. 1981. A review of the multi-disciplinary scientific research on the Qinghai-Xizang Plateau by Chinese scientists in recent years. Geog.J., 147（Pt.1）：23-26.
[71] 刘东生，崔之久. 1982. 希夏邦马峰地区第四纪地质与地貌// 中国希夏邦马峰登山队科学考察队编. 希夏邦马峰地区科学考察报告. 北京：科学出版社：98-126.
[72] 刘东生，熊洪德，张明亮，等. 1982. 希夏邦马峰地区地质概述// 中国希夏邦马峰登山队科学考察队编. 希夏邦马峰地区科学考察报告. 北京：科学出版社：211-274.
[73] 刘东生，袁宝印. 1982. 第四纪气候波动的形式——黄土和深海沉积记录的对比// 中国科学院地质研究所地质科研成果选集（第一集）. 北京：文物出版社：113-121.
[74] 杨钟健，刘东生，张明亮. 1982. 西藏的鱼龙// 中国希夏邦马峰登山队科学考察队编. 希夏邦马峰地区科学考察报告. 北京：科学出版社：350-355，图版 1-4.
[75] Liu Tungsheng.1982. Quaternary Geology and Environment of China.Beijing：China Ocean Press, 1-224.
[76] Liu Tungsheng,An Zhisheng, Yuan Baoyin.1982. Aeolian processes and dust mantles（loess）in China. Quaternary Dust Mantles of China,New Zealand and Australia.Canberra：Australian National University Press：1-17.
[77] Liu Tungsheng, Chen Mingyang, Li Xiufang.1982. A satellite images study on the dust strom at Beijing on April 17-21, 1980// Liu Tungsheng ed.Quaternary Geology and Environment of China. Beijing：China Ocean Press：49-52.
[78] Liu Tungsheng, Ding Menglin. 1982. Pleistocene stratigraphy and

Plio/Pleistocene boundary in China// Liu Tungsheng ed. Quaternary Geology and Environment of China. Beijing：China Ocean Press：1-6.
[79] Liu Tungsheng, Yuan Baoyin, Gao Fuqing, et al. Quaternary vertebrates and their life environment in loess regions of China. Quaternary Dust Mantles of China, New Zealand and Australia. Canberra：Australian National University Press：57-68.
[80] Liu Tungsheng, Zhou Tingru, Chen Chenghui, et al.1982. Current situation on the Holocene chronostratigraphical research in China. Striae, 16:21-23.
[81] Heller F, Liu Tungsheng. 1982. Magnetostratigraphical dating of loess deposits in China.Nature, 300（5891）：431-433.
[82] 刘东生，丁梦林. 1983. 晚第三纪以来中国古环境的特征及其发展历史. 地球科学,（4）：15-28.
[83] 刘东生，丁梦林. 1983. 关于元谋人化石地质时代的讨论. 人类学学报，2（1）：40-48.
[84] 刘东生. 1984. 南迦巴瓦峰登山科学考察（1982 — 1984 年）. 山地研究，2（3）：129-133.
[85] 刘东生，安芷生. 1984. 洛川北韩寨黄土磁性地层学的初步研究. 地球化学,（2）：134-137.
[86] 刘东生，丁梦林. 1984. 中国早期人类化石层位与黄土- 深海沉积古气候旋回的对比. 人类学学报，3（2）：93-101.
[87] 刘东生，黎兴国. 1984. 猛犸象在中国生存的时间及其分布上的意义// 仇士华主编. 第一次全国 ^{14}C 学术会议文集. 北京：科学出版社：111-120.
[88] Liu Dongsheng（Tung-sheng）, Ding Menglin. 1984. The characteristics and evolution of the paleoenvironment of China since the Late Tertiary//Whyte R O ed. The Evolution of the East Asian Environment, vol. 1：Geology and Palaeoclimatology. Hong Kong：Centre of Asian Studies, University of Hong Kong, 11-40.
[89] Liu Tungsheng, Dong Guangrong, An Zhisheng.1984. Desert and loess environment in China since the Quaternary. Proc.of 27th IGC,Vol.3：Quaternary Geology and Geomorphology. Moscow, 185-197.

[90] Liu Tungsheng, Li Xingguo.1984. Mammoths in China// Martin P S, Klein R G eds. Quaternary Extinction. Tucson：The University of Arizona Press, 517-527.

[91] Heller F, Liu Tungsheng.1984. Magnetism of Chinese loess deposits. Geophys. Jour.Roy.Astr.Soc., 77（1）：125-141.

[92] 刘东生，等. 1985. 黄土与环境. 北京：科学出版社：1-481, 图版Ⅰ-XVI.

[93] 刘东生. 1985. 环境质量与环境地球化学研究// 中国环境科学学会环境质量评价专业委员会、贵州省环境科学学会编. 环境质量研究进展. 贵阳：贵州人民出版社：3-11.

[94] 刘东生. 1985. 中国第四纪研究的新进展. 中国第四纪研究，6（2）：1-8.

[95] 刘东生，安芷生，袁宝印. 1985. 中国的黄土与风尘堆积. 中国第四纪研究，6（1）：113-125.

[96] 刘东生，丁梦林. 1985. 中国第四纪地层和更新统上新统界限. 中国第四纪研究，6（2）：9-18.

[97] 刘东生，丁梦林. 1985. 中国第四纪地层和更新统上新统界限. 地层学杂志，9（4）：239-251.

[98] 刘东生，顾雄飞，郑洪汉. 1985. 新疆托木尔峰的黄土// 刘东生主编. 托木尔峰科学考察报告. 乌鲁木齐：新疆人民出版社：123-130.

[99] 刘东生，袁宝印，高福清，等. 1985. 中国黄土区第四纪脊椎动物. 中国第四纪研究，6（1）：126-136.

[100] Liu Tung-sheng.1985. Quaternary Geology and Environment of China. Beijing：China Ocean Press：1-301.

[101] Liu Tungsheng, et al.1985. Loess and the Environment.Beijing：China Ocean Press：1-251.

[102] Liu Tungsheng, An Zhisheng, Yuan Baoyin, et al.1985. The loess paleosol sequence in China and climatic history. Episodes, 8（1）：21-28.

[103] Liu Tungsheng, Chen Mingyang, Li Xiufang.1985. A satellite images study on the dust strom at Beijing on April 17-21,1980//Liu Tungsheng ed. Quaternary Geology and Environment of China.Beijing：China Ocean Press：69-73.

[104] Liu Tungsheng, Ding Meng lin.1985.Pleistocene stratigraphy and Plio /Pleistocene boundary in China// Liu Tungsheng ed. Quaternary Geology and Environment of China. Beijing：China Ocean Press：1-9.

[105] 沈承德，陈明扬，袁宝印，刘东生，等. 1986. 马兰黄土的^{10}Be记录// 中国科学院地球化学研究所编. 地球化学文集. 北京：科学出版社：199-203.

[106] Liu Tungsheng, Zhang Shouxin, Han Jiamao. 1986. Stratigraphy and paleoenvironmental changes in the loess of central China// Sibrava V, Bowen D Q, Richmond G M eds. Quaternary Science Review.Vol. 5：Quaternary glaciations in the northern hemisphere. 489-495.

[107] Heller F, Liu Tungsheng.1986. Palaeoclimatic and sedimentary history from magnetic susceptibility of loess in China. Geophys.Res. Lett., 13（11）：1169-1172.

[108] 刘东生，袁宝印. 1987. 论第四纪湿润期和干旱期（雨期和间雨期）// 中国科学院中澳第四纪合作研究组编. 中国—澳大利亚第四纪学术讨论会论文集. 北京：科学出版社：1-10.

[109] Liu Tungsheng. 1987. Aspects of Loess Research. Beijing：China Ocean Press：1-447.

[110] Liu Tung-sheng, Guo Xu-dong, Dong Guang-rong.The periglacial phenomena on loess plateau, China// Pécsi M, French H M eds. Loess and Periglacial Phenomena. Budapest：Academiai Kiado：141-149.

[111] Liu Tungsheng, Yuan Baoyin. 1987. Megageomorphic features and history of the Chinese loess// Gardiner V ed. International Geomorphology 1986 Part II. New York：John Wiley & Sons Ltd：241-253.

[112] Liu Tungsheng, Yuan Baoyin. 1987. Paleoclimatic cycles in northern China：Luochuan loess section and its environmental implications// Liu Tungsheng ed. Aspects of Loess Research. Beijing：China Ocean Press：3-26.

[113] Liu Tungsheng, Yuan Baoyin, Wei Lanying, et al. 1987. Loess distribution map of China// Liu Tungsheng ed. Aspects of Loess Research. Beijing：China Ocean Press：140-144.

[114] Liu Tungsheng. 1988. Loess in China (second edition).Beijing: China Ocean Press & Berlin, Heidelberg: Springer-Verlag: 1-224.
[115] 刘东生. 1989. 发刊词. 第四纪研究,(1): 1-2.
[116] 丁仲礼，刘东生. 1989. 中国黄土研究新进展（一）黄土地层. 第四纪研究,(1): 24-35.
[117] Liu Tungsheng, Ding Zhongli, Chen Mingyang, et al.1989. The global surface energy system and the geological role of wind stress. Quaternary International, 2: 43-54.
[118] 刘东生. 1990. 黄土·第四纪地质·全球变化（第一集）. 北京: 科学出版社: 1-171.
[119] 刘东生.1991. 黄土·第四纪地质·全球变化（第二集）. 北京: 科学出版社: 1-151.
[120] 刘东生，陈述彭，蒋宏耀，等. 1990. 地球科学的现状与未来// 全国基础性研究状况调研组、中国科学院科技政策局编，张云岗主编. 中国自然科学的现状与未来. 重庆: 重庆出版社: 136-151.
[121] 刘东生，丁仲礼. 1990. 中国黄土研究新进展（二）: 古气候与全球变化. 第四纪研究,(1): 1 -9.
[122] Liu Tungsheng, Han Jiamao.1990.Recent developments in research on the loess in China// Paepe R, Fairbridge R W, Jelgersma S eds. Greenhouse Effect, Sea Level and Drought.Dordrecht: Kluwer Academic Publishers: 217-224.
[123] 刘东生，卢演俦. 1991. 德日进对中西科学交流的贡献. 大自然探索，10(3): 106-112.
[124] Liu Tungsheng.1991. Loess, Environment and Global Change. Beijing: Science Press: 1-288.
[125] Liu Tungsheng.1991. Quaternary Geology and Environment in China.Beijing: Science Press: 1-504.
[126] Liu Tungsheng.1991. Highlight of Quaternary Geology in China (Intern. Union for Quart.Res., xiii Intern.Congress, Beijing, China,Excurssion Guidebook I -XIX).Hefei: Press of University of Science and Technology of China.
[127] Liu Dongsheng, Lu Yan chou.1991. P.Teilhard de Chardin's contributions to the scientific exchanges between China and

the West// Wang Hongzhen,Yang Guangrong, Yang Jingyi eds. Interchange of Geoscience Ideals between the East and the West,Proc.XVth Intemat.Sym.INHIGEO. Wunhan：China University of Geoscience Press：81-85.

[128] Liu Xiuming, Liu Tungsheng.1991. Palaeomagnetic and paleoclimatic studies of Chinese loess// Liu Tungsheng ed. Loess, Environment and Global Change. Beijing：Science Press：61-81.

[129] Xu Li,Liu Tungsheng, et al.1991.Origin of magnetic minerals and magnetic susceptibility variations in Chinese loess// Liu Tungsheng ed. Loess,Environment and Global Change. Beijing：Science Press：279-288.

[130] Ding Zhongli, Rutter N,Liu Tungsheng, et al. Climatic correlation between Chinese loess and deep-sea cores：A structural approach// Liu Tungsheng ed. Loess,Environment and Global Change. Beijing：Science Press：168-186.

[131] Shen Chengde,Beer J, Liu Tungsheng, et al. 1991. ^{10}Be in loess// Liu Tungsheng ed. Loess, Environment and Global Change. Beijing：Science Press：48-60.

[132] Zhang Xiaoye,An Zhisheng,Liu Tungsheng, et al.1991. Study on three dust storms in China：Concentrations and source characterization of trace elements in mineral aerosol particles// Liu Tungsheng ed. Loess,Environment and Global Change. Beijing：Science Press：199-212.

[133] Wu Xihao,An Zhisheng,Lu Yanchou, Liu Tungsheng.1991. Quaternary geology and environment in China// Liu Tungsheng ed. Quaternary Geology and Environment in China.Beijing：Science Press：498-504.

[134] Zheng Hongbo,An Zhisheng,Shaw J, Liu Tungsheng.1991. A detailed terrestrial geomagnetic record for the interval 0-5.0 Ma// Liu Tungsheng ed. Loess,Environment and Global Change. Beijing：Science Press：147-156.

[135] Han Jiamao,Hus J J, Raepe R, Vanelenberghe R E, Liu Tungsheng.1991.The rock magnetic properties of the Malan and Lishi Formation in the Loess Plateau of China// Liu Tungsheng ed.

Loess, Environment and Global Change. Beijing：Science Press：30-47.

[136] 刘东生，安芷生. 1992. 黄土 · 第四纪地质 · 全球变化（第三集）. 北京：科学出版社：1-171.

[137] 刘东生，丁仲礼. 1992. 二百五十万年来季风环流与大陆冰量变化的阶段性耦合过程. 第四纪研究，(1)：12-23.

[138] Liu Dongsheng, Ding Zhongli. 1992. Paleoclimatic periodicity over the past 2.5 Ma recorded in loess-soil sequence// Wang Sijing ed. Advances in Geosciences（2）. Beijing：China Ocean Press：379-389.

[139] Liu Tungsheng, Han Jiamao, Yuan Baoyin.1992. Quaternary research in China// Sohn P ed. Proc.Korea - China Quaternary -Prehistory Symposium. Donkook：Donkook University Press：54-68.

[140] Ding Zhongli, Liu Dongsheng. 1992. Loess-soil stratigraphy in China and bearings on climatic history in the last 2.5 Ma// Wang Sijing ed. Advances in Geosciences（2）. Beijing：China Ocean Press：390-406.

[141] 刘东生. 1993. 我国当代地貌学和第四纪地质学的奠基人// 杨遵仪主编. 桃李满天下——纪念袁复礼教授百年诞辰. 武汉：中国地质大学出版社：40-44.

[142] 刘东生. 1993. 怀念袁复礼教授. 第四纪研究：（4）：344-348.

[143] Liu Tungsheng, Ding Zhongli. Stepwise coupling of monsoon circulations to global ice volume variations during the Late Cenozoic. Global and Planetary Change, 7（1-3）：119-130.

[144] Liu Tungsheng, Ding Zhongli, Yu Zhiwei, et al. 1993. Susceptibility time series of the Baoji section and the bearings on paleoclimatic periodicities in the last 2.5 Ma. Quaternary International, 17：33-38.

[145] 刘东生. 1994. 尹赞勋教授和第四纪研究. 第四纪研究，(2)：106-114.

[146] 刘东生，郭正堂，吴乃琴，等. 1994. 史前黄土高原的自然植被景观：森林还是草原？地球学报，(3-4)：226-234.

[147] 刘东生，潘云唐. 1994-06-24. 类书《中国地学大事典》. 光明日报，第5 版.

[148] Ding Z,Yu Z, Rutter N W, Liu T. 1994. Towards an orbital time scale

for Chinese loess deposits. Quat Sci.Rev., 13（1）：39-70.

[149] 刘东生. 1995. 缅怀侯德封先生. 第四纪研究，(4)：306-309.

[150] 刘东生，丁仲礼，郭正堂. 1995. 国际南北两半球古气候计划简介. 地球科学进展，10(5)：483-487.

[151] 刘东生，刘嘉麒，丁仲礼. 1995-10-27. 过去全球变化研究的现状与发展趋势. 中国科学报，第2 版.

[152] Liu Tungsheng. 1995. PEP II in China// Ye Duzheng, Liu Hai eds. China Contribution to Global Change Studies. Beijing：Science Press：68-71.

[153] Liu Tungsheng,Guo Zhengtang, Liu Jiaqi, et al.1995. Variations of eastern Asian monsoon over the last 140,000 years.Bull.Soc. Geol. France, 166（2）：221-229.

[154] Liu Tungsheng, Liu Jiaqi, Han Jiamao,et al. 1995. Quaternary research in China and global change. Episodes, 18（1-2）：54-57.

[155] Liu Tungsheng, Zhang Yan, Wen Qizhong, et al. 1995. Discussion on palaeoenvironment information by spectrum -geochemistry of loess in Weinan profile in the south Shaanxi Province.Scientia Geologica Sinica, Supplementary Issue（1）：63-71.

[156] Tan Ming, Liu Tungsheng. 1995. Stable isotope of a stalagmite from Jiguan Cave in Henan Province,China.Scientia Geologica Sinica, Supplementary Issue（1）：281-284.

[157] Tan Ming,Liu Tungsheng, et al.1995. On the age of karst in south China. Scientia Geologica Sinica, Supplementary Issue（1）：275-279.

[158] Jiang Wenying, Han Jiamao, Liu Tungsheng, et al.1995. Stable isotope composition of inclusive water in the carbonate concretions in loess.Scientia Geologica Sinica, Supplementary Issue（1）：73-79.

[159] Shen Chengde,Yi Weixi,Liu Tungsheng, et al.1995. ^{10}Be chronology of loess stratigraphy.Scientia Geologica Sinica, Supplementary Issue（1）：23-90.

[160] Sun Jimin,Ding Zhongli, Liu Tungsheng.The environmental evolution of the desert-loess transitional zone over the last glacial -interglacial cycle. Scientia Geologica Sinica, Supplementary Issue（1）：1-8.

[161] 中国科学技术协会编，刘东生主编. 1996. 中国科学技术专家传略·理学编·地学卷1. 石家庄：河北教育出版社：1-487.

[162] 刘东生. 1996. 刘东生（条目）// 中国科学院学部联合办公室编. 中国科学院院士自述. 上海：上海教育出版社：535-537.

[163] 刘东生. 1996. 前地质调查所二线工作点滴——记几位老师们的事迹// 程裕祺，陈梦熊主编. 前地质调查所（1916—1950）的历史回顾——历史评述与主要贡献. 北京：地质出版社：51-54.

[164] 刘东生. 1996. 青藏高原研究进入最佳期和青年肩负的责任. 地理研究，15（3）：1-5.

[165] 刘东生，安芷生，陈明扬，等. 1996. 最近0.6Ma 南、北半球古气候对比初探. 中国科学（D 辑），26（2）：97-102.

[166] 刘东生，安芷生，吴锡浩. 1996. 黄土·第四纪地质·全球变化（第四集）. 北京：科学出版社：1-189.

[167] 刘嘉麒，刘东生，储国强，等. 1996. 玛珥湖与纹泥年代学. 第四纪研究,（4）：353-358.

[168] Liu Tungsheng. 1996. Geological environments in China and global change.30th International Geological Congress, Beijng, 15-26.

[169] Liu Tungsheng, Ding Menglin, Derbyshire E.1996. Gravel deposits on the margins of the Qinghai - Xizang Plateau, and their environmental significance.Palaeogeog. Palaeoclimat. Palaeoecol., 120（1-2）：159-170.

[170] Liu Tungsheng, Guo Zhengtang, Wu Naiqin, et al. 1996.Prehistoric vegetation on the Loess Plateau：Steppe or forest? Journal of Southeast Asian Earth Sciences, 13（3-5）：341-346.

[171] Liu Tungsheng, Luo Lunde. 1996. Environmental Change & Quaternary Research. Chongqing：South West China Normal University Press：1-230.

[172] 刘东生. 1997. 中国地质环境与全球变化// 项礼文主编. 地球的起源和历史（第 30 届国际地质大会论文集，第1 卷）. 北京：地质出版社：12-19.

[173] 刘东生. 成功的科学家——杨钟健先生——纪念恩师百岁诞辰浅论杨钟健学术道路. 第四纪研究,（4）：289-292.

[174] 刘东生，郭正堂，韩家懋，等. 1997. 当前国际古全球变化研究的主要科学问题和任务——极地—赤道—极地大断面. 地学前

缘，4(1-2)：63-69.
[175] 刘东生，谭明，秦小光，等. 1997. 洞穴碳酸钙微层理在中国的首次发现及其对全球变化研究的意义. 第四纪研究，(1)：41-51.
[176]（澳）威廉斯（Wiliams M A J），等. 1997. 第四纪环境. 刘东生，等编译. 北京：科学出版社：1-304.
[177] Liu Tungsheng.1997. Geological environments in China and global change//Wang Hongzheng,Borming J, Mei Shilong eds. Proceedings of the 30th International Geological Congress,Volume 1,Origin and History of the Earth. Beijing：Geological Publishing House, 15-26.
[178] Liu Tungsheng, Ding Zhongli, Yuan Baoyin, et al. 1997. Sequence of Quaternary events in China：Dating by a loess orbital time scale//Jablonski N G ed.The Changing Face of East Asia During the Tertiary and Quaternary. Hong Kong：Hong Kong University Press, 17-37.
[179] Liu Tungsheng, Guo Z T.1997. Geological environments in China and global change// 安芷生主编. 刘东生文集. 北京：科学出版社，192-202.
[180] 刘东生. 1998. 用生命谱写地质的人——纪念黄汲清老师逝世三周年// 中国地质科学院编. 黄汲清纪念文集. 北京：地质出版社：61-70.
[181] 刘东生. 1998. 怀念孙健初先生//《孙健初先生纪念文集》编委会. 孙健初先生纪念文集. 北京：石油工业出版社：70-80.
[182] 刘东生. 1998.“赤道海洋虹吸作用”假设. 第四纪研究，(2)：182.
[183] 刘东生. 1998. 忆明镇. 第四纪研究，(3)：193.
[184] 刘东生. 1998. 介绍林景星著 *Quaternary in the Eastern China.* 第四纪研究，(4)：375.
[185] 刘东生，刘嘉麒，吕厚远. 1998. 玛珥湖高分辨率古环境研究的新进展. 第四纪研究，(4)：289-296.
[186] 刘东生，郑绵平，郭正堂. 1998. 亚洲季风系统的起源和发展及其与两极冰盖和区域构造运动的时代耦合性. 第四纪研究，(3)：194-204.
[187] Liu Tungsheng, Ding Zhongli.1998. Chinese loess and the paleomonsoon.Annual Reviews of Earth and Planetary Sciences, 26：

111-145.

[188] Liu Tungsheng, Liu Jiaqi, Guo Zhengtang.1998. PAGES// Qin Dahe, Chen Panqin, Ge Quansheng eds. Advances in Global Change Studies of China. Beijing：China Ocean Press：3-21.

[189] Guo Z T,Liu Tungsheng, et al.1998. Climate extremes in loess of China coupled with the strength of deep-water formation in the North Atlantic. Global and Planetary Change, 18（3-4）：113-128.

[190] 刘东生. 1999. 难忘的追忆——记邓小平同志关心支持我国首次举办青藏高原国际科学讨论会. 科学探险,（4）：13-14.

[191] 刘东生，丁仲礼. 1999. 季风区古环境演化的相似性与人类演化. 第四纪研究,（4）：289- 298.

[192] 刘东生，丁仲礼，杨石岭，等. 1999. 7 百万年以来东亚古季风演变——风成沉积记录// 张焘主编. 科学前沿与未来（第四集）. 北京：科学出版社：272- 285.

[193] 刘东生，郭旭东. 1999. 五十年来中国第四纪地质研究的进展// 王鸿祯主编. 中国地质科学50 年. 武汉：中国地质大学出版社：63-68.

[194] 刘东生，郭正堂. 1999. 古全球变化研究的历史与展望. 科学对社会的影响,（1）：26-27.

[195] 刘东生，张新时，熊尚发，等. 1999. 青藏高原冰期环境与冰期全球降温. 第四纪研究,（5）：385-396.

[196] Liu Tungsheng, Ding Zhongli, Rutter N.1999. Comparison of Milankovitch periods between continental loess and deep sea records over the last 2.5 Ma. Quaternary Science Reviews, 18（10-11）：1205-1212.

[197] 刘东生. 2000. 侯德封——新中国第四纪科学研究的创始人、倡导者和支持者. 第四纪研究，20（1）：9-13.

[198] 刘东生. 2000. 地质科学创新的先驱——侯德封院士. 矿物岩石地球化学通报，19（1）：4.

[199] 刘东生，施雅风，王汝建，等. 2000. 以气候变化为标志的中国第四纪地层对比表. 第四纪研究，20（2）：108-128.

[200] Lü Houyuan, Liu Tungsheng, et al. 2000. Effect of burning C_3 and C_4 plants on the magnetic susceptibility signal in soils. GRL, 27（13）：2013-2016.

[201] Sun Jimin, Liu Tungsheng. 2000. Multiple origins and interpretations of the magnetic susceptibility signal in Chinese wind-blown sediments.Earth Planet.Sci.Let,（3-4）：287-296.

[202] Sun J M, Liu Tungsheng. 2000. Stratigraphic evidence for the uplift of the Tibetan Plateau between -1.1 and -0.9 myr ago. Quat.Res., 54（3）：309-320.

[203] Sun Jimin, Liu Tungsheng, et al.2000.Sources of heavy dust fall in Beijing, China on April 16, 1998. GRL, 27（14）：2105-2108.

[204] Ding Z L,Sun J M,Yang S L, Liu T S. 2000. Geochemistry of the Pliocene red clay formation in the Chinese Loess Plateau and implications for its origin, source provenance and paleoclimate change. Geochim. Cosmochim. Acta, 65（6）：901-913.

[205] Ding Z L,Rutter N W,Sun J M, Yang S L, Liu TS.2000. Re-arrangement of atmospheric circulation at about 2.6 Ma over northern China：Evidence from grain size records of loess-palaeosol and red clay sequences. Quat.Sci.Rev., 19（6）:547-558.

[206] Guo Zhengtang，Biscaye P，Wei Lanying，Chen Xihui，Peng Shuzhen, Liu Tungsheng. 2000. Summer monsoon variations over the last 1.2 Ma from the weathering of loess-soil sequences in China. GRL, 27（12）：1751-1754.

[207] 中国科学技术协会编，刘东生主编. 2001. 中国科学技术专家传略·理学编·地学卷2. 北京：中国科学技术出版社：1-513.

[208] 刘东生. 2001. 中国第四纪研究的若干问题. 第四纪研究，21（4）：377-378.

[209] 刘东生，孙继敏，吴文祥. 2001. 中国黄土研究的历史、现状和未来——一次事实与故事相结合的讨论. 第四纪研究，21（3）：185-207.

[210] 吴文祥，刘东生. 2001.4000a B.P. 前后降温事件与中华文明的诞生. 第四纪研究，21（5）：443-451.

[211] Lü Houyuan, Liu Dongsheng（Liu Tungsheng）. 2001. The effect of C_3 and C_4 plants for the magnetic susceptibility signals in soils. Science in China（D）, 44（4）：318-325.

[212] Wu Naiqin, Rousseau D D, Liu Tungsheng, et al. 2001. Orbital forcing of terrestrial mollusks and climatic changes from the Loess

Plateau of China during the past 350 ka. JGR,106（D17）：20 045-20 054.

[213] Xiong Shangfa, Ding Zhongli, Liu Tungsheng. 2001. Climatic implications of loess deposits from the Beijing region. J.Quat.Sci., 16（6）：575-582.

[214] Ding Z L, Yang S L, Sun J M, Liu T S. 2001. Iron geochemistry of loess and red clay deposits in the Chinese Loess Plateau and implications for long - term Asian monsoon evolution in the last 7.0 Ma.Earth Planet.Sci.Let., 185（1-2）：99-109.

[215] Guo Z T, Peng S Z, Hao Q Z,Biscauye P E, Liu TS. 2001. Origin of the Miocene -Pliocene Red-Earth Formation at Xifeng in Northern China and implications for paleoenvironments. Palaeogeog. Palaeoclimat. Palaeoecol., 170:11-26.

[216] 刘东生. 2002. 思念裴文中院士. 第四纪研究，22（1）：1-5.

[217] 刘东生. 2002. 水远山长路多花——尹赞勋院士诞辰100 周年纪念. 第四纪研究，22（4）：297-305.

[218] 刘东生. 2002. 全球变化和可持续发展科学. 地学前缘，9（1）：1-9.

[219] 刘东生. 2002. 六次破译黄土高原的密码. 学会月刊,（10）：38-39.

[220] 刘东生，李文漪. 2002. 缅怀中国孢粉学和古植物演化学的奠基人徐仁院士. 第四纪研究，22（6）：493-494.

[221] 孙继敏，刘东生. 2002. 洛川黄土地层的再划分及其L_9、L_{15}古环境意义的新解释. 第四纪研究，22（5）：406-412.

[222] 吴文祥，刘东生. 2002. 5500a BP 气候事件在三大文明古国古文明和古文化演化中的作用. 地学前缘，9（1）：155-162.

[223] Liu Tungsheng, Liu Jiaqi, Chu Guoqiang. 2002. Early Cretaceous maars, depositional environments and their relationship to the fossil preservation in Sihetun, Liaoning, Northeast China//Zhou Zhonghe, Zhang Fucheng. eds. Proceedings of the 5th Symposium of the Society of Avian Paleontology and Evolution. Beijing：Science Press：307-311.

[224] Liu Tungsheng, Zhang Xinshi, Xiong Shangfa, et al. 2002. Glacial environments on the Tibetan Plateau and global cooling. Quaternary

International, 97-98:133-139.
[225] Wu Naiqin, Liu Tungsheng, et al. 2002. Mollusk record of millennia climate variability in the Loess Plateau during the Last Glacial Maximum.Boreas, 31：20-37.
[226] 刘东生. 2003. 全球变化与中国干旱环境研究// 路甬祥主编. 中国科学进展. 北京：科学出版社：219-231.
[227] 刘东生. 2003. 大洋钻探与我国古海洋学研究的国际意义. 科学通报，48（21）：2205.
[228] 刘东生. 2003. 第四纪科学发展展望. 第四纪研究，23（2）：165-176.
[229] 刘东生. 2003. 东西科学文化碰撞的火花——纪念德日进神父（1881—1955）来中国工作80 周年. 第四纪研究，23（4）：345-356.
[230] 刘东生，秦小光，蔡炳贵. 2003. 北京东灵山的全新世黄土. 第四纪研究，23（1）：109-110.
[231] 刘东生，杨小平，周哲，等. 2003. 浑善达克沙地及其毗邻地区稀土元素与物源分析. 第四纪研究，23（4）：456.
[232] 杨小平，刘东生. 2003. 距今30ka 前后我国西北沙漠地区古环境. 第四纪研究，23（1）：25-30.
[233] Yang Xiaoping,Liu Tungsheng, Xiao Honglang. 2003. Evolution of megadunes and lakes in the Badan Jaran Desert,Inner Mongolia, China during the last 31, 000 years. Quaternary International, 104：99-112.
[234] 中国科学技术协会编，刘东生主编. 2004. 中国科学技术专家传略・理学编・地学卷3. 北京：中国科学技术出版社：1-588.
[235] 刘东生. 2004. 西北地区水资源配置生态环境建设和可持续发展战略研究：自然历史卷（西北地区自然环境演变及其发展趋势）. 北京：科学出版社：1-356.
[236] 刘东生. 2004. 郝诒纯同志——西南联大地质系的骄傲// 中国地质大学（北京）郝诒纯院士纪念文集编委会编. 大地的女儿——郝诒纯院士纪念文集. 北京：地质出版社：48-51.
[237] 刘东生. 2004. 开展“人类世”环境研究，做新时代地学的开拓者——纪念黄汲清先生的地学创新精神. 第四纪研究，24（4）：369-378.

[238] 刘东生. 2004. 关于是否在地层系统中取消“第四纪”(Quaternary)一名词的讨论和危机. 第四纪研究，24(5)：481-485.

[239] 刘东生. 2004. 研究地质科学史 加强地学人物研究. 中国地质教育,(2)：17-19.

[240] 吴文祥，刘东生. 2004.4000a B.P. 前后东亚季风变迁与中原周围地区新石器文化的衰落. 第四纪研究，24(3)：278-284.

[241](澳)E. 布赖恩特著.2004. 气候过程和气候变化. 刘东生，等编译. 北京：科学出版社：1-244.

[242] 刘东生. 2005. 李希霍芬和“中亚人与环境”. 第四纪研究，25(4)：405-408.

[243] 刘东生. 2005. 中亚人与环境——国际Ferdinand von Richthofen科学讨论会. 第四纪研究，25(4)：408.

[244] 郭正堂，刘东生. 2005. 黄土与地球系统——李希霍芬对黄土研究的贡献及对地球系统科学研究的现实意义. 第四纪研究，25(4)：443-448.

[245] 杨晓燕，夏正楷，刘东生. 2005. 黄土研究与旧石器考古. 第四纪研究，25(4)：461-466.

[246] 斯文·赫定. 2005. 斐迪南·冯·李希霍芬男爵. 潘云唐译. 刘东生校. 第四纪研究，25(4)：450-452.

[247] 刘东生. 2006. 人与自然和谐发展——来自环境演化研究的启示//路甬祥主编. 科学与中国——院士专家巡讲团报告集（第二辑）. 北京：北京大学出版社：23-41.

[248] 刘东生. 2006. 从地质学史的视角切入地球科学文化研究——在首届地球科学与文化研讨会上的发言（代序）// 段怡春主编. 地球科学文化研究文集. 北京：地质出版社：I-II.

[249] 刘东生. 2006. 发扬光荣传统，迎接新的挑战——为庆祝中国第四纪研究委员会成立50 周年而作. 第四纪研究，26(1)：1-4.

[250] 刘东生，韩家懋，张德二，等. 2006. 降尘与人类世沉积——I: 北京2006 年4 月16 —17 日降尘初步分析. 第四纪研究，26(4)：628-633.

[251] 刘东生·2006. 科学工作假说（Working Hypothesis）是科学创新的基础. 第四纪研究，26(5)：673-677.

[252] 刘东生. 2006. 后现代时期的青藏高原科学研究——在青藏高原研究所学术指导委员会上的发言. 情况通报，6(8)：1-4.

[253] 刘东生. 2007. 程裕淇先生和《程裕淇文选》——祝贺《程裕淇文选》的出版. 地质通报，26(9)：1070-1071.

[254] 刘东生.2007. 介绍《中国第四纪冰川与环境变化》. 第四纪研究，27(3)：474.

[255] 刘东生.2007. 怀念中国地质力学和第四纪地质学杰出的开拓者和领导人——孙殿卿先生（1910—2007）. 第四纪研究，27(5)：653-655.

[256] 刘平，靳春胜，张崧，韩家懋，刘东生. 2007. 甘肃龙担早第四纪黄土—古土壤序列磁组构特征与古风场恢复. 科学通报，52(24)：2922-2924.

[257] 袁宝印，郭正堂，郝青振，彭淑贞，等. 2007. 天水—秦安一带中新世黄土堆积区沉积- 地貌演化. 第四纪研究，27(2)：161-171.

[258] Jiang W Y,Liu T S. 2007.Timing and spatial distribution of Mid-Holocene drying over northern China:Response to a south-eastward retreat of the East Asian monsoon. Journal of Geophysical Research, 112,D24111,doi:10.1029/2007JD009050.

[259] Han J，Chen H，Fyfe W S,Guo Z,Wang D,Liu T S. 2007.Spatial and temporal patterns of grain size and chemical weathering of the Chinese red clay formation and implications for East Asian monsoon evolution.Geochimica et Cosmochimica Acta,71:3990-4004.

[260] 刘东生，2008.《翁文灏古人类学与历史文化文集》读后（代序1）// 翁心钧等整理. 翁文灏古人类学与历史文化文集. 北京：科学出版社：i-ix.

[261] 刘东生，2008. 翁文灏学术思想和中国新生代研究（代序2）// 翁心钧等整理. 翁文灏古人类学与历史文化文集. 北京：科学出版社：xi-xix.

[262] 刘东生. 2008. 土壤学家马溶之先生对中国第四纪研究的贡献. 第四纪研究，28(5)：959-961.

[263] 杨晓燕，刘东生. 2008. 欧亚大陆的黄土带与旧石器早期人类活动. 第四纪研究，28(6)：978-987.

[264] 刘平，张崧，韩家懋，刘东生. 2008. 甘肃龙担早第四纪黄土堆积古地磁年代研究. 第四纪研究，28(5)：796-805.

[265] 张崧，Heller F，靳春胜，刘平，秦小光，刘东生. 2008.2006 年

4月17日北京降尘的粒度分布与磁学特征. 第四纪研究，28(2)：354-362.

[266] 靳春胜，黄孝刚，张立原，袁四北，梁文天，刘东生. 2008. 六盘山东西两侧黄土古土壤容重特征及其古气候指示意义. 地质学报, 82(5)：702-709

[267] 李玉梅译. 刘东生校.2008. 翁文灏、丁文江与瑞典地质学家J.G. 安特生的来往书信（1923—1924）// 翁心钧等整理. 翁文灏古人类学与历史文化文集. 北京：科学出版社：126-167.

[268] 翁文灏. 2008. 中国古人种之搜寻. 李玉梅译. 刘东生校. // 翁心钧，等整理. 翁文灏古人类学与历史文化文集. 北京：科学出版社：261-262.

[269] Liu Ping，Jin Chunsheng，Zhang Song，Han Jiamao，Liu Tungsheng. 2008.Magnetic fabric of early Quaternary loess-paleosols of Longdan profile in Gansu Province and the reconstruction of the paleowind directions.Chinese Science Bulletin,53(9):1450-1452.

[270] 刘东生.2009. 黄土与干旱环境. 合肥：安徽科学技术出版社：1-537.

[271]（德）李希霍芬. 2009. 黄土与中亚环境. 刘东生，张英骏，编译. 北京：地质出版社：1-133.

[272] 刘东生. 2009. 古地理学家周廷儒先生. 山高水长 周廷儒院士纪念文集// 北京师范大学地理学与遥感科学学院. 北京：北京师范大学出版社：3-6.

[273] Tao Qianye,LI Yunmei,Wang Guoan,Qiao Yuhui,Liu TUNG-sheng. 2009.Variations of microbial communities and the contents and isotopic compositions of total organic carbon and total nitrogen in soil samples during their preservation.Acta Geologica Sinica, 83(1):801-840.

附录三 刘东生主要获奖情况

获奖时间	获奖项目名称	奖励等级及排名	授奖部门
1982 年	中国的黄土	国家自然科学奖二等奖，第一	国务院
1984 年		竺可桢野外科学工作奖，个人奖项	中国科学院
1986 年	青藏高原隆起及其对人类活动和自然环境影响的综合研究	中国科学院科学技术进步奖特等奖	中国科学院
1988 年	青藏高原隆起及其对自然环境与人类活动影响的综合研究	国家自然科学奖一等奖，第一	国务院
1989 年		陈嘉庚地球科学奖，个人奖项	陈嘉庚奖委员会
1989 年	黄土与环境	中国科学院自然科学奖一等奖，第一	中国科学院
1991 年	环境质量的地球化学原理	贵州省科学技术进步奖一等奖，第一	贵州省科学技术委员会
1991 年	黄土与环境	国家自然科学奖二等奖，第一	国务院
1993 年		中华绿色科技奖特别金奖，个人奖项	中华绿色科技奖评委会
1995 年		李四光地质科学奖特别奖，个人奖项	地质矿产部

（续表）

获奖时间	获奖项目名称	奖励等级及排名	授奖部门
1995 年		何梁何利科技进步奖，个人奖项	何梁何利奖委员会
1996 年	^{10}Be 记录与黄土的堆积演化	中国科学院自然科学奖一等奖，第二	中国科学院
1996 年	中国古季风研究	中国科学院自然科学奖一等奖，第一	中国科学院
1998 年	我国北方 15 万年来环境变化	中国科学院自然科学奖一等奖，第一	中国科学院
2000 年	我国干旱半干旱区 15 万年来环境演变的动态过程及发展趋势	国家自然科学奖二等奖，第一	国务院
2002 年	泰勒环境成就奖	国际大奖	国际泰勒奖委员会
2003 年	国家最高科学技术奖	国家大奖	国务院
2007 年	洪堡奖章	国际大奖	欧洲地球科学联合会

参考文献

安芷生. 1997. 刘东生先生与中国黄土研究// 刘嘉麒，袁宝印主编. 中国第四纪地质与环境. 北京：海洋出版社：10-12.

储国强，顾兆炎，许冰，等. 2005. 东北四海龙湾玛珥湖沉积物纹层计年与^{137}Cs、^{210}Pb测年. 第四纪研究，25（2）：202-207.

丁全利，潘云唐. 2001-02-27. 黄土高原写人生——记著名地质学家刘东生. 中国国土资源报，第4 版.

郭正堂. 1992. 历届INQUA 大会简介. 第四纪研究，（1）：79-92.

贺春禄. 2005-08-15. 为中国未来积蓄力量. 科学时报. A3 版.

林秋雁，何铸文，潘云唐. 1996-06-24. 一个科学家与教育家的风范. 中国科学报，第4 版.

刘东生. 1993. 我国当代地貌学和第四纪地质学的奠基人// 杨遵仪主编. 桃李满天下——纪念袁复礼教授百年诞辰. 武汉：中国地质大学出版社：40-44.

刘东生. 1995. 缅怀侯德封先生. 第四纪研究，（4）：306-309.

刘东生. 1996. 刘东生（条目）// 中国科学院学部联合办公室编. 中国科学院院士自述. 上海：上海教育出版社：535-537.

刘东生. 1997. 成功的科学家——杨钟健先生——纪念恩师百岁诞辰浅论杨钟健学术道路. 第四纪研究，（4）：289-292.

刘东生. 1998. 用生命谱写地质的人——纪念黄汲清老师逝世三周年// 中国地质科学院编. 黄汲清纪念文集. 北京：地质出版社：61-70.

刘东生. 2000. 侯德封——新中国第四纪科学研究的创始人、倡导者和支持者. 第四纪研究，20（1）：9-13.

刘东生. 2001. 中国第四纪研究的若干问题. 第四纪研究，21（4）：377-378.

刘东生. 2002. 思念裴文中院士. 第四纪研究，22（1）：1-5.

刘东生. 2002. 水远山长路多花——尹赞勋院士诞辰100 周年纪念. 第四纪研究，22（4）：297-305.

刘东生. 2003. 第四纪科学发展展望. 第四纪研究，23（2）：165-176.

刘东生. 2003. 东西科学文化碰撞的火花——纪念德日进神父（1881—1955 年）来中国工作80 周年. 第四纪研究，23（4）：345-356.

刘东生. 2004. 开展“人类世”环境研究，做新时代地学的开拓者 ——纪念黄汲清先生的地学创新精神. 第四纪研究，24（4）：369-378.

刘东生. 2004. 关于是否在地层系统中取消 “第四纪”（Quaternary）一名词的讨论和危机. 第四纪研究，24（5）：481-485.

刘东生. 2004. 郝诒纯同志——西南联大地质系的骄傲// 中国地质大学（北京）郝诒纯院士纪念文集编委会编. 大地的女儿——郝诒纯院士纪念文集. 北京：地质出版社：48-51.

刘东生，李文漪. 2002. 缅怀中国孢粉学和古植物演化学的奠基人徐仁院士. 第四纪研究，22（6）：493-494.

刘东生，秦小光，蔡炳贵. 2003. 北京东灵山的全新世黄土. 第四纪研究，23（1）：109-110.

刘东生，孙继敏，吴文祥. 2001. 中国黄土研究的历史、现状和未来—— 一次事实与故事相结合的讨论. 第四纪研究，21（3）：185-207.

刘东生，谭明，秦小光，等. 1997. 洞穴碳酸钙微层理在中国的首次发现及其对全球变化研究的意义. 第四纪研究，（1）：41-51.

刘东生，杨小平，周哲，等. 2003. 浑善达克沙地及其毗邻地区稀土元素与物源分析. 第四纪研究，23（4）：456.

刘嘉麒. 1995. 第四纪研究的现状与趋向——第十四届INQUA 大会侧记. 第四纪研究，（4）：378.

刘嘉麒. 1997. 高才绝学　德厚流光——祝贺导师刘东生先生80 华诞和从事地质工作五十五周年// 刘嘉麒，袁宝印主编. 中国第四纪地质与环境. 北京：海洋出版社：1-5.

刘嘉麒. 1997-10-31. 高才绝学　德厚流光——祝贺导师刘东生先生80 华诞和从事地质工作五十五周年. 中国科学报，第2 版.

刘嘉麒，Negendank J F W, 王文远，等. 2000. 中国玛珥湖的时空分布与地质特征. 第四纪研究，20（1）：78-86.

刘嘉麒. 2002. 做学问也要拿金牌——记刘东生先生从获马以思奖到泰勒奖// 田凤山主编. 中国地质学会80 周年纪念文集. 北京：地质出版社：661-662.

刘嘉麒，韩家懋. 2002. 中国第四纪科学发展的回顾与展望// 田凤山主编. 中国地质学会80 周年纪念文集. 北京：地质出版社：49-53.

刘嘉麒，刘东生，储国强，等. 1996. 玛珥湖与纹泥年代学. 第四纪研究，（4）：353-358.

潘希. 2005-08-15. 大师们在茅屋草舍中执教. 科学时报，A3 版.

潘云唐. 1992-01-26. 他走下雪山又奔南极——记著名第四纪地质学家刘东生. 科技日报，第2 版.

潘云唐. 1997. 杰出的科学家教育家——刘东生院士 . 国际人才交流，（8）：38-41.

潘云唐. 1997-11-15. 从三峡勘察到南极探险. 中国地质矿产报，第4 版.

潘云唐，张莉，詹殿贤. 1997. 杰出的科学家、教育家——刘东生院士// 刘嘉麒，袁宝印主编. 中国第四纪地质与环境. 北京：海洋出版社：28-31.

秦小光，蔡炳贵，刘东生. 2003. 深海氧同位素第3 阶段时期东亚季风区大气湍流特征. 第四纪研究，23（1）：31-40.

石耀霖，林秋雁. 1997. 评“近代第四纪地质学与环境学”课程 ——献给刘东生院士八十华诞// 刘嘉麒，袁宝印主编. 中国第四纪地质与环境. 北京：海洋出版社：23-24.

石元春. 1998. 实事　创新　求是// 卢嘉锡等主编. 院士思维. 合肥：安徽教育出版社：45-58.

宋云华. 1997. 为办好《第四纪研究》呕心沥血——庆贺刘东生先生80 华诞// 刘嘉麒，袁宝印主编. 中国第四纪地质与环境. 北京：海洋出版社：25-27.

宋云华. 深切怀念刘东生先生// 中国第四纪科学研究会编. 纪念刘东生院士. 北京：商务印书馆：229-232.

孙继敏，刘东生. 2002. 洛川黄土地层的再划分及其L_9、L_{15}古环境意义的新解释. 第四纪研究，22（5）:406-412.

孙枢. 1997. 始终站在前沿的科学大师// 刘嘉麒，袁宝印主编. 中国第四纪地质与环境. 北京：海洋出版社：8-9.

谭明. 1997. 中国洞穴沉积年层气候学方向的开创——贺刘东生院士八十华诞// 刘嘉麒，袁宝印主编. 中国第四纪地质与环境. 北京：海洋出版社：32-35.

谭明，刘东生. 1996. 洞穴碳酸钙的古气候记录研究. 地球科学进展，11（4）：388-395.

涂光识. 1997. 哪里艰苦去哪里——刘东生同志的高贵品质// 刘嘉麒，袁宝印主编. 中国第四纪地质与环境. 北京: 海洋出版社：6-7.

万国江. 1997. 我国环境地质学的奠基人——刘东生教授与中国环境科学// 刘嘉麒，袁宝印主编. 中国第四纪地质与环境. 北京：海洋出版社：19-22.

万国江. 2002. 地质环境的地球化学研究——贺“环境地质学的出现”发表30 周年暨中国科学院地球化学研究所环境地球化学国家重点实验室成立10 周年. 第四纪研究，22（6）：589-594.

王中宇. 2005-08-15. 尽箱吹弦诵在山城——回溯西南联大. 科学时报，A1 版.

吴文祥，刘东生. 2001. 4000a B. P. 前后降温事件与中华文明的诞生. 第四纪研究，21（5）：443-451.

吴文祥，刘东生. 2002. 5500a B. P. 气候事件在三大文明古国古文明和古文化演化中的作用. 地学前缘，9（1）：155-162.

吴文祥，刘东生. 2004. 4000a B. P. 前后东亚季风变迁与中原周围地区新石器文化的衰落. 第四纪研究，24（3）：278-284.

熊卫民. 2004. 人类世之反思——访刘东生院士. 科学文化评论，1（2）：101-110.
杨小平，刘东生. 2003. 距今30ka前后我国西北沙漠地区古环境. 第四纪研究，23（1）:25-30.
余克服，陈特固，练健生，等. 2002. 大亚湾扁脑珊瑚中重金属的年际变化及其海洋环境指示意义. 第四纪研究，22（3）：230-235.
袁宝印，刘东生. 1994. 中国现代科学家传记（第五集）//《科学家传记大辞典》编辑组编辑，卢嘉锡主编. 北京：科学出版社：469-477.
袁宝印. 刘东生. 2001. 中国科学技术专家传略·理学编·地学卷·2 // 中国科学技术协会编，刘东生主编. 北京：中国科学技术出版社：441-458.
张尔平. 2005-12-15. 我眼中的刘东生先生. 光明日报，第6版.
张继民. 2004. 刘东生：国家科技奖后面的跌宕人生. 中国老年，（6）：12-14.
张以诚，邓建永，康平，等. 1992. 中国地质拓荒录. 北京：中国工人出版社，1-579.
郑金武. 2005-08-15. 苦难中崛起民族的脊梁. 科学时报，A2版.
《中国科学家辞典》编委会. 1983. 刘东生（条目）//《中国科学家辞典》编委会主编. 中国科学家辞典，现代第二分册. 济南：山东科学技术出版社：83-87.
中国科学院地质研究所第十二研究室. 1999. 荣誉奖获得者刘东生// 李四光地质科学奖委员会编，王泽九，苗培实，马秀兰主编. 1995年李四光地质科学奖获得者主要科学技术成就与贡献. 北京：地质出版社：65-71.
Chu Guoqiang, Liu Jiagi, Sun Qing, et al. 2002. The "Mediaeval Warm Period" drought recorded in Lake Huguangyan, tropical South China. The Holocene, 12（5）：511-516.
Liu Tungsheng, Liu Jiaqi, Chu Guoqiang. 2002. Early Cretaceous maars, depositional environments and their relationship to the fossil preservation in Sihetun, Liaoning, Northeast China. In Zhou Zhonghe & Zhang Fucheng（Eds.）, Proceedings of the 5th Symposium of the Society of Avian Palaeontology and Evolution . Beijing：Science Press：307-311.

后　记

早在20世纪50年代末60年代初，我在北京大学地质地理系读书时，就听说过刘东生先生的大名，知道他是中国科学院地质研究所第十研究室主任，是我国第四纪科学和黄土科学领域卓越的学术权威。

“文化大革命”期间，我在成都地质部西南地质科学研究所（今成都地质矿产研究所）工作。1973年12月，我到贵阳出席西南区第三届地层古生物工作会议，会议期间见到刘东生先生，这是我对他久仰大名之后的首次见面，谈话间，知道他于1966年“文化大革命”前夕，从北京调往贵阳中国科学院地球化学研究所，几个月前，他刚去英国开会并考察访问归来。

1978年，我考取了改革开放后的首届研究生，在中国科学院研究生院硕士师资班学习，1981年毕业后留校任教。刘东生先生于1979年也从贵阳调回北京，任中国科学院地质研究所第四纪地质研究室主任，并常来我们研究生院给研究生上课。从那时起，我和他见面的机会就多了。有一次我带着听课的研究生去北京周口店参观北京猿人遗址陈列馆，碰见刘东生先生领着外宾也来参观。我就向大家介绍说：“同学们，这位是中国科学院学部委员刘东生先生！我们一起合个影吧！”于是，我们大家一同在陈列馆门前石台阶上留下了珍贵的纪念照。

刘东生先生调回北京以后，还兼任中国科学技术协会书记处书记，为中国科学技术协会很多工作和活动都做出了重大贡献。1986年6月，在中国科学技术协会第三次全国代表大会上，决定编纂《中国科学技术专家传略》，这是一项浩大的工程，它的编纂机构就有三级编委会，即总编委会、学科（各编）编委会和分支学科（各卷）编委会。学科为四大板块（四大编），即理学编、工程技术编、农学编、医学编，前者是基础学科，后三者是应用学科。编以下又按分支学科分成若干卷，一开始理学编为6卷，工学编（后称工程技术编）为12卷，农学编为7卷，医学编为5卷，共计30卷（以后又增至32卷），卷以下是册，20多年间共出版了70多册，可装满大半个书架了。刘东生先生积极投身到这项伟大工程中，他在三级编委会都有职务，在总编委会他是委员（主任是钱三强院士），在理学编编委会他是副主任（主任是林兰英院士），在理学编·地学卷编委会他是主编。刘东生先生早就听说我是中国地质学会地质学史研究会的干事，对地质科学大师们的生平事迹都比较熟悉，就约我多为此传略“理学编·地学卷·1”（第1册）写几篇传稿。不久以后，正式聘我为地学卷编委会的编委。编委会一共10人，其中7人是学部委员，包括主编刘东生先生、副主编吴传钧先生，还有刘光鼎、陈述彭、涂光炽、顾功叙、谢义炳先生，非学部委员的3人中杨新孝、罗秀文同志都是我的学长。所以，我在“10人编委会”中是年纪最小、资历最浅的。只有召开编委会议，讨论大政方针时，10位编委才可能聚集一堂，平常我们三位非学部委员编委就在主编刘东生先生领导下从事实际工作，承担组稿、约稿、编辑加工等具体任务。

刘东生先生领导编纂工作极其负责认真，在讨论入传人标准时，他非常全面、客观和公正。

在该书第I册编辑过程中，刘东生先生把撰写地学卷“前言”的任务交给了我。当我把写成的初稿交给他以后，他字斟句酌地仔细修改，然后还给我，我按他的意思做了处理以后，他并没有立即收回去。以后每一次开编委会或大大小小的编务会后，他都叮嘱我一声：“云唐，按今天的会议记录，看看‘前言’有无可修改的。要知道，好文章是改出来的。”我按他的意思，进行了多次加工润饰，最后在编委会上经大家讨论通过而正式定稿，在这项工作中，我受到了深刻的教育和启迪。

由于与刘东生先生在工作中联系较多，对他的光辉业绩和高风亮节也有了较多了解，我就发表了一些关于先生事迹的报道文章，如《他走下雪山又奔南极——记著名第四纪地质学家刘东生》《一个科学家与教育家的风范》（1996年与他人合著）、《杰出的科学家教育家——刘东生院士》（1997年），等等。2004年，刘东生先生荣获2003年度国家最高科学技术奖，我受组织委托，写了《揭开黄土的奥秘：刘东生》一书，作为《国家最高科学技术奖获奖人丛书（第二辑）》之一，由新华出版社于2008年1月出版。刘东生先生病重时还在医院病床上读到此书，当年3月6日，先生病逝。在2009年2月出版的《纪念刘东生院士》这一文集中收录了由我写的《深情缅怀敬爱的刘东生院士》一文。2009年3月6日，刘东生先生逝世一周年时，在中国科学院地质与地球物理研究所举行了隆重的纪念大会和“刘东生星”命名仪式，我作为《中国国土资源报》特约记者也在该报发表了消息报道。2010年3月6日刘东生先生逝世两周年纪念日，我参加了“刘东生先生纪念展室”揭牌及胡长康教授捐赠刘东生院士个人藏书仪式，回来后，在《地质勘查导报》及《大众科技报》上发表了报道文章。2011 年，我与刘东生科研团队培养的博士生陈晓云一起，广泛搜集资料，编纂成了 10 多万字的《刘东生年谱》，分为上、下两部分，在中国科学院院史文物资料征集委员会办公室编印的内部刊物《院史资料与研究》2011 年第 2 期和第 3 期上连载发表。当年在瑞士伯尔尼召开的第 18 届 IQNUA 大会上，设置并首次颁发了作为该会终身成就奖的刘东生奖章，我也在《大众科技报》上发表了报道文章。

2017 年是刘东生院士 100 周年诞辰，科学出版社向我约稿，希望我尽可能搜集更多、更详细的资料，编撰出版更新、更全面的刘东生院士传记，列入“科学与人生：中国科学院院士传记”这部大型丛书之中，我尽自己努力搜集资料的同时，也向刘东生先生的同事、学生、亲属等寻求帮助，得到大家的鼎力支持。在此我特别要向十分关心此项工作并做出重大贡献的丁仲礼院士、刘嘉麒院士、朱日祥院士、郭正堂院士、肖举乐教授、宋云华编审、孙继敏教授、刘丽女士、刘强教授（还有很多没有提到名字的朋友）表示衷心的感谢！也要向科学出版社科学人文分社社长侯俊琳编审、张莉副编审表示衷心的感谢！

此书涉及面广、头绪纷繁，疏漏之处在所难免，望广大读者不吝赐教！

潘云唐

2017 年 2 月 15 日于北京